Hunger · Fußballheimat Franken

Matthias Hunger

Fußballheimat Franken

100 Orte der Erinnerung

Arete Verlag Hildesheim

Der Autor
Matthias Hunger wurde 1977 im fränkischen Hersbruck geboren und lebt in Nürnberg. *Fußballheimat Franken* ist nach *Im Bann der Legende* und *Abseits der Kreisklasse* nicht nur sein drittes Buch zum Thema Fußball, sondern begründet auch die Fußballheimat-Reihe des *Arete Verlags.*

Bibliografische Information der Deutschen Nationalbibliothek
Die Deutsche Bibliothek verzeichnet diese Publikation in der Deutschen Nationalbibliografie; detaillierte bibliografische Daten sind im Internet über http://dnb.ddb.de abrufbar.

2., durchgesehene und korrigierte Auflage 2022

www.arete-verlag.de

Layout, Satz und Umschlaggestaltung: Composizione Katrin Rampp, Kempten
Fotografien: Matthias Hunger (2015–2017)
Grafiken: Matthias Hunger
Redaktionsschluss: August 2017
Druck und Verarbeitung: Westermann Druck Zwickau GmbH
ISBN 978-3-942468-91-6

Inhaltsverzeichnis

Vorwort

Wo nun wirklich das Herz des Fußballs schlägt, wo seine Seele wohnt, wo sein zu Hause ist, um diesen Status buhlen etliche Landstriche. Doch wer sich auf die Suche nach der Fußballheimat begibt, der wird auch an Franken nicht vorbeikommen. Mit Herz und Verstand, Leib und Seele wird hier zuweilen Kopf und Kragen für den Fußball riskiert, obwohl er sich gerade in Franken derb auf den Magen schlagen kann. Doch Liebe geht bekanntlich durch den Selbigen. In den großen Städten genauso wie in den Dörfern zwischen Frankenwald und Altmühltal, zwischen Spessart und Fichtelgebirge.

In Fußballfranken finden sich zahlreiche Orte, die den Puls der Fans höher schlagen lassen, Orte der Erinnerung, Orte, die faszinierende Geschichten erzählen. Mal tragisch, mal komisch, mal bewegend, mal bezaubernd, auch kurios und furios. Von großen Stadien für den Profifußball bis zu den kleinen Amateursportanlagen, wo die Begeisterung fürs Kicken entsteht. Aber nicht nur auf den klassischen Fußballplätzen, sondern auch in Kunst, Kultur, Wissenschaft und Wirtschaft hat der Fußball hier seinen Stammplatz und zeigt, dass er tief in der fränkischen Gesellschaft verwurzelt ist.

Franken ist zudem die Heimat der Deutschen Fußballmeister. Egal, wer diesen Titel auslobte. Ob nun der DFB, die Deutsche Turnerschaft, der Arbeiter-Turn- und Sportbund oder der katholische Sportverband DJK: Stets konnten sich fränkische Fußballvereine in die Siegerlisten eintragen. Und zwar nicht nur der große 1. FC Nürnberg, auch Sparta Nürnberg und der TuS Nürnberg-Ost, sowie aus Fürth der MTV, die Spielvereinigung und Tuspo.

Doch auch in anderen Städten Frankens wurde und wird sehr erfolgreich Fußball gespielt. So verpassten einst Schweinfurt, Hof und Bayreuth nur knapp den Aufstieg in die 1. Bundesliga. In Würzburg gab es zeitweise zwei Zweitligisten samt Stadtderby, und einige Kilometer mainabwärts spielte auch Aschaffenburg ein paar Jahre in der 2. Bundesliga.

Franken, das ist gelebte, gedruckte und akademische Fußballkultur. Das sind legendäre Spieler, Welt- und Europameister. Abstiegsangst und Pokalsensationen. Fußballerische Innovationen, Stadionsitze aus Wilhermsdorf oder Herzogenauracher Schuhe. Einst auch ein WM-Ball aus Nürnberg oder Burgbernheimer Fußballtore. Aber auch ein Trainer mit Medizinbällen, Bratwürste eines Fußballmanagers und ein Ex-Weltfußballer, der seinen Senf dazu gibt. Und noch so vieles mehr.

Alzenau 001

Stadion am Prischoß

Bayern, oder was?

Dass ein Buch über die fränkische Fußballheimat ausgerechnet mit einem Kapitel über das Stadion des FC Bayern beginnt, zeigt das Dilemma der Franken.

Infolge der Napoleonischen Kriege, in denen Bayern zunächst an der Seite Frankreichs stand, ließ Napoleon die fränkischen Territorien nach und nach seinem bayerischen Verbündeten zukommen. Da Bayern dann rechtzeitig die Fronten wechselte und auf die Seite der Napoleon-Gegner trat, wurde die Zugehörigkeit der annektierten fränkischen Gebiete zu Bayern vom Wiener Kongress 1815 vertraglich anerkannt.

Seit jener Zeit sind Franken also politisch gesehen Bayern und auf der Suche nach Identität. So begab es sich dann wohl auch, dass ein Verein aus Unterfranken verwirrenderweise den Namen „FC Bayern" annahm.

Kein Wunder, dass man sich fragt, wer diese Franken eigentlich sind. Frank-Markus Barwasser, auch bekannt als Erwin Pelzig, schrieb dazu einmal in der „Süddeutschen Zeitung" Folgendes: „Möglicherweise geht es ja heute bei der Suche nach einer ‚fränkischen Identität' auch weniger um die Frage, wer und was man ist, sondern vielmehr darum, wer und was man nicht sein will: nämlich Bayern."

In Alzenau entschlossen sie sich jedenfalls Anfang der Neunziger, keine Bayern mehr zu sein. Zumindest fußballerisch. Der FC Bayern Alzenau aus Franken nimmt seitdem aufgrund der räumlichen Nähe zu Hessen am Spielbetrieb des Hessischen Fußball-Verbandes teil.

Gespielt wird natürlich immer noch im Stadion am Prischoß, einer Spielstätte mit Platz für rund 5.000 Zuschauer. Und da man in den hessischen Ligen sehr erfolgreich war, gab es ab 2009 sogar für ein paar Spielzeiten Regionalligafußball vor der mit einer Wellblechkonstruktion in mehreren Bögen überdachten Sitzplatztribüne zu sehen. Auch Vereine wie der SV Darmstadt 98, der FC Homburg, der SV Waldhof Mannheim, die Stuttgarter Kickers und der SSV Ulm waren dann zu Gast. Sie alle hatten schon mal in der 1. Bundesliga gegen diesen anderen FC Bayern gespielt, gegen den, der tatsächlich aus Bayern kommt.

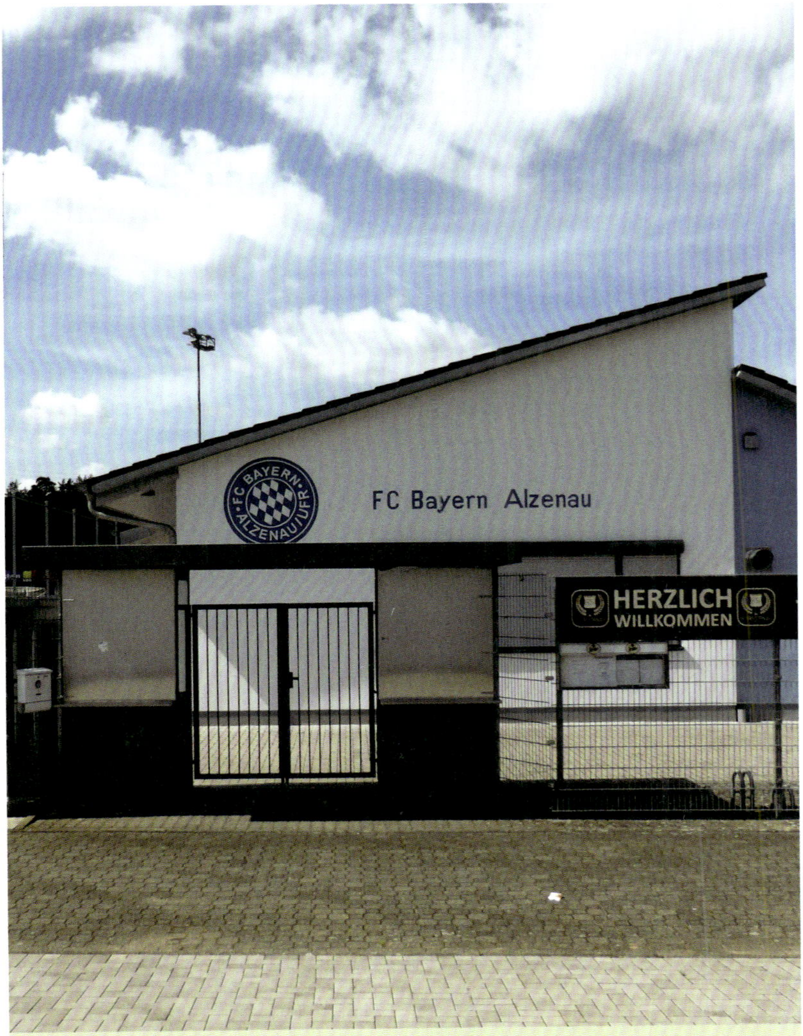

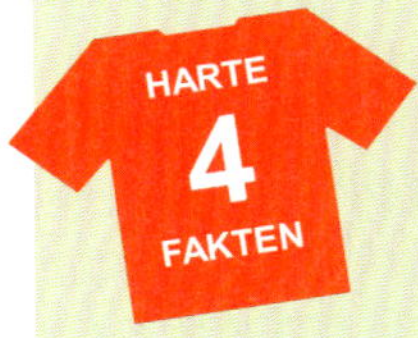

Adresse: Prischoßstraße 57, 63755 Alzenau

Erbaut: 1980 (erstes Rasenfeld) / 1990 (Stadion)

Zuschauerkapazität: 5.113

Verein: FC Bayern Alzenau

Ansbach

002

Sportpark

Kult statt Kohle

Zwar reichen die Anfänge der SpVgg Ansbach bis ins Jahr 1909 zurück, doch bis der Verein im Sportpark seine Heimat fand, sollten noch über sechzig Jahre vergehen. Nachdem der mit einer Tribüne ausgestattete Platz an der Sedanstraße, der heutigen Stahlstraße, 1939 wegen der Errichtung einer neuen Kugellagerfabrik zwangsgeräumt werden musste, erfolgte zunächst der Umzug auf die alte Füllgrube am Mühlbach, beziehungsweise den Platz an der Türkenstraße.

Im Jahr 1976 konnten die Ansbacher schließlich ihren Sportpark eröffnen. Dies war nur dank der engagierten Eigenleistung der Mitglieder möglich, da die finanziellen Mittel der Spielvereinigung stets knapp bemessen waren. Daran änderte auch die Tatsache nichts, dass 1962 der Wechsel des Eigengewächses Georg Volkert einer der ersten Jugendspielertransfers im deutschen Fußball war. Für 3.000 DM wechselte Volkert zum 1. FC Nürnberg und wurde dort 1968 Deutscher Meister und Nationalspieler.

Doch auch ohne das große Geld gelang es der SpVgg Ansbach, hin und wieder überregional auf sich aufmerksam zu machen. So im DFB-Pokal, wo man 1980/81 sogar die 2. Hauptrunde erreichte, dort allerdings mit 0:13 beim Zweitligisten Stuttgarter Kickers unterging.

Bei den beiden folgenden Auftritten war dann gleich ein Bundesligist in Runde 1 zu Gast im Sportpark, und beide Male schied man dann trotz ordentlicher Leistung gleich aus. In der Spielzeit 1985/86 mit 0:3 gegen den SV Waldhof Mannheim und 2008/09 mit 0:5 gegen den Karlsruher SC.

Ihre bislang sportlich erfolgreichste Zeit erlebte die Spielvereinigung um die letzte Jahrtausendwende, als man mit kleinem Etat und einer unerfahrenen Elf 1999 den Aufstieg in die Bayernliga, und nur zwei Jahre später in die Regionalliga Süd feierte.

„Kult statt Kohle" prangte dann auch 2001 stolz auf den Aufstiegs-T-Shirts. In der damals zweigleisigen dritthöchsten Spielklasse Deutschlands konnten sich die Ansbacher jedoch trotz oder wegen dieses Mottos nicht halten und stiegen am Ende der Saison 2001/02 wieder ab.

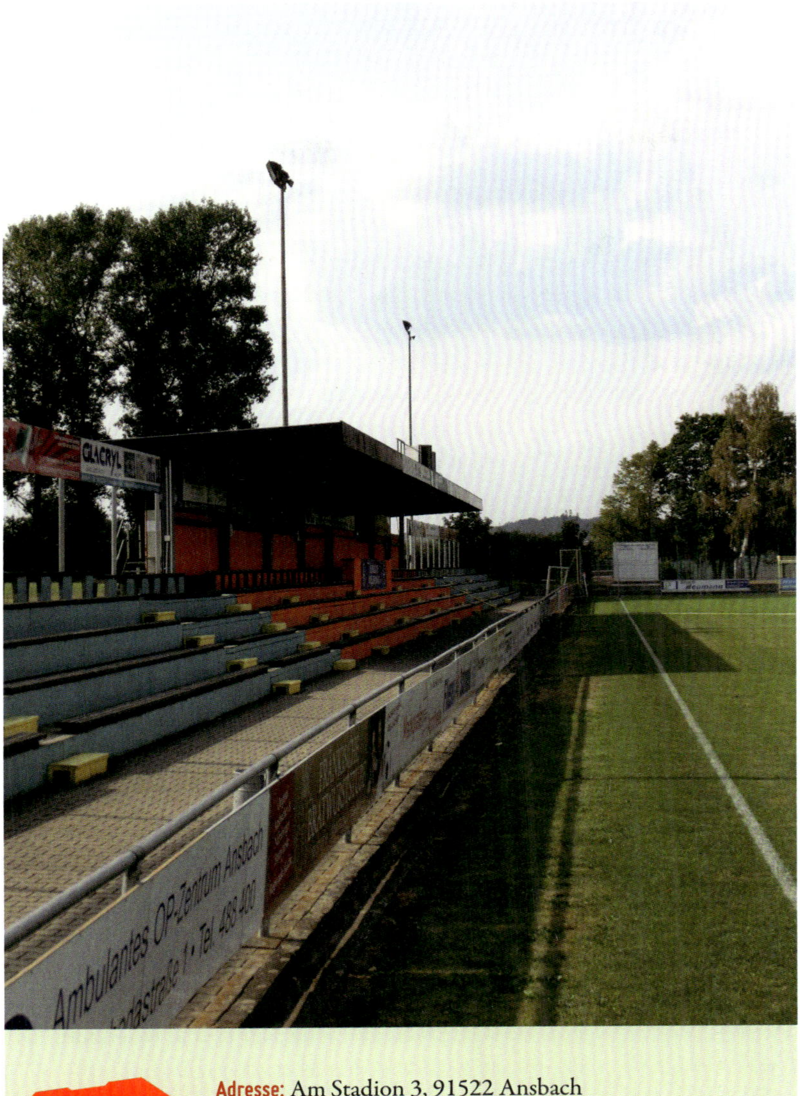

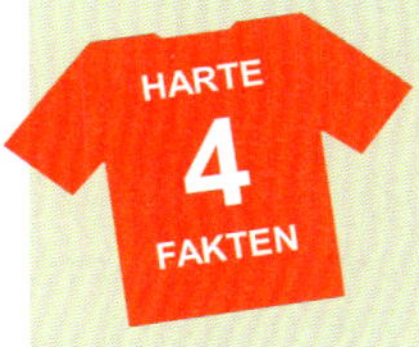

Adresse: Am Stadion 3, 91522 Ansbach

Erbaut: 1976

Zuschauerkapazität: 5.000

Verein: SpVgg Ansbach

Heylands Brauerei

Wo Felix Magath sein erstes Geld verdiente

Eigentlich hätte es besser gepasst, wenn Felix Magath einst in einer Teehandlung gejobbt hätte. Schließlich ist Magath berühmt für den Genuss des von ihm so heißbegehrten Aufgussgetränks. Die Teetasse bei Pressekonferenzen ist obligatorisch.

Doch es war die Aschaffenburger Heylands Brauerei, die Felix Magath seinen ersten Lohn zahlte. Schon als 15-Jähriger arbeitete er dort zeitweise und half dann von morgens 7 Uhr bis abends 17 Uhr beim Bierausfahren. Zehn oder zwanzig Mark habe er damals nach eigener Aussage verdient.

Später als Fußballprofi dürften die Einkünfte deutlich höher gewesen sein. Immerhin gewann Magath mit dem Hamburger SV drei Deutsche Meisterschaften, den Europapokal der Pokalsieger sowie den Europapokal der Landesmeister. In jenem Endspiel 1983 schoss er sogar den goldenen Treffer zum 1:0-Sieg über Juventus Turin.

Auch als Trainer ist der Europameister von 1980 erfolgreich, führte beispielsweise 1998 den 1. FC Nürnberg zurück in die 1. Bundesliga oder gewann mit Bayern München zweimal das Double.

Möglicherweise erinnert er sich im Trainerberuf oft zurück an die harte Arbeit als Bierkutscher. Denn auch seine Spieler lässt er stets hart trainieren. Zwar müssen diese keine Bierfässer, aber angeblich nicht selten Medizinbälle schleppen. Dafür wurde Felix Magath ebenfalls berühmt, gar berüchtigt, und mit dem Spitznamen „Quälix“ bedacht.

Doch zum großen Biertrinker hat ihn seine Zeit bei Heylands offensichtlich nicht gemacht. 2006 verpasste der meist abstinent lebende Trainer gar die Meisterfeier der Bayern, weil „drei Gläser Champagner und Weißbier“ laut Uli Hoeneß eine „verheerende Wirkung“ bei Magath zeigten.

Vielleicht haben sie deshalb im niedersächsischen Wolfsburg lieber gleich eine Teemischung nach dem Unterfranken benannt, als er den dortigen VfL zur Meisterschaft führte: die „Earl Felix Prime Selection“. 2009 war das, just in dem Jahr, als auf dem Gelände der alten Heylands Brauerei ein Seniorenwohnzentrum den Betrieb aufnahm. Auch hier dürfte nun Tee höher im Kurs stehen als Bier.

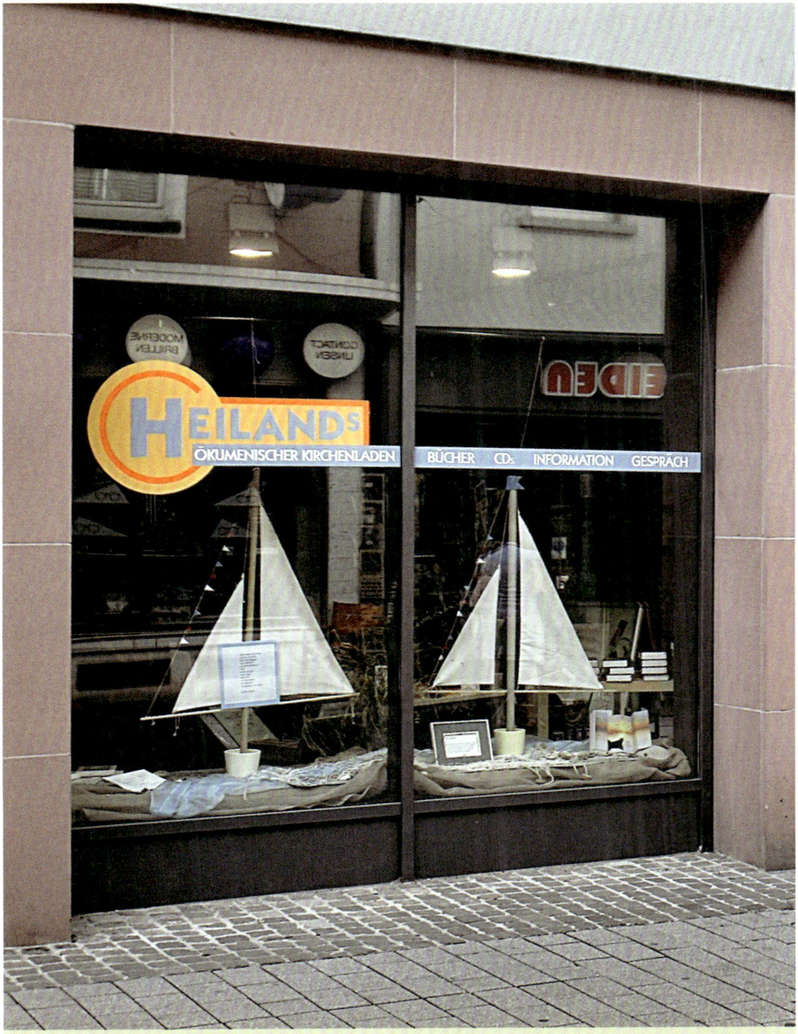

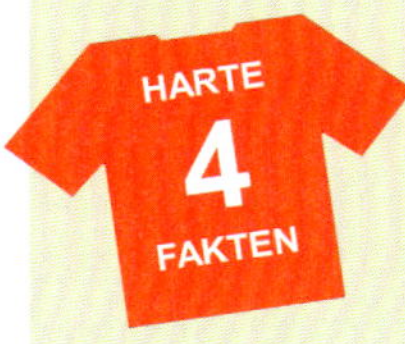

Adresse: Rossmarkt 25, 63739 Aschaffenburg

Brauereigründung: 1792

Brauereischließung am Rossmarkt: 2000

Bierausstoß um 1990: 200.000 hl

Aschaffenburg 004

Stadion am Schönbusch

Die Wende

Man kann es drehen und wenden wie man will, das Stadion am Schönbusch gehört zur Viktoria, wie das Schloss Johannisburg zu Aschaffenburg. Bereits seit 1909 spielt Viktoria Aschaffenburg am Schönbusch und weihte dort 1921 eine Umkleidekabine samt Badräumen ein. Diese verfügten sogar über eine Kalt- und Warmwasserversorgung, was damals in Süddeutschland einmalig war.

Seitdem hat sich das Schicksal auch hin und wieder gegen die Viktoria und das Stadion am Schönbusch gewendet. So wurde im Zweiten Weltkrieg die alte Holztribüne zerstört und auch das Spielfeld durch Bombentreffer beschädigt. Die neue Tribüne wurde wiederum 1958 Opfer eines Brandanschlags. Und nachdem der Verein in den fünfziger Jahren noch Stammgast in der erstklassigen Oberliga Süd war und schon mal einen Besucherschnitt von 13.000 hatte, ging es in den Sechzigern zeitweise hinunter in die 2. Amateurliga. Dort fanden die Spiele meist vor weniger als 1.000 Zuschauern statt.

Es wendete sich aber zwischenzeitlich auch wieder zum Guten für Viktoria Aschaffenburg und man stieg 1985 in die 2. Bundesliga auf. Dafür wurde dann noch eine neue Haupttribüne errichtet, ehe dem Stadion Anfang der Neunziger die größte Wende bevorstand.

Vorgesehen war ein Komplettumbau samt Errichtung einer Flutlichtanlage. Letztere brachte in Unterfranken die Bayerische Schlösser- und Seenverordnung auf den Plan und führte zur 90-Grad-Wende des Stadions. Denn die Flutlichtmasten hätten andernfalls unzulässiger Weise in die Sichtachse zwischen Gartenschloss Schönbusch und Schloss Johannisburg hineingeragt.

So wurde aus der alten Haupttribüne eine Hintertortribüne – zunächst eine einsame, wie sich herausstellen sollte. Denn da es mit dem Verein sportlich wieder bergab ging, blieb es ansonsten bei Stehrängen im Norden und Osten. Die Südseite des Stadions wurde nicht gefüllt. Erst 1999 konnte diese Lücke durch den Bau einer neuen Stahlrohr-Haupttribüne geschlossen werden. Doch auf die Flutlichtanlage warten sie bei der Viktoria trotz Wende bis heute.

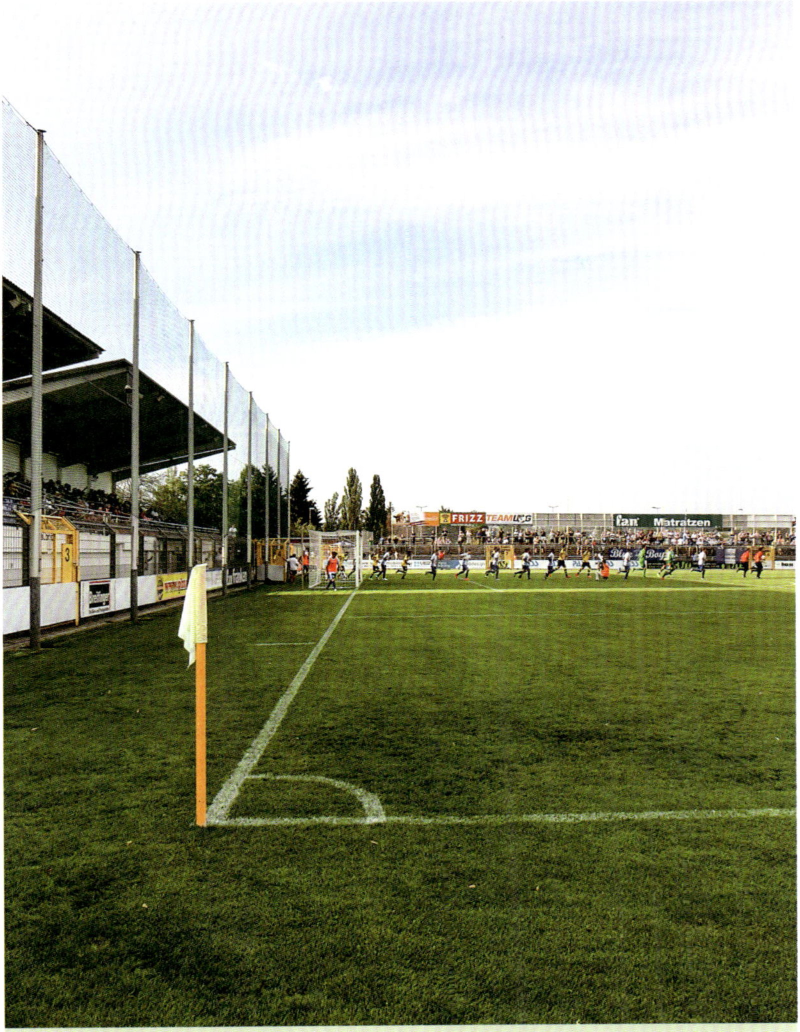

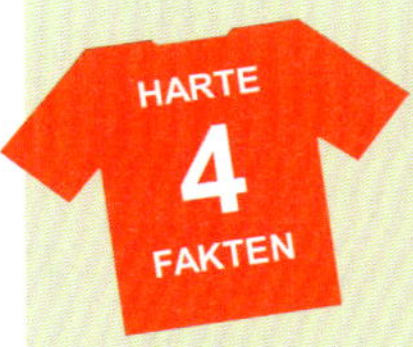

Adresse: Kleine Schönbuschallee, 63741 Aschaffenburg

Erbaut: 1909

Zuschauerkapazität: 8.000

Verein: Viktoria Aschaffenburg

Aschaffenburg 005

Viktoria-Treff

Familientreffen

Der Viktoria-Treff, unweit des Stadions am Schönbusch, ist das Herzstück des Sportgeländes von Viktoria Aschaffenburg. Ein Vereinslokal zum Fachsimpeln über die Viktoria und zum Schwelgen in der Aschaffenburger Fußballhistorie.

Und zu erzählen gibt es viel, denn die Viktoria brachte etliche große Spieler hervor. Felix Magath zum Beispiel, Europameister von 1980 und Europapokalsieger der Landesmeister 1983. Oder Rudi Bommer, der mit Fortuna Düsseldorf zweimal den DFB-Pokal holte und 1979 ins Finale des Europapokals der Pokalsieger einzog. Oder Marcel Schäfer, wie die beiden vorgenannten gebürtiger Aschaffenburger und Nationalspieler, der mit dem VfL Wolfsburg 2015 den DFB-Pokalwettbewerb gewann und sechs Jahre zuvor die Meisterschaft.

Schäfers Vater Markus spielte auch schon für die Viktoria und stieg mit den Aschaffenburgern 1985 und 1988 in die 2. Bundesliga auf. Außerdem war Markus Schäfer Mitglied jener Mannschaft, die im DFB-Pokal 1987/88 sensationell das Viertelfinale erreichte – eine Geschichte, die man sich bestimmt auch gerne im Viktoria-Treff erzählt. Zumal man in der 2. Runde den bis dahin ungeschlagenen Tabellenführer 1. FC Köln rauskickte. Zuvor hatte man die SG Wattenscheid 09 ausgeschaltet, im Achtelfinale Hessen Kassel, ehe dann gegen Werder Bremen Schluss war.

Die Schäfers sind jedoch nicht die einzige Profifußballer-Familie in Aschaffenburg. So gibt es auch die Baiers. Vater Jürgen spielte 1986/87 für die Viktoria in der 2. Bundesliga und war von 2015 bis 2016 Trainer bei den Aschaffenburgern. Seine Söhne Daniel und Benjamin spielten in der Jugend ebenfalls für die Viktoria.

Benjamin Baier stieg 2014 mit dem SV Darmstadt 98 in die 2. Bundesliga auf. Und Daniel Baier stand zumindest zu Saisonbeginn im Kader von Felix Magaths Mannschaft, an der Seite von Marcel Schäfer, als man 2008/09 Deutscher Meister wurde. Nein, nicht mit Aschaffenburg, sondern mit Wolfsburg. Trotzdem waren sie im Viktoria-Treff wohl mächtig stolz auf ihre Aschaffenburger Fußballfamilie.

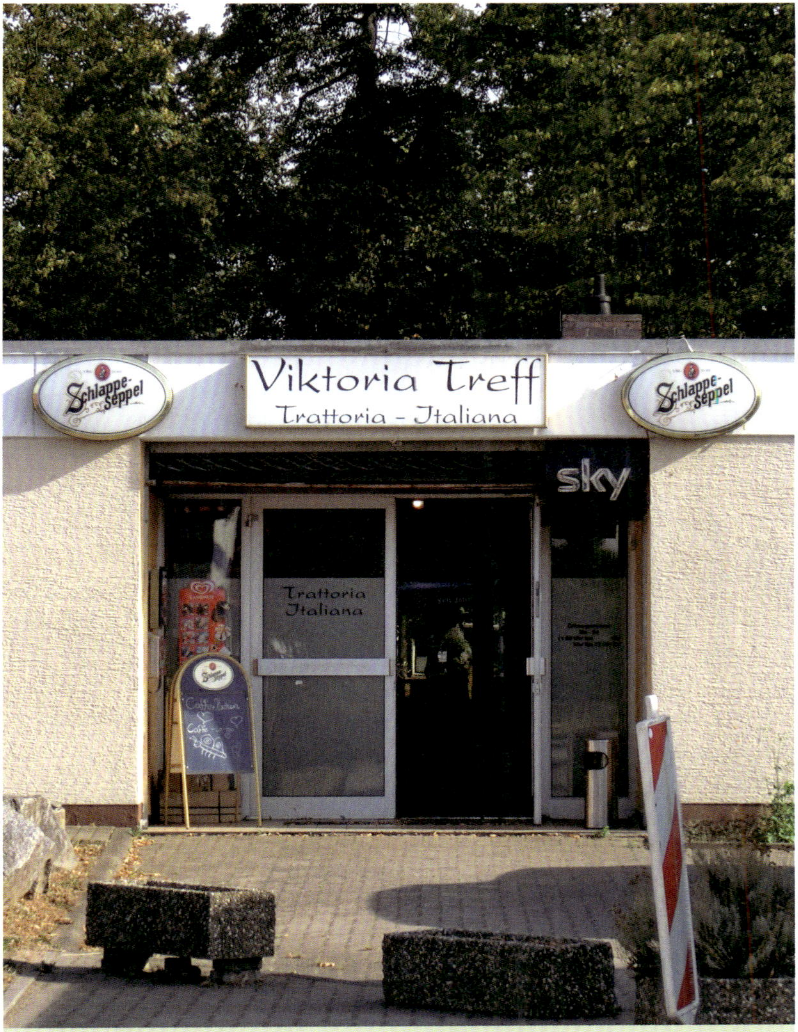

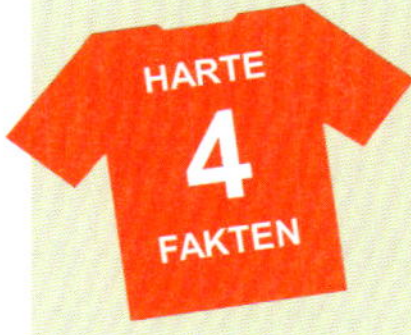

Adresse: Kleine Schönbuschallee 92, 63741 Aschaffenburg

Speisen: Italienisch

Bier: Schlappeseppel

Verein: Viktoria Aschaffenburg

Aurach-Weinberg 006

Sportplatz Weinberg

Frauenfußballhoch über der Frankenhöhe

Es hatte sich wahrlich lange angekündigt, das Hoch des Frauenfußballs beim SV 67. Die Spielerinnen aus dem Örtchen Weinberg, gelegen zwischen Frankenhöhe und Altmühl, schnupperten bereits 2005 und 2006 am Aufstieg in die Regionalliga Süd. In beiden Bayernliga-Spielzeiten wurde dieser jedoch mit Platz 3 knapp verpasst.

2007 schafften sie schließlich den Sprung, doch damit nicht genug. Ab der Spielzeit 2009/10 nahmen sie alsdann den Aufstieg in die zweite Liga ins Visier. Zunächst vergebens, dreimal in Folge scheiterten sie als Zweitplatzierte.

So mussten sich die Weinbergerinnen beispielsweise 2011 den fränkischen Rivalinnen vom ETSV Würzburg hauchdünn geschlagen geben, als am Saisonende lediglich zwei Punkte fehlten. Immerhin konnten sie sich in jener Spielzeit aber im Endspiel des Bayerischen Pokals revanchieren, schlugen die Würzburgerinnen mit 4:1 und zogen in die 1. Hauptrunde des DFB-Pokals ein.

Mit der Regionalligameisterschaft 2013 glückte dann endlich der Aufstieg und es ging hoch die 2. Bundesliga Süd. Spätestens seitdem ist die Frauenfußballabteilung das Aushängeschild des SV 67 Weinberg, wo auf der gepflegten Sportanlage in den verschiedenen Altersklassen insgesamt fast 100 Aktive trainieren. Und das bei einem Verein aus einem Dorf mit nicht einmal 1.000 Einwohnern. Laut Bayerischem Fußball-Verband wurde Weinberg mit dem Aufstieg im Übrigen auch zum kleinsten Ort Deutschlands mit einer Bundesligamannschaft.

Da jedoch der A-Platz im kleinen Weinberg zu klein ist, müssen die Zweitligaspiele im nahen Städtchen Leutershausen ausgetragen werden. Dennoch hielten sich die Weinbergerinnen lange wacker in der 2. Bundesliga Süd und erreichten in der Saison 2016/17 sogar erstmals das Achtelfinale des DFB-Pokals. Und wer weiß, in welche Sphären der Weg des SV 67 Weinberg noch führt? Jedenfalls arbeiten die zahlreichen Ehrenamtlichen mit Hochdruck daran, dass das Hoch weiter anhält. Getreu dem Weinberger Motto: „Ein Dorf. Ein Verein. Eine Liebe."

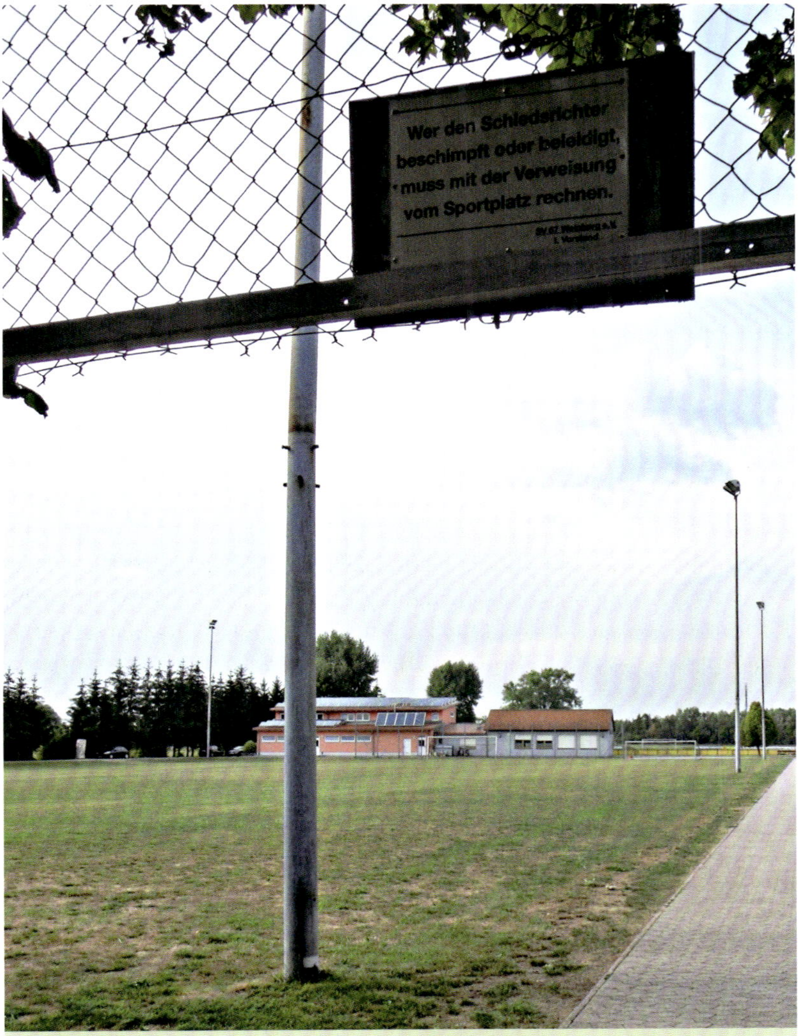

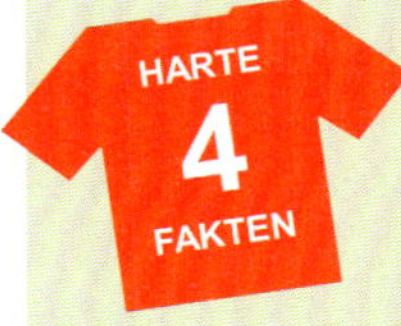

Adresse: Vehlberger Straße 58, 91589 Aurach-Weinberg

Anzahl Rasenspielfelder: 3

Mitglieder: rund 720

Verein: SV 67 Weinberg

Bamberg 007

Sportpark Eintracht

Stefan Kießlings familiäre Bande

Als am 1. April 2006 der Zusammenschluss des 1. FC Bamberg mit dem TSV Eintracht zum 1. FC Eintracht Bamberg vermeldet wurde, war dies kein Aprilscherz. Vielmehr wollte man die fußballerischen Kräfte in der Domstadt vereinen.

Doch der neue 1. FC Eintracht war zumindest hinsichtlich der Vereinsheime noch nicht so recht vereint. Es gab das FC-Sportheim am Volkspark und die Eintracht-Gaststätte an der Breitenau. Letztere war bekannt für ihre guten Rigatoni – zumindest bei Stefan Kießling. Selbst als er schon bei Bayer Leverkusen spielte, schaute er ab und zu vorbei. Denn Kießlings Familie ist eng mit der Eintracht verbunden. Sein Großvater Hermann Scheibe war 1951 sogar Gründungsmitglied, über vierzig Jahre hauptverantwortlicher Kassier und zuletzt Ehrenmitglied. Auch Stefan Kießling selbst begann natürlich dort mit dem Fußballspielen und sein Vater war zeitweise Torwarttrainer.

2001 wechselte Kießling zum 1. FC Nürnberg und zog 2006 nach Leverkusen weiter. Dort reifte er zu einem der treffsichersten Stürmer der Bundesliga und wurde 2013 Torschützenkönig. Nur in der Nationalelf honorierte man seine Leistungen kaum, auch wenn er 2010 im WM-Kader stand.

Schon 2010 ging übrigens der 1. FC Eintracht insolvent und der FC Eintracht wurde gegründet. Doch da das Vereinsgelände des vormaligen TSV Eintracht einer Stiftung gehörte, konnte diese dann zumindest frei darüber verfügen, als ein Automobilzulieferer darauf bauen wollte. Durch einen Ringtausch von Grundstücken kam die – auch dank Opa Scheibe – wirtschaftlich gesunde Eintracht-Stiftung schließlich zu dem Areal am Volkspark, der alten Heimat des SC 08 Bamberg.

Nach gut zwei Jahren Bauzeit wurde 2015 der rund vier Millionen Euro teure Sportpark Eintracht eingeweiht und dem zuvor auf verschiedene Standorte verstreuten Verein ein zentrales Zuhause gegeben. Beste Voraussetzungen, sollte man meinen. Aber auch der FC Eintracht musste 2016 ein Insolvenzverfahren über sich ergehen lassen. Wenigstens blieb aber der stiftungseigne Sportpark davon unbehelligt.

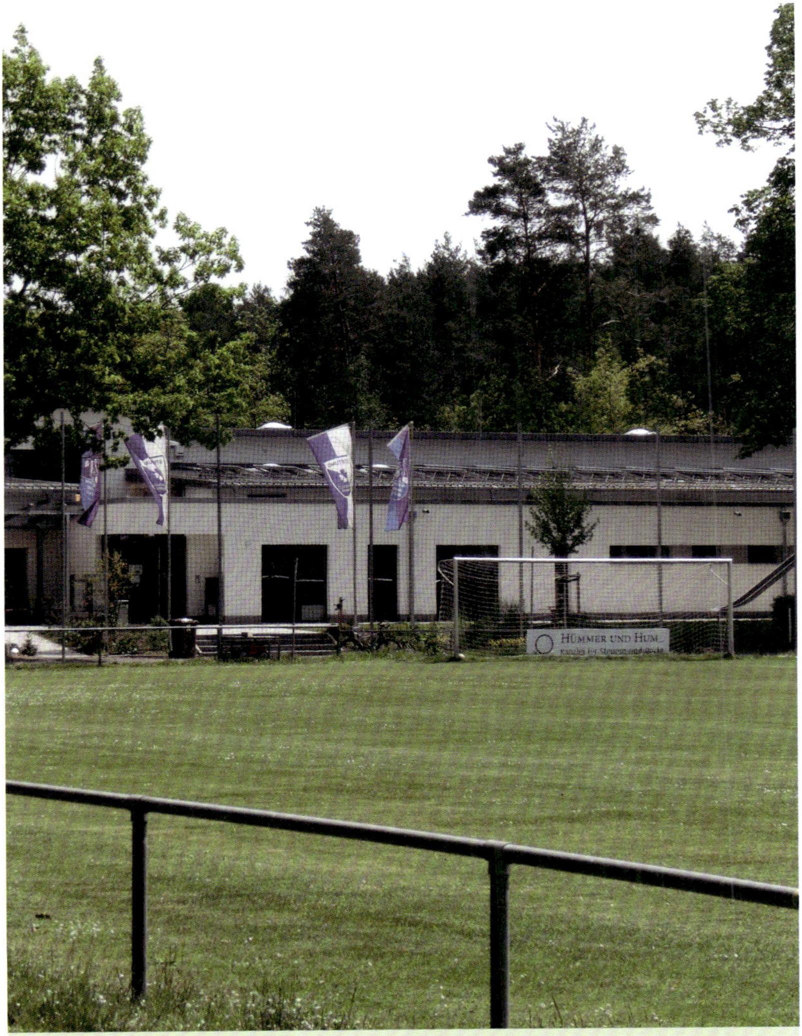

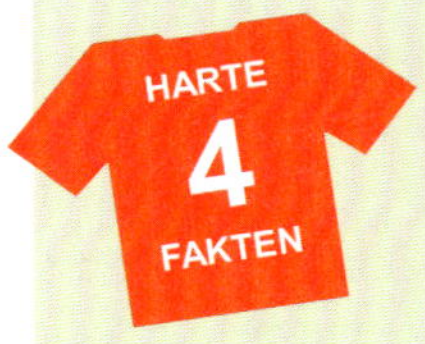

Adresse: Armeestraße 45, 96050 Bamberg

Erbaut: 2015

Verein: FC Eintracht Bamberg

Eigentümer: Stiftung TSV Eintracht Bamberg

Bamberg 008

Volksparkstadion

Sagenumwobener Zettelmaier

In Sachen höchstklassiger Fußball hat man die Basketballstadt Bamberg eher weniger auf dem Zettel. Doch das dortige Volksparkstadion sah als Heimat des 1. FC Bamberg in den 1940er-Jahren, zu Gau- und Oberligazeiten, tatsächlich kurzzeitig Erstligafußball.

Ebenso war der Fußball für die Zuschauerrekorde in der 1926 erbauten „Hauptkampfbahn im Volkspark" verantwortlich, die auch über eine Laufbahn verfügt. Die Partie gegen den 1. FC Schweinfurt 05 lockte 1946 stolze 27.000 Besucher an, 1964 wurde diese Bestmarke beim Amateurländerspiel Deutschland gegen Frankreich eingestellt.

Möglich machte solche Zuschauerzahlen der Ausbau in den dreißiger Jahren, als auch die überdachte Tribüne errichtet wurde. 2008 ersetzte man schließlich die alte Haupttribüne durch eine neue, wobei aufgrund des Denkmalschutzes die Außenfassade erhalten blieb.

In den Fünfzigern war der 1. FC Bamberg meist in der 2. Liga Süd vertreten, doch mit dem Abstieg 1960 war die Zeit der Zweitklassigkeit vorbei. In der Bayernliga sorgte dann ein Eigengewächs für Aufsehen: Dieter Zettelmaier. Als 19-jähriger erzielte er in der Saison 1960/61 grandiose 43 Treffer und wurde Torschützenkönig. Seinen Torjägerthron verteidigte er auch in den nächsten beiden Spielzeiten und eroberte ihn nochmals in der Saison 1965/66.

Und so urteilten Hardy Grüne und Lorenz Knieriem 2006 in ihrem „Spielerlexikon" folgendermaßen über Dieter Zettelmaier: „Sagenumwobener Goalgetter des 1. FC Bamberg, der bei einem Wechsel ins Vertragsspielerlager bzw. Profigeschäft gewiss auch auf höchstklassiger Ebene für Furore gesorgt hätte."

Aber der 20-fache Amateur-Nationalspieler blieb seinem Heimatverein treu. Auch dieser tauchte in der Folge nie im höchstklassigen Fußball auf, verschwand zeitweise sogar in der Sechstklassigkeit.

Um den Bamberger Fußball wieder nach oben zu bringen, erfolgte 2006 der Zusammenschluss des 1. FC Bamberg mit dem TSV Eintracht. Doch wiederholt verhinderten wirtschaftliche Schwierigkeiten dieses Vorhaben.

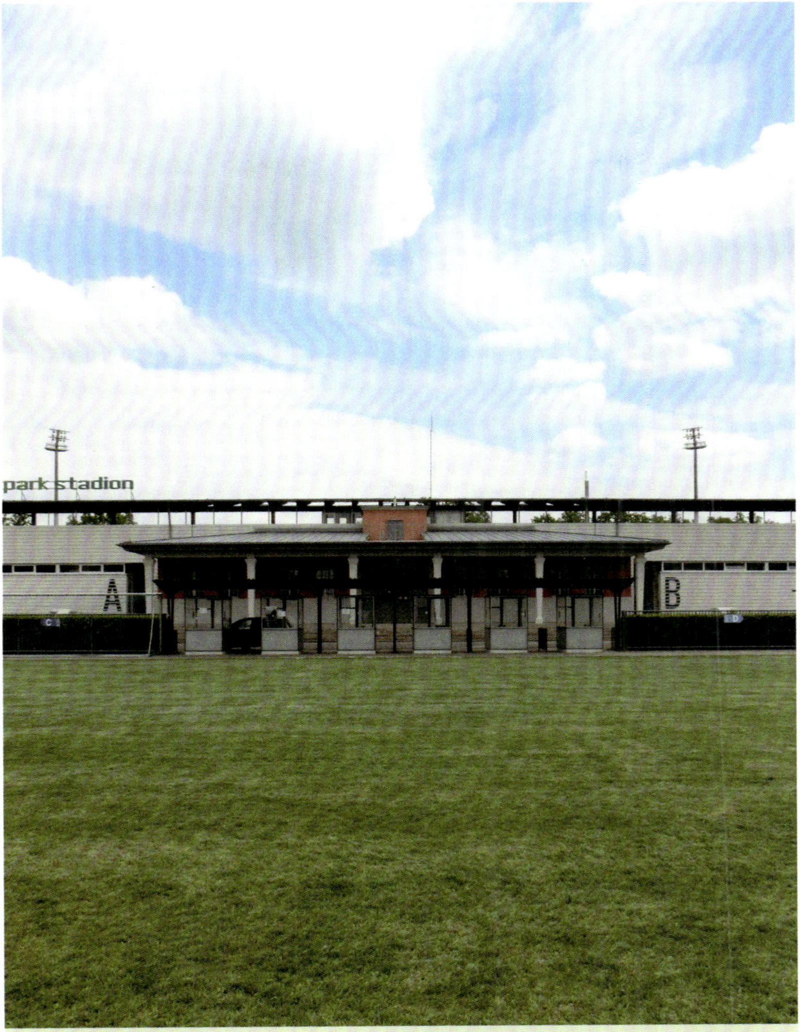

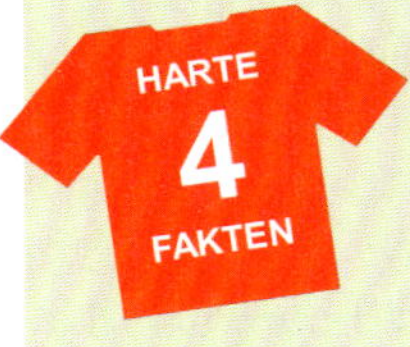

Adresse: Pödeldorfer Straße 180, 96050 Bamberg

Erbaut: 1926

Zuschauerkapazität: 5.200

Verein: FC Eintracht Bamberg (1. FC Bamberg)

Bayreuth 009

FC-Stadion

Bayreuths erster und einziger Erstklassiger

Bayreuth scheitert knapp in den Aufstiegsspielen zur 1. Bundesliga! Das war 1979. Das war die SpVgg Bayreuth. Diese unterlag damals Uerdingen und verpasste damit die vielleicht einmalige Chance einmal in der ersten Liga zu spielen.

So blieb der 1. FC Bayreuth der einzige Fußballverein der Wagnerstadt, dem jemals der Aufstieg in die Erstklassigkeit gelang – bis heute. Die sogenannten Schwarzen Teufel stiegen 1926 in die höchste Spielklasse, die Bezirksliga, auf und hielten sich dort.

1933 erreichte der FC sogar Platz 4, qualifizierte sich somit für die neugeschaffene Gauliga Bayern und blieb weiterhin erstklassig. Am Ende der Folgesaison fehlte dann nur ein Punkt zum Klassenerhalt, der nach dem sofortigen Wiederaufstieg auch 1936 nicht gelang.

Nach dem Zweiten Weltkrieg legte der 1. FC Bayreuth mit der Errichtung des FC-Stadions nochmals einen Meilenstein. In der „Chronik zum 40. Vereinsjubiläum“ aus dem Jahr 1950 ist darüber Folgendes zu lesen: „Dann kam der große Tag in der Fußball- und Sportgeschichte Bayreuths, zu dem alle Abteilungen unseres immer größer werdenden Vereins schon lange fieberhaft gerüstet hatten, der 7. August 1949! Es war der wohl markanteste Tag in der jüngsten Geschichte des führenden Bayreuther Großvereins! Nach jahrelangen Mühen, verbunden mit schwersten finanziellen Eigenopfern des Vereins, darf er die festliche Weihe seines Hauptkampffeldes begehen und nennt eine Platzanlage sein eigen, die nach vollendetem Ausbau ein Schmuckkästchen zu werden verspricht.“

Zwar wurden die Schwarzen Teufel 1951 Vizemeister der Bayernliga hinter dem VfL Neustadt/Coburg und nahm damit auch an der erstmals ausgetragenen Deutschen Amateurmeisterschaft teil, doch in der Folge wurde der „führende Bayreuther Großverein“ von der Spielvereinigung als Nummer 1 abgelöst. Nachdem der 1. FC Bayreuth in den sechziger und siebziger Jahren noch zeitweise in der Bayernliga gespielt hatte, schloss sich schließlich im Jahr 2003 die Fußballabteilung mit der des BSV 98 Bayreuth zum FSV Bayreuth zusammen.

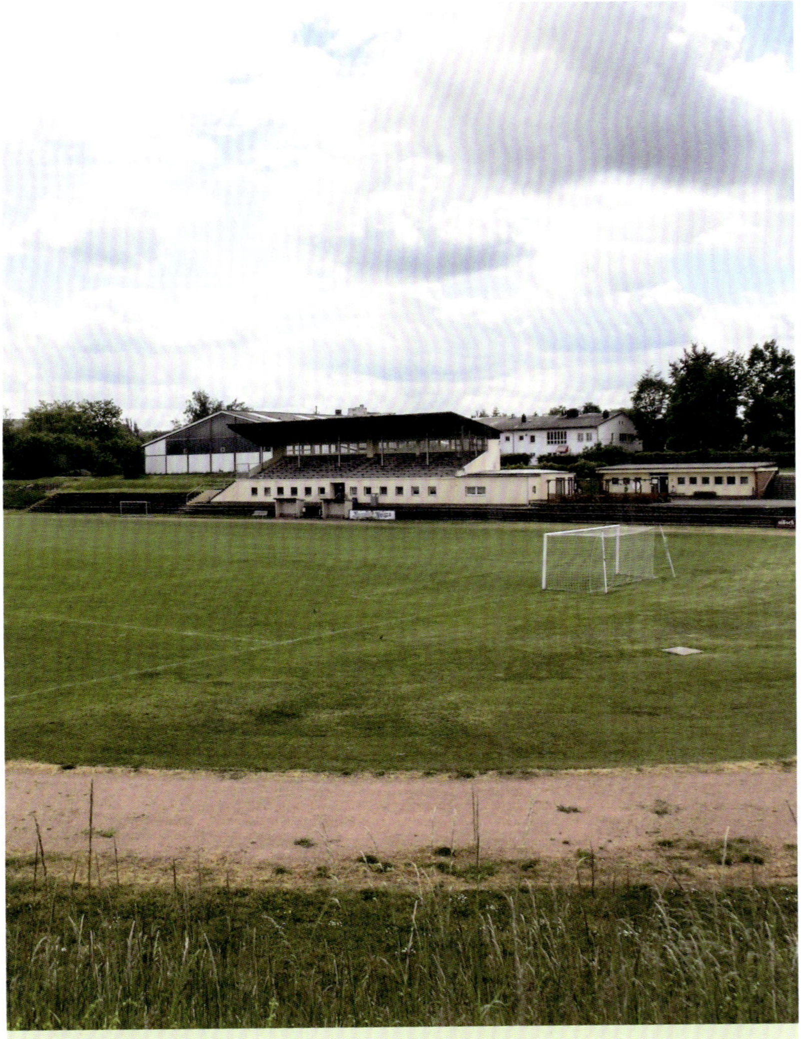

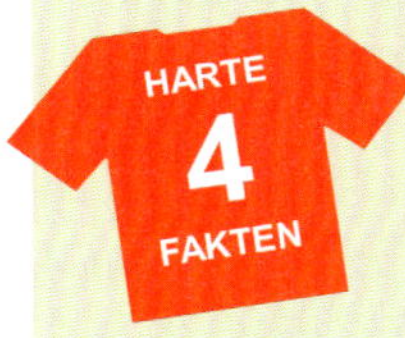

Adresse: Friedrich-Ebert-Straße 87, 95448 Bayreuth

Erbaut: 1949

Zuschauerkapazität: 8.000

Vereine: 1. FC Bayreuth, FSV Bayreuth

Hans-Walter-Wild-Stadion

Olymp ohne Oldschdod

Donnerstag, 14. Juni 1979: Das Städtische Stadion ist mit 22.000 Zuschauern brechend voll. Die SpVgg Bayreuth spielt eine grandiose Saison und steht in der Relegation um den Aufstieg in die 1. Bundesliga. Es wäre der Aufstieg in den Fußball-Olymp für den von Fans „Altstadt“, oder im Dialekt „Oldschdod“, genannten Verein.

In der Abschlusstabelle der 2. Bundesliga Süd hatte man Platz 2 belegt. Nur ein Punkt fehlte auf den erstplatzierten TSV 1860 München. Der Nord-Zweite, das damals noch vom Bayer-Konzern gestützte Uerdingen, ist zu Gast. Nach 90 Minuten und ein paar unglücklichen Schiedsrichterentscheidungen bleibt ein 1:1. Und die Hoffnung auf das Rückspiel.

Das geht jedoch mit 1:2 verloren. Gegen Ende bleibt der SpVgg Bayreuth dort ein klarer Elfmeter verwehrt, und damit der Aufstieg in die erste Liga. Im Olymp Fußballdeutschlands fand die Oldschdod also keine Aufnahme.

Nie zuvor, und seitdem nie mehr, waren die Bayreuther der 1. Bundesliga so nah. Es war die größte Zeit der Spielvereinigung, die nach dem Bau der Haupttribüne 1974 von der Jakobshöhe ins Städtische Stadion umgezogen war. Dort wurden auch die großen Erfolge im DFB-Pokal gefeiert, wie der 1:0-Sieg 1980 gegen Bayern München durch ein Tor von Oldschdod-Legende Uwe Sommerer.

1982 stiegen die Oberfranken dann aus der inzwischen eingleisigen zweiten Liga ab und kehrten nochmals 1985, für ein Jahr, und 1987, für drei Jahre, zurück. Der Abstieg 1990 war schließlich auch der Abschied aus dem Profifußball. Seitdem sorgten nur noch Musikgrößen wie Michael Jackson für ein ausverkauftes Stadion. Dieses heißt seit 2002 übrigens Hans-Walter-Wild-Stadion, benannt nach Bayreuths ehemaligem Oberbürgermeister.

Dort zeigt die Oldschdod nach dem zwischenzeitlichen Absturz in die Landesliga heute zumindest wieder Regionalligafußball. Allerdings schleppt die SpVgg Bayreuth seit 2013 den Zusatz „Oberfranken“ im Namen mit, sodass nun wirklich jeder wissen sollte, wo die oberfränkische Regierungshauptstadt Bayreuth liegt.

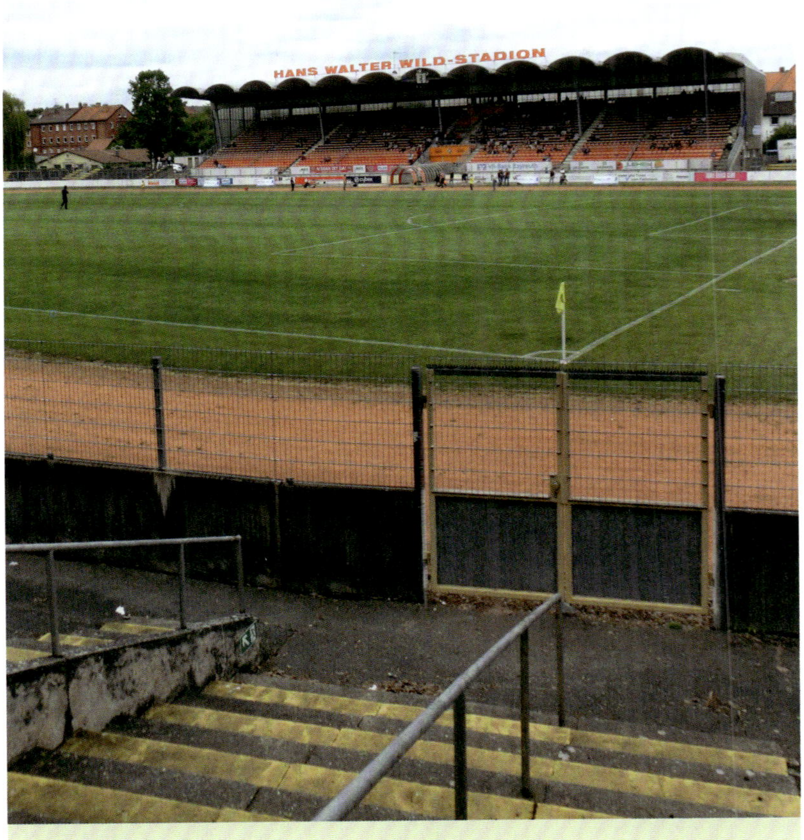

HARTE 4 FAKTEN

Adresse: Friedrich-Ebert-Straße 32, 95448 Bayreuth

Erbaut: 1967/1974

Zuschauerkapazität: 21.500

Verein: SpVgg (Oberfranken) Bayreuth

Institut für Sportwissenschaft (UBT)

Fußballmanager-Schmiede

„Der Manager ist nominell in einem Fußballclub der Leiter aller sportlichen Geschicke, aber gelernt haben muss er nichts." So schrieb Christoph Biermann 2009 bei „Spiegel Online". Im Gegensatz zum Trainer, brauchen Fußballmanager also „keine Studien absolvieren, keine Lehren durchlaufen und Prüfungen ablegen".

Weiter war in Biermanns Beitrag zu lesen: „In den achtziger Jahren entstand dieser Beruf mal als ein Ausweis für die Professionalisierung in der Bundesliga, inzwischen kann man an ihm festmachen, wie unprofessionell es im deutschen Profifußball zugeht. Wenn es keinen Ausbildungsweg zum Managerposten gibt, kann ihn eigentlich jeder machen, dessen Namen man irgendwie kennt."

Eine Möglichkeit, sich mit noch unbekanntem Namen für einen Managerposten in der Bundesliga zu qualifizieren, ist ein Studium der Sportökonomie. Und ein solcher Studiengang besteht bereits seit 1985 am Institut für Sportwissenschaft der Universität Bayreuth (UBT).

Dort studierte einst auch Martin Bader, der an seine Chance im Profifußball glaubte – auch wenn viele Sportökonomie-Absolventen eher in den Bereichen Fitness, Gesundheit, Sportartikel oder Tourismus landen. Auf die Frage, ob er schon im Vorlesungssaal von der Bundesliga träumte, sagte er 2012 in einem „SPOX"-Interview: „Offenbar hatte ich dieses Ziel immer im Hinterkopf. Wobei es nicht so klingen soll, als ob ich den Einstieg mühelos geschafft hätte. Mein Weg war gepflastert mit Hindernissen. Allein schon, weil ich anders als viele Kollegen keine 300 Bundesliga-Spiele vorweisen kann."

Bader arbeitete anfangs beim Vermarkter UFA Sports, dann als Assistent bei Hertha BSC. 2004, mit nur 35 Jahren, wurde er Manager beim 1. FC Nürnberg und blieb dies immerhin über elf Jahre. Am Ende geriet aber auch seine Arbeit in die Kritik. Denn wenn es sportlich nicht läuft, nützt einem auch das beste Diplom aus Bayreuth nichts. Dann greifen die vielzitierten Mechanismen der Branche, egal wie gut man ausgebildet ist. So zog der Sportökonom 2015 weiter zu Hannover 96, wo er 2017 beurlaubt wurde.

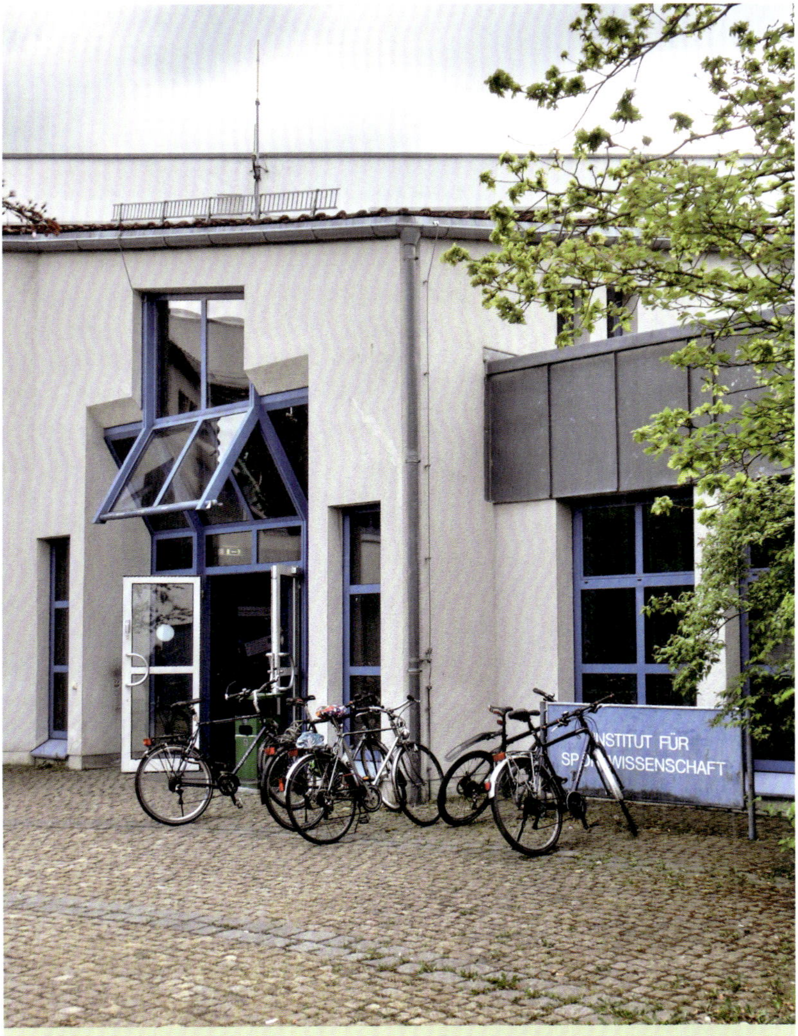

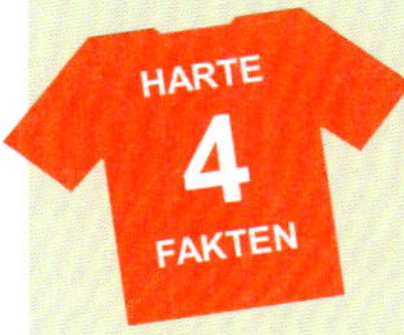

Adresse: Universitätsstraße 30, 95440 Bayreuth

Universitätsgründung: 1972

UBT-Studierende gesamt: ca. 13.500

UBT-Beschäftigte gesamt: ca. 2.300

Bayreuth 012

Museum Altstadt-Kult

Einzigartiges Fanmuseum

„Das vermutlich einzige Fanmuseum in Deutschland", schrieb das Fußballmagazin „Zeitspiel" über das Museum „Altstadt-Kult". Auch die Fanszene der SpVgg Bayreuth wurde in jenem Artikel aus dem Jahr 2015 gelobt: Denn „2008 schienen die Gelb-Schwarzen noch am Ende zu sein. Als Bayernligameister gab es keine Lizenz für die Regionalliga. Es folgte der Insolvenzantrag. Dann jedoch zeigte sich, auf welches Pfund der Klub vor allem setzten kann: seine Fans! Um an die dringend notwendigen Euro zu kommen, versteigerten jene sich über ebay zunächst selbst und unterstützten darob die im Bieterwettbewerb erfolgreiche Viktoria aus Aschaffenburg. Wichtiger als die eingesammelten Geldbeträge war jedoch der gewonnene Zusammenhalt. 2010 wurde das Insolvenzverfahren eingestellt."

Ein Teil dieser Fanszene ist der Fanclub „Altstadt-Kult". Der begann 2001 mit dem Sammeln von Erinnerungsstücken, woraus 2003 das Museum „Altstadt-Kult" entstand.

Über 200 Exponate gibt es inzwischen dort zu bewundern. Alte Trikots, Wimpel, Fahnen und Schals. Historische Zeitungsartikel, Fotos und Bälle. Sogar das Originalmodell des nicht realisierten „Projekt 2007", eine Studie zum Umbau des Hans-Walter-Wild-Stadions in ein reines Fußballstadion.

Erzählt wird die Geschichte des Vereins und seiner Fans. Von den Anfängen 1921 als TuSpo Bayreuth-Altstadt, woher auch der Beiname Altstadt oder Oldschdod rührt, bis in die Gegenwart. Vom alten Stadion an der Jakobshöhe, von dem heute nur noch ein Eingangstor steht. Von stets heißen Oberfranken-Derbys gegen Bayern Hof. Von den Pokalviertelfinals 1977 und 1980. Von der 2. Bundesliga im Städtischen Stadion. Und natürlich vom knapp verpassten Aufstieg in die erste Liga 1979.

Ein Ausflug in das Museum „Altstadt-Kult" ist also auch ein Ausflug in eine Zeit, als noch Oldschdod-Legenden wie Wolfgang „Bobby" Breuer, Manfred Größler, Udo Konradi, Wolfgang Mahr, Fritz Semmelmann, Uwe Sommerer, Karl-Heinz „Charly" Wohland oder Johann „Jumbo" Zeitler auf dem Platz standen.

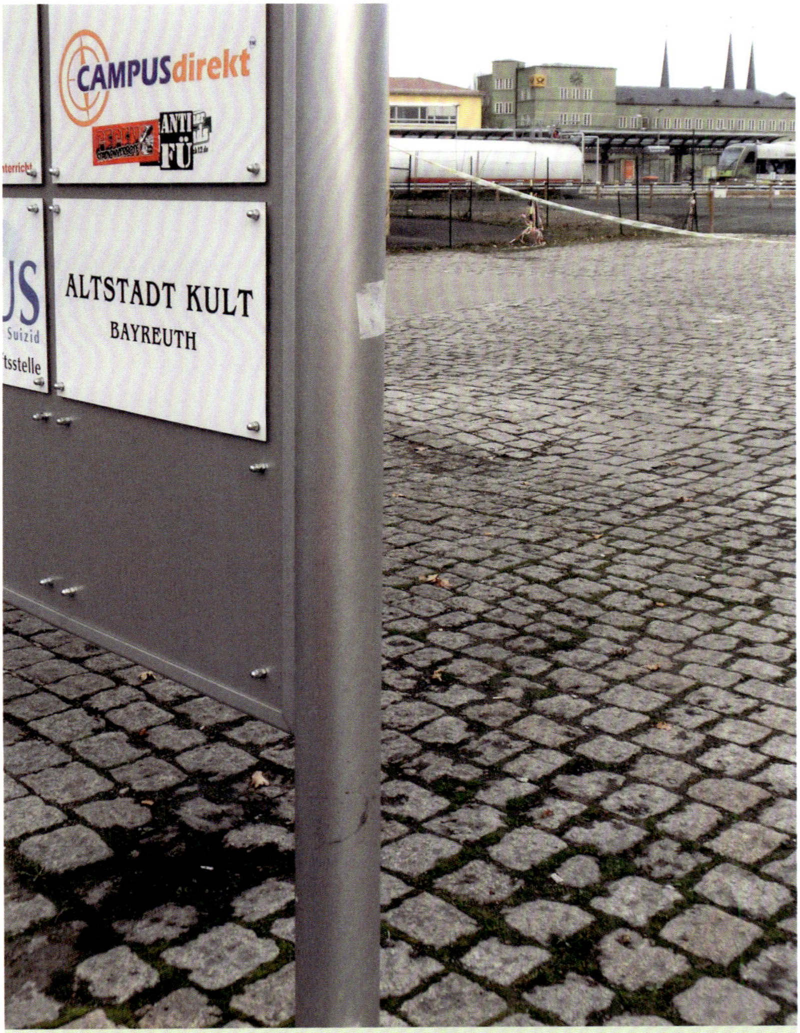

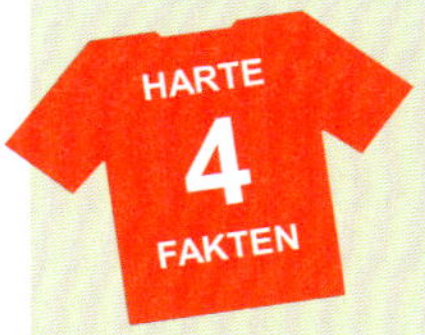

Adresse: Markgrafenallee 3a, 95448 Bayreuth

Eröffnet: 2003

Öffnungszeiten: an Heimspieltagen der SpVgg

Verein: SpVgg-Bayreuth-Fanclub Altstadt-Kult

Burgbernheim 013

Sportgerätefabrik Erhard

„Liga Pro“ und Kontra

Von Burgbernheim aus wurde einst ein wesentliches Element des Fußballspiels revolutioniert: das Tor! Denn das Städtchen mit nur rund 3.000 Einwohnern in der Nähe von Bad Windsheim war Standort von Erhard Sport. Ein Unternehmen, das ein ganz spezielles Fußballtor produzierte.

Die traditionsreiche Firma Erhard wurde 1880 in Rothenburg ob der Tauber gegründet und hatte 1990 eine der modernsten Sportgerätefabriken der Welt in Burgbernheim errichtet.

Auch stattete der früher weltweit führende Sportgeräteanbieter regelmäßig internationale Großereignisse wie Olympische Spiele und Weltmeisterschaften aus.

2012 präsentierte Erhard Sport dann eine ganz besondere Neuentwicklung: das Fußballtor „Liga Pro“. Durch ein zweiteiliges Tor- und Bodenrahmenprofil verfügte es über eine durchgängige, sichere und nicht enthakbare Netzbefestigung. Der Bodenrahmen war im Rasen versenkbar, und damit bei der Platzpflege auch nichts stört, konnte man ihn mitsamt Netz einfach nach oben wegklappen.

Eine besondere Herausforderung stellte dabei das FIFA-Regelwerk dar. Dieses lässt nämlich nur wenig Spielraum für Neuentwicklungen. Doch Hanno Zwickl, Entwickler von „Liga Pro“, meinte damals: „Innovation bei Fußballtoren wird von allen Vereinen gewünscht. Denn die Netzaufhängung mit auf dem Rasen aufliegenden Bodenrahmen birgt bei herkömmlichen Toren immer noch eine große Verletzungsgefahr für Torhüter und Feldspieler. Das zu minimieren war der Anfang unserer Überlegungen.“ Die Idee dazu kam Zwickl übrigens, als sich Miroslav Klose einmal beim Zusammenstoß mit einem offenliegenden Bodenrahmen die Nase brach.

Schnell fand „Liga Pro“ Einzug in die Bundesliga-Arenen, egal ob in München, Leverkusen, Wolfsburg oder Stuttgart. Das Pro von Erhard Sport war eben Innovation, doch wirtschaftlich gab es Kontra. Denn das Unternehmen musste bereits 2013 ein Insolvenzverfahren durchlaufen, von dem es sich letztlich nicht erholte. 2015 wurde erneut Insolvenz angemeldet und schließlich die Sportgerätefabrik geschlossen.

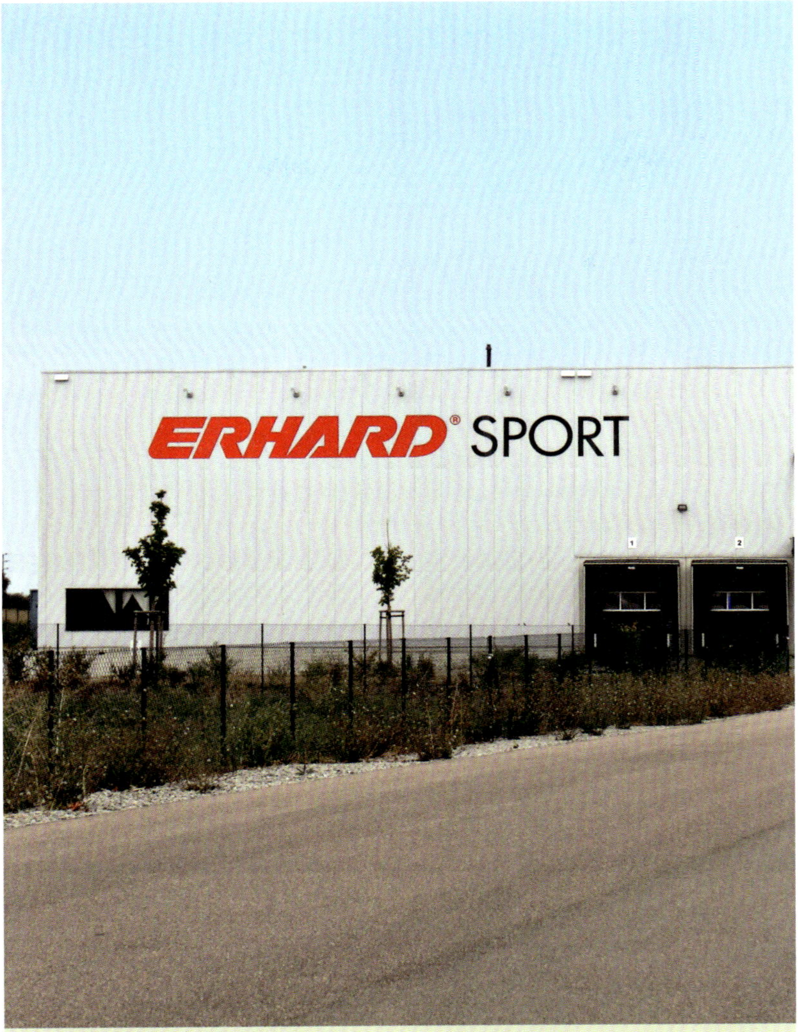

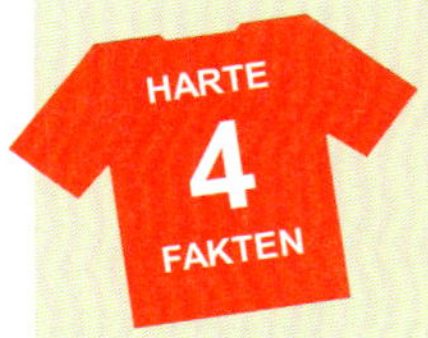

Adresse: Im Grund 2, 91593 Burgbernheim

Gegründet: 1880

Beschäftigte 2012: über 200

Insolvenz: 2015

Dr.-Stocke-Stadion

Zwischen Hochadel und Fußballprovinz

Nachdem der Coburger FC 1907 gegründet worden war, nahm er zunächst an den Wettbewerben des Verbands Mitteldeutscher Ballspiel-Vereine teil. Und das auch noch, als Coburg, Hauptstadt eines ehemals eigenständigen Herzogtums, 1920 zu Oberfranken kam. Ab 1933 spielte der inzwischen in VfB umbenannte Verein dann in den bayerischen Ligen, zeitweise sogar in der höchsten Klasse, der Gauliga.

Auch Dank des Mäzens Dr. Eugen Stocke konnten sich die Coburger ab 1952 in der Bayernliga etablieren. Bis 1984 war der VfB meist in der obersten Amateurliga vertreten und brachte zudem Spieler wie Heinz Ruppenstein, Willy Reitgaßl oder später Frank Greiner hervor.

Gespielt wurde im vereinseigenen Dr.-Stocke-Stadion, das diesen Namen 1965 erhielt. Bereits 1960 war ein Ausbau erfolgt und schon 1928 eine Tribüne errichten worden. Als die Spielstätte 1913 eingeweiht wurde, hatte man ihr zunächst den Namen Johann-Leopold-Sportplatz gegeben. Namensgeber war der Erbprinz des Hauses Sachsen-Coburg und Gotha.

Und hier kann man nun den Bogen zur großen Fußballwelt spannen. Denn mit Mitgliedern des Hauses Sachsen-Coburg und Gotha ist nicht nur der britische Thron, sondern auch oft das Präsidentenamt des ältesten Fußballverbands der Welt besetzt – also das der 1863 gegründeten FA in England. Freilich legte das britische Königshaus 1917 seinen deutschen Namen ab und nennt sich seitdem Windsor.

Der VfB musste sich ab 2000 DVV nennen. Das war die Folge des Beitritts zur DJK/Viktoria. Sportlich nur noch in der Fußballprovinz und wirtschaftlich angeschlagen, schien dieser Schritt nötig. Doch die finanziellen Nöte blieben, sodass der DVV 2011 Insolvenz anmelden musste und aufgelöst wurde. Der FC Coburg wurde gegründet, übernahm Spieler und Lizenz des DVV.

Und der FC spielt auch im Dr.-Stocke-Stadion, welches inzwischen aber der Stadt gehört. Diese baute das Stadion bereits 2009 zur Schulsportanlage um, erneuerte Laufbahn und Haupttribüne, riss jedoch auch Gegentribüne, Marathontor und Kassenhäuschen ab.

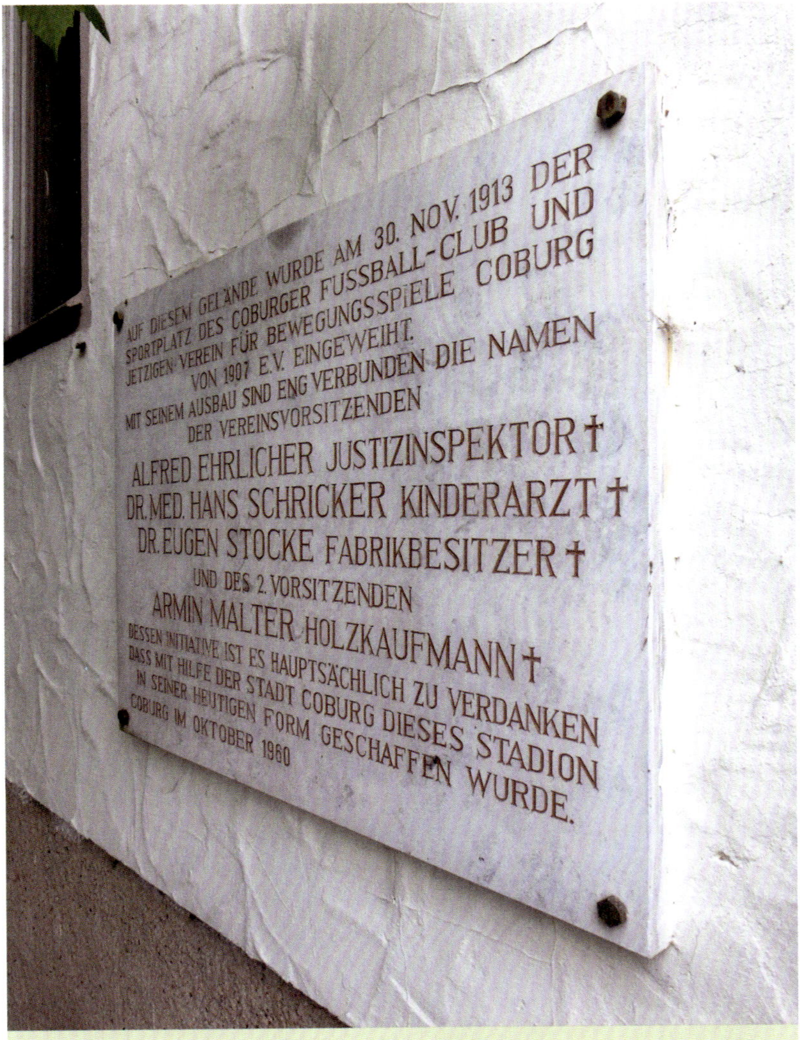

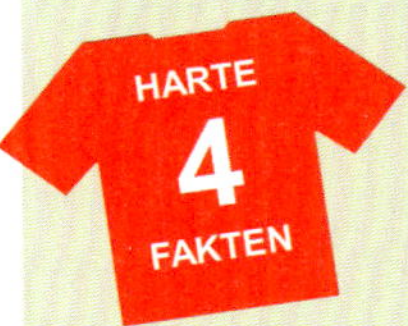

Adresse: Wiesenstraße 15, 96450 Coburg

Erbaut: 1913

Zuschauerkapazität: 3.000

Verein: FC Coburg

TSV-Sportanlage

Die Heimstrecke von Turbo-Reuter

Schnell sind sie offensichtlich in Dinkelsbühl. So benötigte der TSV 1860 beispielsweise für die 1928 fertiggestellte Turnhalle nur ein Jahr Bauzeit. Und nach dem Ende des Zweiten Weltkriegs dauerte es nur drei Jahre, ehe man die Sportanlage ausbaute.

Schnell war auch Stefan Reuter. Auf dem Rasen der Sportanlage an der alten Promenade und daneben, also auf der Laufbahn. Der junge Reuter war nämlich auch ein vielversprechender Mittelstreckenläufer und Sprinter. Lange konnte er sich nicht zwischen Leichtathletik und Fußball entscheiden, wurde Bezirksmeister im Weitsprung und Bayerischer Meister im Crosslauf.

Weil er aber seine Fußballkameraden nicht im Stich lassen wollte, entschied sich Stefan Reuter schließlich fürs Kicken. Und auch dann ging es wieder schnell: Mit noch nicht ganz 16 Jahren wechselte er vom TSV 1860 Dinkelsbühl zum 1. FC Nürnberg, wo er schließlich wenige Tage vor seinem 18. Geburtstag in der ersten Mannschaft debütierte. Das war in der Saison 1984/85, an deren Ende der Club in die 1. Bundesliga zurückkehrte.

Da Reuter die 100 Meter in elf Sekunden sprintete, bekam er übrigens schnell den Spitznamen „Turbo" verpasst. Er zündete den selbigen, wurde Stammspieler, mit 20 Jahren auch A-Nationalspieler und war als dynamischer Rechtsverteidiger maßgeblich daran beteiligt, dass der FCN 1988 in den UEFA-Pokal einzog.

Am Ende jener Saison folgte dann der schmerzliche Abschied, ausgerechnet zum Erzrivalen Bayern München. Stationen bei Juventus Turin und Borussia Dortmund folgten. Turbo-Reuter legte eine beeindruckende Karriere hin, wurde 1990 Weltmeister und 1996 Europameister, gewann fünf Deutsche Meisterschaften sowie 1997 die Champions League und den Weltpokal.

Von Dinkelsbühl war Reuter hinausgerauscht in die Fußballwelt. Doch seinem TSV fühlt er sich noch immer verbunden. Um am Festabend zum 150. Vereinsjubiläum teilnehmen zu können, sagte der später auch als Manager erfolgreiche Franke 2010 sogar die Einladung zu Franz Beckenbauers Geburtstagsfeier ab.

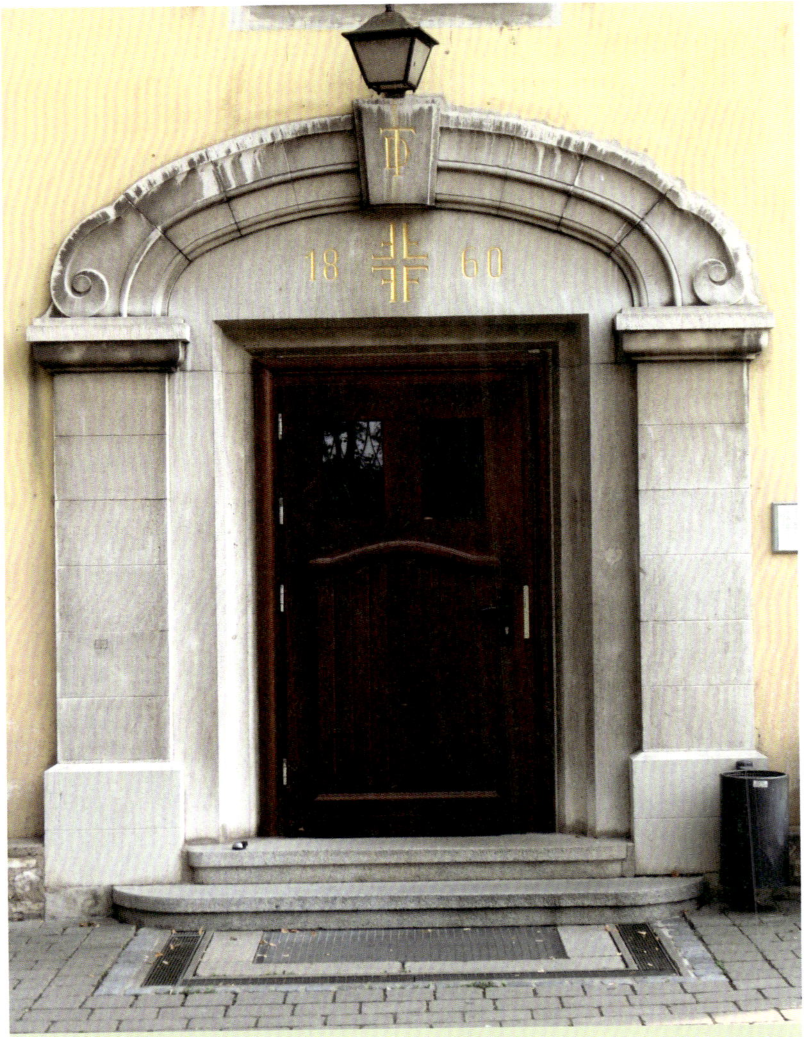

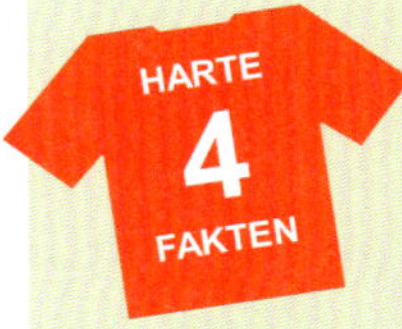

Adresse: Alte Promenade 10, 91550 Dinkelsbühl

Erbaut: 1928 (Turnhalle)

Verein: TSV 1860 Dinkelsbühl

Aktive TSV-Zeit von Stefan Reuter: 1971–1982

Ebersdorf-Frohnlach 016

Willi-Schillig-Stadion

Gut gepolstert

Ebersdorf bei Coburg ist eine Gemeinde mit nicht einmal 6.000 Einwohnern. Rund 2.000 davon wohnen im Ortsteil Frohnlach. Einer davon war über viele Jahre Willi Schillig. Nach dem Besuch der Korbflechterschule in Lichtenfels machte er sich 1946 selbständig, fertigte zunächst Flechtsessel und Wäschetruhen, später auch Stühle und Eckbänke.

Schillig gab sehr viel für den Erfolg seiner Firma und er gab auch einiges dafür auf. Eine Karriere als Fußballer zum Beispiel. Denn in den fünfziger Jahren sollen namhafte Vereine wie der 1. FC Nürnberg und der 1. FC Schweinfurt 05 an ihm interessiert gewesen sein. Doch Willi Schillig schlug diese Angebote aus und damit auch die Aussicht, sich dank des Sports ein kleines Geldpolster anlegen zu können.

Stattdessen baute er sein Frohnlacher Unternehmen weiter aus und erweiterte 1969 die Produktion um Lederpolstermöbel. Dadurch wurde die Firma Schillig nicht nur sehr profitabel, sondern letztlich auch zu einem weltweit tätigen Unternehmen mit mehr als 1.200 Mitarbeitern sowie Standorten sogar in China und den USA.

Mit einem derartigen finanziellen Polster wandte sich Fußballfan Willi Schillig dann auch wieder seiner Fußballpassion zu. Als Mäzen des VfL Frohnlach führte er den Verein ab Mitte der Siebziger von der B-Klasse zügig nach oben.

1980 war der VfL schließlich in der damals noch drittklassigen Bayernliga angekommen und hatte zudem in der Saison 1979/80 die 2. Hauptrunde des DFB-Pokals erreicht. Dank Schillig wirtschaftlich gut gepolstert, etalierten sich die Frohnlacher daraufhin in der Bayernliga und gehörten dieser mit nur wenigen Unterbrechungen bis 1999 an.

Am Wirtsteich, dort wo der VfL seit 1958 beheimatet ist, wurde im Aufstiegsjahr 1980 auch das Waldstadion eingeweiht. Es bietet eine überdachte Tribüne, insgesamt Platz für 5.000 Zuschauer und seit 2004 zumeist wieder Frohnlacher Bayernligafußball. Zu Ehren des 2013 verstorbenen Mäzens hat man das Waldstadion übrigens bereits 2006 in Willi-Schillig-Stadion umbenannt.

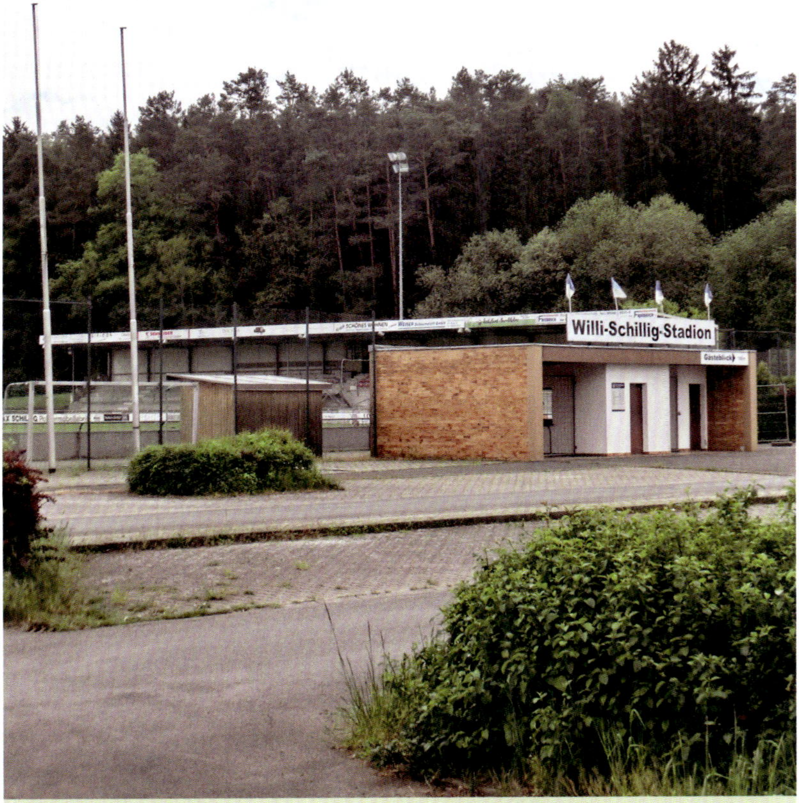

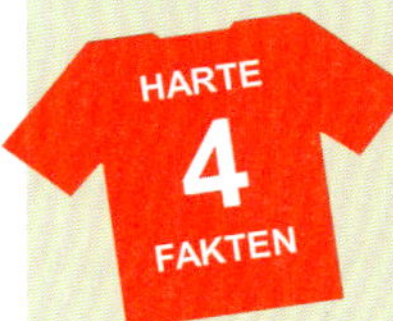

Adresse: Am Wirtsteich, 96237 Ebersdorf-Frohnlach

Erbaut: 1980

Zuschauerkapazität: 5.000

Verein: VfL Frohnlach

Erlangen 017

Fraunhofer-Institut

Wider dem Phantomtor

Franken, zumindest der allergrößte Teil, sieht sich im Fußball sehr oft ungerecht behandelt. Wenn man beispielsweise auf die „Wahre Tabelle“ der Club-Abstiegssaison 2007/08 schaut, dann zeigt diese, dass der 1. FC Nürnberg ohne Schiedsrichterfehler die Erstklassigkeit gehalten hätte. Dabei handelte es sich weniger um Entscheidungen, bei denen der Ball doch oder doch nicht mit vollem Umfang die Torlinie überquert hat, sondern eher um andere Ungerechtigkeiten.

Aber auch bei der Frage „Tor oder nicht Tor“ war der Club vorne mit dabei – oder stand besser gesagt hinten an. Denn als am drittletzten Spieltag der Saison 1993/94 Bayerns Thomas Helmer den Ball beim Gastspiel des FCN in München am Club-Torgehäuse vorbeistolperte, gab der Schiedsrichter zur Verwunderung aller einen Treffer für Bayern – das wohl bekannteste Phantomtor.

Die Münchner gewannen die Partie dadurch mit 2:1. Zwar erwirkte der FCN über einen Protest ein Wiederholungsspiel, doch das ging deutlich verloren. Besonders tragisch bei diesem Phantomtorvorfall war, dass der Club bei einem Bayern-Tor weniger, also bei einem Unentschieden, letztlich nicht abgestiegen und München nicht Meister geworden wäre.

Kein Wunder also, dass ausgerechnet vor den Toren Nürnbergs ein System zur Klärung strittiger Torsituationen entwickelt wurde. Und zwar vom Fraunhofer-Institut für Integrierte Schaltungen in Erlangen. Es handelt sich um die seit 2012 FIFA-lizenzierte Torlinientechnik „GoalRef“. Mittels Antennen hinter Pfosten und Latte wird dabei ein schwachmagnetisches Feld erzeugt und überwacht. Sobald der Ball, in dem sich drei leichte Spulen befinden, die Torlinie passiert, wird dies dem Schiri unmittelbar mit verschlüsseltem Funksignal auf eine Spezialarmbanduhr gemeldet.

Bleibt festzuhalten, dass der Sport durch den Einsatz von Technik wohl ein Stück weit gerechter wird. Unstrittig ist aber auch, dass Fußball von Emotion und Diskussion lebt, auch über die vermeintlichen und echten Ungerechtigkeiten. Und das droht dann eben auch ein Stück weit verloren zu gehen.

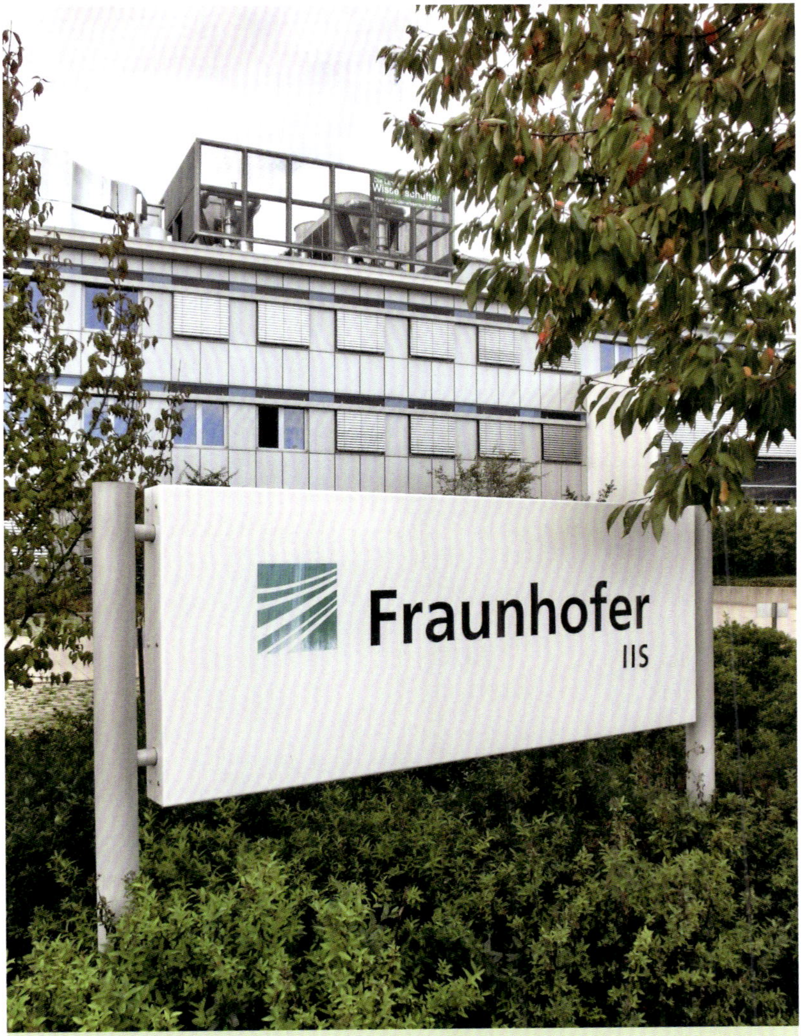

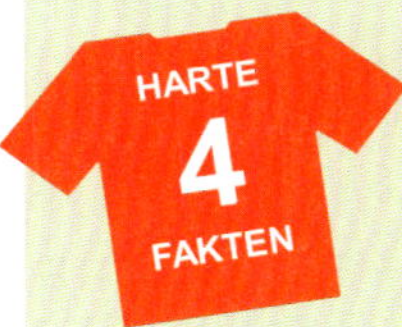

Adresse: Am Wolfsmantel 33, 91058 Erlangen

Gegründet: 1985

Mitarbeiterzahl: ca. 950

Zu Fehlentscheidungen siehe: wahretabelle.de

Institut für Sportwissenschaft und Sport (FAU)

Erlangen ist rot-schwarz! Ganz Erlangen?

Auch wenn Erlangen laut zahlloser Aufkleber an Schildern und Pfosten „rot-schwarz" ist, arbeitet das dortige Institut für Sportwissenschaft und Sport der Friedrich-Alexander-Universität (FAU) doch mit der weiß-grünen Konkurrenz der rot-schwarzen Cluberer zusammen. Kleeblatt Fürth statt 1. FC Nürnberg heißt es zumindest, wenn es um die Betreuung von Fußballern in wissenschaftlicher und medizinischer Hinsicht geht.

Dabei beschränkt sich die Kooperation der Fürther Spielvereinigung nicht nur auf das Institut für Sportwissenschaft und Sport, sondern erstreckt sich auch auf das Universitätsklinikum. Erlangen, also die Uni mit ihren Fachbereichen, ist damit offizieller „Kleeblatt-Gesundheitspartner".

Die Spieler der Fürther Profimannschaft und des NachwuchsLeistungs-Zentrums werden dort regelmäßig orthopädisch, internistisch und kardiologisch untersucht. Dafür steht selbstredend modernste Technik zur Verfügung, beispielsweise für die Analyse des Laufverhaltens, sowie ein Speziallabor zur Gelenkleistungsdiagnostik. Auch die im Fußballsport obligatorischen Laktattests werden in Erlangen durchgeführt. Es wird also die körperliche Leistungsfähigkeit der Fußballer gecheckt, indem, zum Beispiel auf einem Laufband, die Belastung kontinuierlich gesteigert wird. Dabei wird die Bildung von Milchsäure und deren Anhäufung im Blut gemessen. Daraus wird eine Laktat-Leistungskurve erstellt, an der man die Ausdauerleistungsfähigkeit der einzelnen Spieler ablesen kann. Aus den Ergebnissen können dann Schlüsse für die Trainingssteuerung der kommenden Trainingseinheiten gezogen werden.

Von diesen Tests hört man vereinsübergreifend, gerade in der Saisonvorbereitung, immer wieder. Bundesweit einzigartig hingegen ist die Unistudie mit 120 Fürther Jugendspielern, bei der der Knorpelstoffwechsel im Kniegelenk untersucht wird. Dies geschieht, um Verletzungsanzeichen frühzeitig erkennen zu können und um Schäden mit gezielter Physiotherapie vorzubeugen. Erlangen ist also allen voran modern und innovativ.

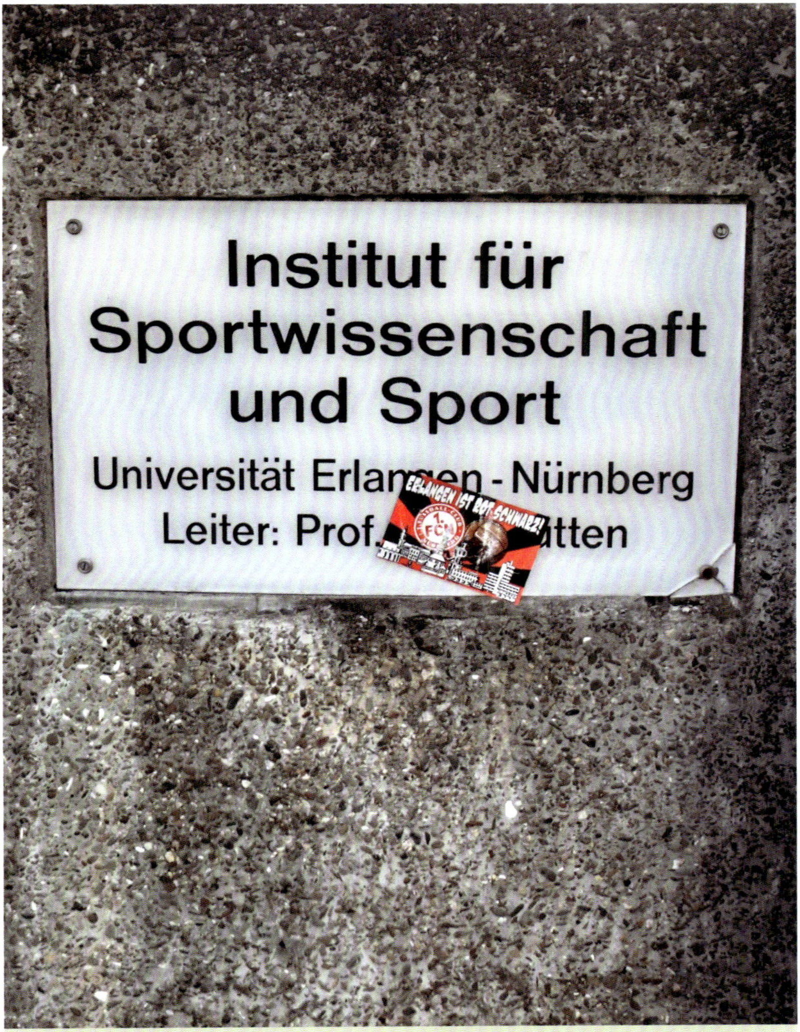

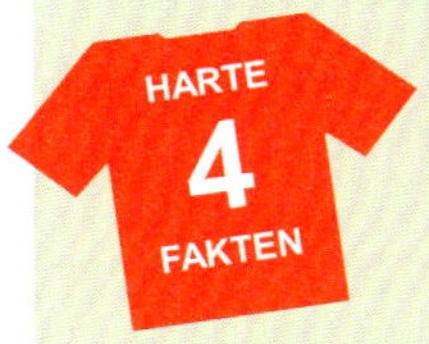

Adresse: Gebbertstraße 123 b, 91058 Erlangen

Universitätsgründung: 1742/43

FAU-Studierende gesamt: ca. 40.000

FAU-Beschäftigte gesamt: ca. 14.000

Erlangen 019

Nürnberger Straße

Von Engeln und Comic-Helden

Erlangen ist die einzige Großstadt auf dem Gebiet des Bayerischen Fußball-Verbandes, die noch nie mit einem Fußballklub zumindest in der 2. Bundesliga vertreten war. Dennoch gibt es viele Verbindungen zum Fußball. Lothar Matthäus, aufgewachsen im nahen Herzogenaurach, wurde beispielsweise hier geboren, die Fußballmoderatorin Katrin Müller-Hohenstein ebenso und auch Elke Sommer ist mit der Stadt verwurzelt.

Was Elke Sommer, Schauspielerin und Sex-Symbol der Sechziger, mit Fußball zu tun hat? Sie holte einst Günter Netzer nach Erlangen! Nein, nicht zu einem der zahlreichen Vereine, sondern ins Haus ihrer Mutter.

Dazu sagte sie 2004 in einem „Spiegel"-Interview: „Wir saßen dann mit meiner Mama in Erlangen bei uns im Garten unter dem Apfelbaum, haben Karten gespielt und Händchen gehalten." Die Erfolge des Weltklassespielers und Fußball-Popstars waren ihr ziemlich egal, sie schwärmte: „Aber er kam mir immer wie ein Engel vor."

In Netzers Autobiografie kann man lesen, dass seine Mönchengladbacher Borussia um Berti Vogts, Jupp Heynckes und Hacki Wimmer über die Ausflüge informiert war, nur Hennes Weisweiler nicht: „Berti und die anderen wussten längst, dass ich mich ab und an mal in den Wagen setzte und nach Erlangen brauste. Der Trainer bekam davon aber erst etwas mit, als Fotos in den Zeitungen erschienen mit meinem auffälligen Ferrari darauf, wie der vor dem Hause Sommer stand."

Womöglich sind Sommer und Netzer auch mal händchenhaltend die Nürnberger Straße entlang geschlendert. Dort sind noch heute eine ganze Reihe großer Einzelhandelsgeschäfte und ein Warenhaus beherbergt. Diese stellten 2014 ihre Schaufenster für die Ausstellung der besten Fußball-Comics der Saison zur Verfügung. Der allerbeste davon, „Niemandsland" von Ralf Marczinczik, war bereits im Oktober 2013 als Fußball-Comic des Jahres mit dem Deutschen Fußball-Kulturpreis ausgezeichnet worden – in Kooperation mit dem Internationalen Comic-Salon Erlangen. Die Verbindungen des Fußballs nach Erlangen sind eben etwas anders, aber durchaus vielfältig.

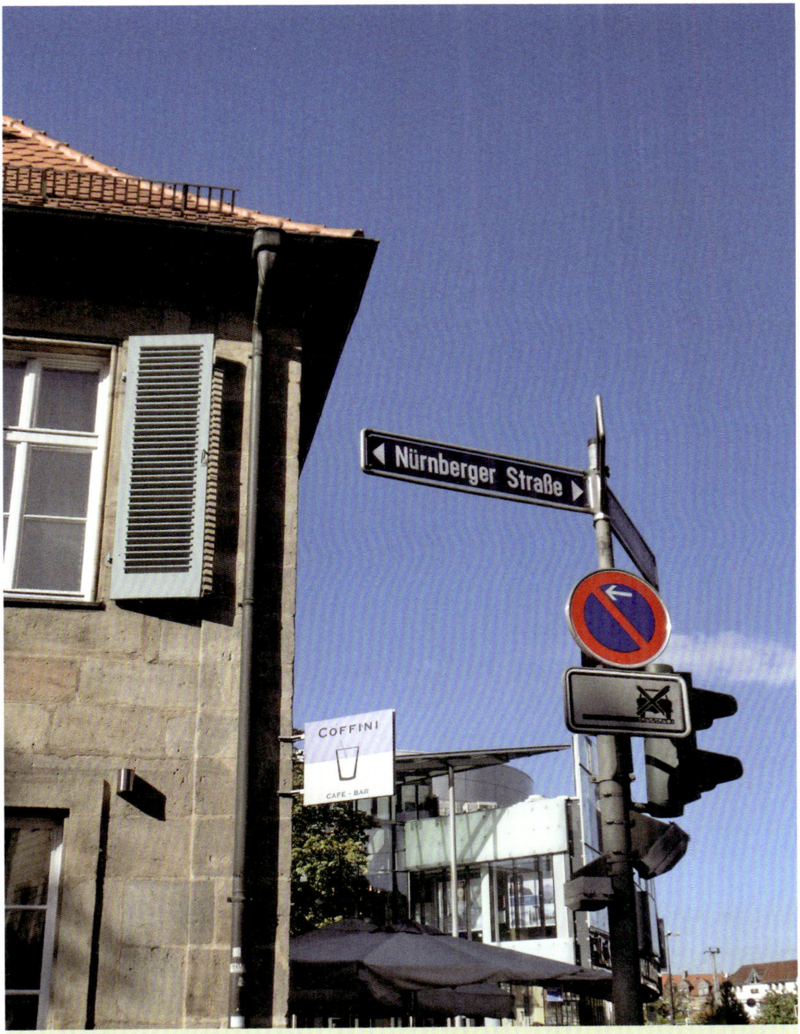

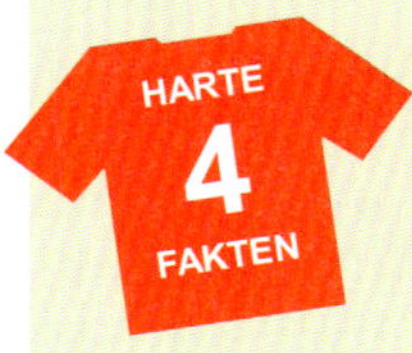

Adresse: Nürnberger Straße, 91052 Erlangen

Straßenlänge: rund 2,5 km

Fußgängerzone: rund 400 m

Baudenkmäler: 8

Waldsportpark

Das Brüder-Trio

Die Spieli, wie die Spielvereinigung im Erlanger Volksmund genannt wird, ist im Osten der Universitätsstadt beheimatet. Dort, am Rande des Nürnberger Reichswalds, befindet sich der Waldsportpark mit seiner 1967 eingeweihten Holztribüne, die Platz für 400 Zuschauer bietet.

Bereits 1955 war die SpVgg Erlangen in die Bayernliga aufgestiegen, also in dem Jahr, in dem auch Jürgen Täuber geboren wurde. Dieser begann seine Fußballerlaufbahn dann auch bei der Spielvereinigung und wechselte 1976 zusammen mit seinem Bruder Klaus für 30.000 DM von der SpVgg Erlangen zum 1. FC Nürnberg.

Während Jürgen Täuber den Großteil seiner Profikarriere beim FCN verbrachte und mit den Cluberern 1982 das DFB-Pokalfinale erreichte, verließ der 1958 geborene Klaus den 1. FC Nürnberg schon 1980.

Klaus Täuber pflegte ein, sagen wir mal, eher körperbetontes Spiel, hatte den Spitznamen „der Boxer" und wurde als Mittelstürmer von den Abwehrspielern der Bundesliga schon mal zum „größten Klopper der Liga" gewählt. Und am Ende seiner Karriere kam dann sogar noch ein richtiger Titel hinzu, als er mit Leverkusen UEFA-Pokalsieger wurde. Im Rückspiel des Finales 1988 bereitete er dabei nicht nur das 2:0 vor, sondern verwandelte im Elfmeterschießen auch den entscheidenden Elfer gegen Espanyol Barcelona.

Auch der dritte und jüngste der Täuber-Brüder wurde schließlich Profifußballer. Stephan Täuber, Jahrgang 1966, begann selbstverständlich auch bei der Spieli mit dem Kicken, spielte später unter anderem für den VfL Wolfsburg, mit dem er 1995 das DFB-Pokalfinale erreichte, und für den 1. FC Nürnberg.

Alle drei Täubers waren also beim Club, was irgendwie nahe liegt. Doch dass sie auch alle mal für Schalke spielten, ist eine bemerkenswerte Parallele. Noch bemerkenswerter ist jedoch, dass die Spieli zwar nach dem Bayernligaabstieg 1961 nicht mehr höherklassig spielte, sich aber laut „Kicker" rühmen darf, das einzige Brüder-Trio im deutschen Profifußball hervorgebracht zu haben.

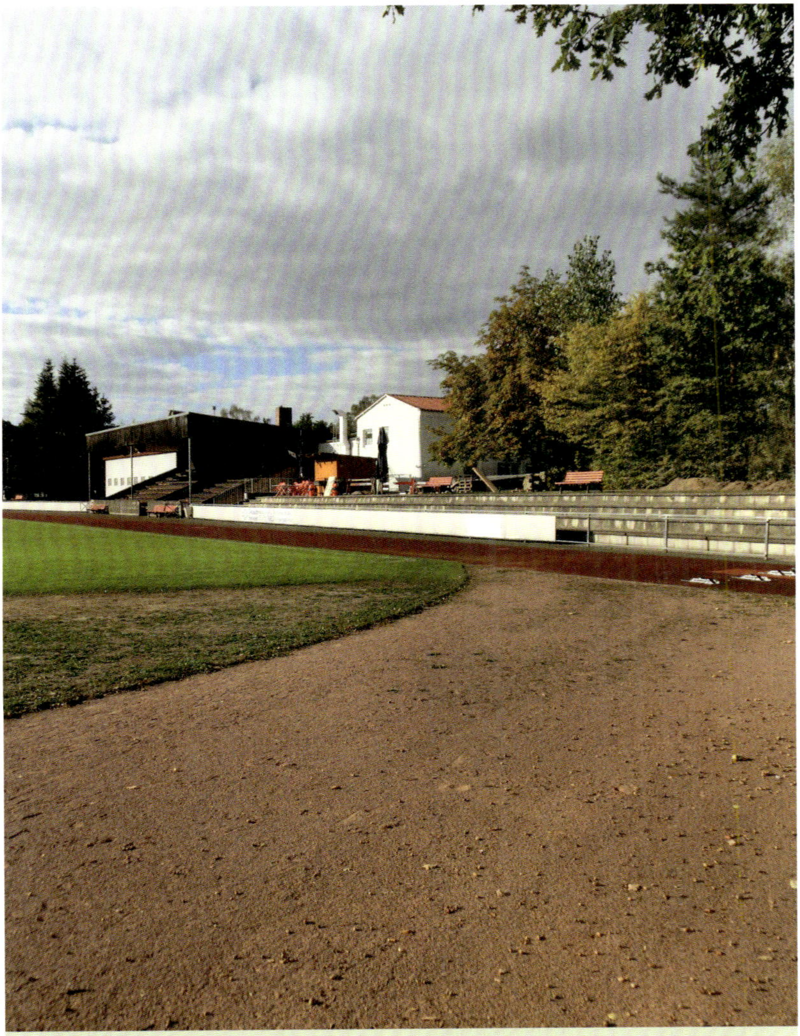

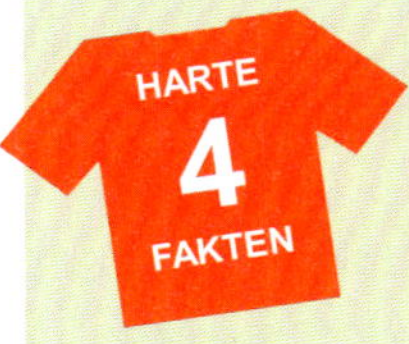

Adresse: Kurt-Schumacher-Str. 11, 91052 Erlangen

Erbaut: 1920 (neue Tribüne 1967)

Zuschauerkapazität: 4.000

Verein: SpVgg Erlangen

Feucht 021

Waldstadion

London Calling

Der in seinen Ursprüngen auf das Jahr 1920 zurückgehende 1. SC Feucht spielte noch in den achtziger Jahren in der A-Klasse, ehe ein beeindruckender Aufstieg begann.

1995 erreichte man die Landesliga, nur zwei Jahre später die Bayernliga. Im Jahr 1997 wurde auch das Waldstadion eingeweiht. Dort sahen die Zuschauer einige Jahre guten Bayernligafußball, der Feucht schließlich 2003 in die drittklassige Regionalliga Süd führte. Aus diesem Grund wurde das Stadion umgebaut und verfügt seitdem über rund 3.500 Plätze.

Im ersten Regionalligajahr erreichten die Feuchter einen respektablen 8. Platz. Das brachte nicht nur Zuschauer ins Waldstadion, sondern auch einen echten Champions-League-Torschützen: Alberto Mendez. Zur Saison 2004/05 kehrte der gebürtige Nürnberger zu seinem früheren Verein zurück, von dem aus er in die große Fußballwelt aufgebrochen war.

Acht Jahre zuvor hatte Mendez schon einmal in Feucht gespielt, damals noch in der Landesliga. Und in eben dieser wurde Alberto Mendez von keinem Geringeren als Arsenals Trainerlegende Arsène Wenger beobachtet – bei einem Spiel gegen den ESV Rangierbahnhof Nürnberg. Es klingt wie ein Fußballmärchen, aber London rief und im Sommer 1997 wechselte Mendez tatsächlich für eine Ablöse von 600.000 DM vom Landesligisten Feucht zum großen FC Arsenal.

Zwar konnte er sich in England letztlich nicht durchsetzen, kam aber immerhin zu ein paar Einsätzen für die Londoner, spielte und traf sogar in der Champions League.

Über Athen, Unterhaching, Ferrol und Terrassa kam Alberto Mendez dann zurück nach Feucht. Mit ihm gelang auch 2005 der sportliche Klassenerhalt. Doch aufgrund wirtschaftlicher Probleme musste sich der 1. SC Feucht zum Saisonende aus der Regionalliga zurückziehen. Der Höhenflug von Feucht und Mendez war erst einmal vorbei.

Die Feuchter stiegen in den nächsten Jahren sportlich zwei weitere Male ab, sodass es 2009 sogar zwischenzeitlich nur noch Bezirksoberligafußball im Waldstadion zu sehen gab.

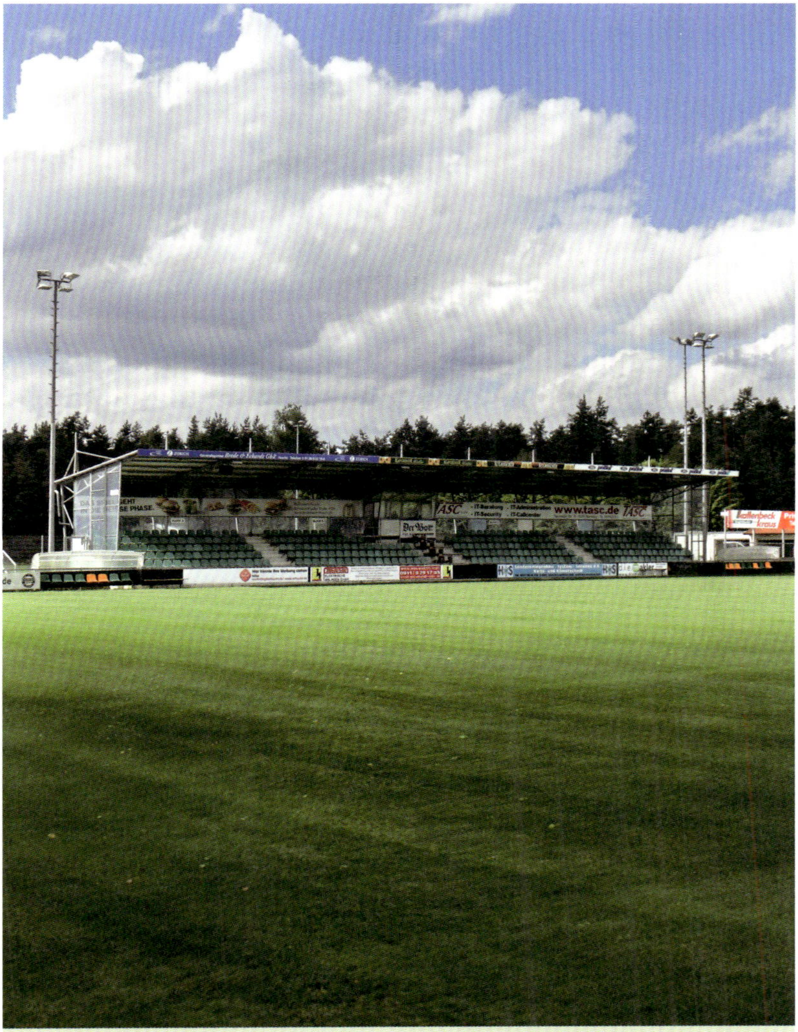

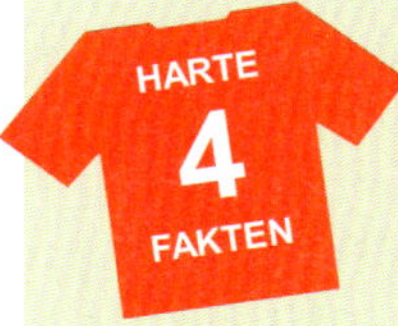

Adresse: Waldstraße 12, 90537 Feucht

Erbaut: 1997

Zuschauerkapazität: 3.500

Verein: 1. SC Feucht

Jahn-Park

Der Jahn zieht

Der Jahn zieht so manchen Künstler nach Forchheim, also die Jahn-Kulturhalle. Sie wird von der Sportvereinigung Jahn Forchheim betrieben und bietet Platz für rund 700 Personen.

Als Xavier Naidoo 2014 zu Gast war, kamen sogar fast 12.000 Menschen. Allerdings stand für dieses Open-Air-Konzert auch das gesamte Vereinsgelände zur Verfügung.

Der Jahn zieht die Massen an, auch beim Fußball. So kamen 1996 bei einem Freundschaftsspiel gegen Bayern München 5.000 Zuschauer in den Jahn-Park. Es war die große Zeit der Forchheimer. Denn 1994 war die Sportvereinigung in die Bayernliga aufgestiegen und spielte in dieser dann insgesamt sechs Spielzeiten. Saison um Saison landete die SpVgg Jahn am Ende auf einem einstelligen Tabellenplatz.

Der Jahn zieht sich zurück, hieß es dann 2000. Aus finanziellen Gründen erfolgte der Rückzug aus der Bayernliga zum Saisonende. Die Finanzen waren auch das Problem, als die Forchheimer im April 2013 erklärten, keine Regionalligalizenz für die Spielzeit 2013/14 zu beantragen. Trotz hervorragender Ausgangsposition an der Tabellenspitze verzichtete der Verein damit auf den möglichen Aufstieg.

Der Jahn zieht um, vermutlich bald. Regionalligafußball wird der Jahn-Park also wohl nicht mehr sehen. Denn der klamme Verein einigte sich 2016 mit einem Immobilienentwickler über den Verkauf des zentrumsnahen Vereinsgeländes. Dort wo die SpVgg Jahn so Großartiges geleistet hat, soll bald ein Wohn- und Geschäftsviertel entstehen. Entsprechend plant der Jahn den Umzug auf ein Areal im Norden der Stadt.

Der Jan zieht hinaus, also der Roberto Jan Hilbert. Der gebürtige Forchheimer ist wohl der bekannteste Spieler, den der Jahn hervorgebracht hat. Hilbert zog es unter anderem zum VfB Stuttgart, wo er 2007 Deutscher Meister und auch A-Nationalspieler wurde, zu Besiktas Istanbul, wo er 2011 den türkischen Pokal gewann, und zu Bayer Leverkusen. In Bälde wird es ihm nun also sein Heimatverein gleichtun und vom Jahn-Park zumindest in den Forchheimer Norden hinausziehen.

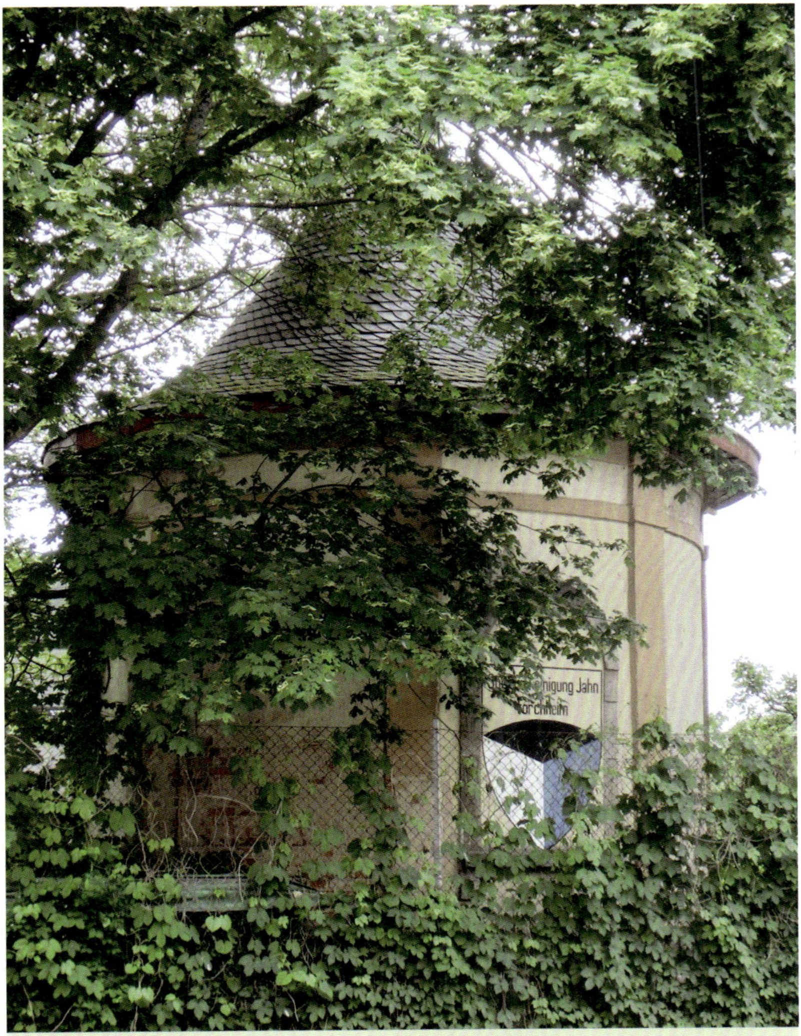

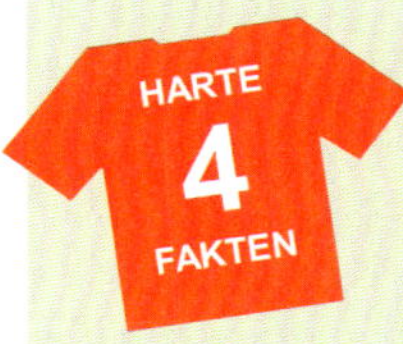

Adresse: Friedrich-Ludwig-Jahn-Straße 10, 91301 Forchheim

Erbaut: 1926 (Jahn-Kulturhalle)

Zuschauerkapazität: 3.000

Verein: SpVgg Jahn Forchheim

ASV-Stadion an der Magazinstraße

Von der Magazinstraße zur Meisterschaft

An der Magazinstraße war einst der große Fußball zu Hause. Und wenn man von der ehrwürdigen Holztribüne hinunterblickt, eine der ältesten Deutschlands, kann man erahnen, dass vor dem Zweiten Weltkrieg manchmal mehr als 10.000 Zuschauer die Spiele hier verfolgten.

Es war der Vorgängerverein des ASV Fürth, der VfR, der für diese Begeisterung sorgte. Selbst erst 1924 aus dem MTV Fürth herausgelöst, spielte der VfR über weite Strecken der zwanziger und dreißiger Jahre in der damals erstklassigen Bezirksliga. Und nicht nur im Stadion an der Magazinstraße hielt sich der VfR Fürth tapfer gegen so namhafte Mannschaften wie den 1. FC Nürnberg, die SpVgg Fürth, Bayern München oder 1860 München.

Gegen Letztere gewann der VfR 1926 übrigens auch das Eröffnungsspiel im Münchner Stadion an der Grünwalder Straße nach dessen Umbau mit 4:2. Und mit Hans Neger brachte der VfR Fürth zudem einen späteren Deutschen Meister hervor.

Der talentierte Torwart war 1925 zum Lokalrivalen SpVgg Fürth gewechselt und gewann 1929 den Titel. Ein Jahr später nahm er mit der Spielvereinigung auch am Coupe des Nations teil, quasi einem ersten Vorläufer des Europapokals der Landesmeister, wo allerdings bereits im Viertelfinale Schluss war.

Auch der Nachfolgeverein ASV Fürth brachte einen Deutschen Meister hervor: Lennart „Lennao“ Albrecht! Er ist nicht nur Spieler des Teams aus dem ASV-Stadion an der Magazinstraße, sondern auch ein Spielekonsolenvirtuose. So wurde Albrecht 2016 Deutscher Pro Evolution Soccer Meister und schaffte es anschließend bei der Weltmeisterschaft in Mailand bis ins Viertelfinale.

Wegen der Teilnahme an den PES World Finals Ende Mai 2016 fehlte er seinem ASV Fürth allerdings zeitweise in der Endphase der Kreisligasaison. Dennoch schaffte die Elf von der Magazinstraße am Saisonende den Aufstieg in die Bezirksliga. Anders als zu glorreichen VfR-Zeiten in den Zwanzigern ist diese aber bekanntlich nicht mehr erstklassig, sondern stellt lediglich noch die 7. Liga dar.

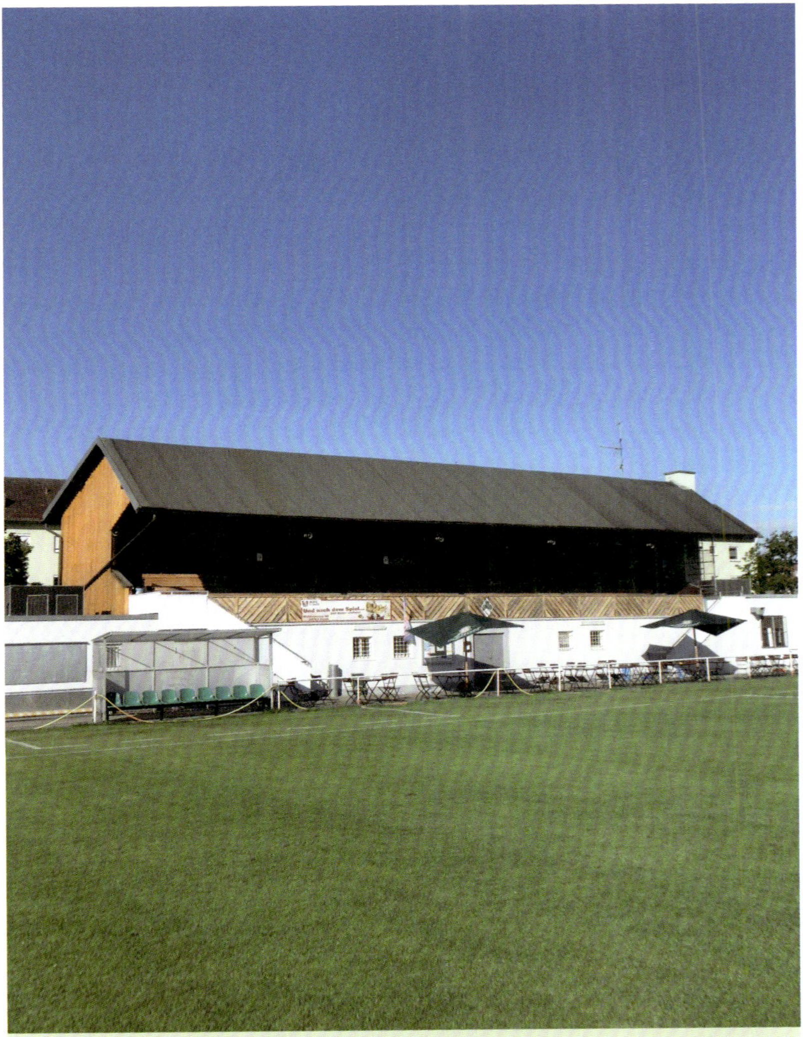

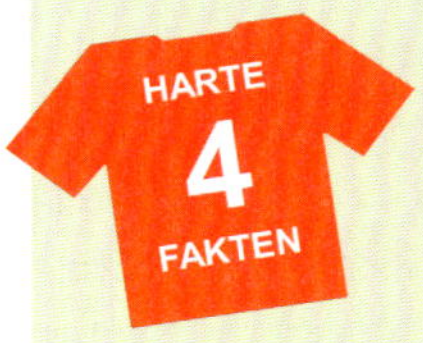

Adresse: Magazinstraße 45, 90763 Fürth

Erbaut: 1924

Zuschauerkapazität: 5.000

Verein: ASV Fürth (VfR Fürth)

Charly-Mai-Sportanlage

Vom unbekannten Helden

„Von allen Helden von Bern trug er den bekanntesten Namen und doch war er der Unbekannteste. Der scheinbare Widerspruch ist schnell geklärt: Karl May kennt jedes Kind, welcher Junge hat nicht unter der Bettdecke den Schatz im Silbersee gesucht und die Schluchten des Balkan durchwandert." So war auf der Homepage des DFB am 27. Juli 2013 zu lesen. An diesem Tag wäre der auch Charly gerufene Karl Mai 85 Jahre alt geworden.

Der May mit „y" erzählte einst die großen Abenteuer seiner Romanhelden Winnetou, Old Shatterhand und Kara Ben Nemsi, der Mai mit „i" erlebte 1954 sein größtes Abenteuer mit den Fußballhelden Walter, Rahn und Morlock.

Und er wurde bei jener WM selbst zum Helden, schaltete er doch im Endspiel den Toptorjäger Sandor Kocsis aus. Als defensiver Mittelfeldspieler, der Bälle eroberte und selbstlos weiterleitete, stand Mai zwar nicht im Fokus wie andere, doch Experten wie „Bumbes" Schmidt schwärmten: „Er ist immer in Bewegung, ahnt den nächsten Spielzug oft instinktiv voraus und außerdem schaltet er blitzschnell auf Angriff um."

Aber Charly Mai tanzte auch mal aus der Reihe, wie vor einem Länderspiel gegen Frankreich. Bundestrainer Herberger orderte zum Abendessen Mineralwasser – und alle Spieler taten es ihm gleich. Nur Mai bestellte sich ein Bier und rief dadurch betretenes Schweigen hervor. Um die Situation zu retten, fragte Herberger in die Runde: „Wer will noch ein Bier?" Und fast alle meldeten sich.

Der Franke Mai spielte seit seiner Jugend bei der SpVgg Fürth, doch als 1958 der damals schon zahlungskräftige FC Bayern anfragte, wechselte er nach München. Ein Jahr später wechselte wiederum der Karl-May-Verlag seinen Hauptsitz, siedelte von Ostdeutschland ins oberfränkische Bamberg über.

Und rund fünfzig Jahre nach dem „Wunder von Bern" wechselte im mittelfränkischen Fürth die Bezirkssportanlage am Schießanger, dort wo einst auch die erste Spielstätte der Spielvereinigung war, ihren Namen. Sie wurde zu Ehren des WM-Helden von 1954 in Charly-Mai-Sportanlage umbenannt.

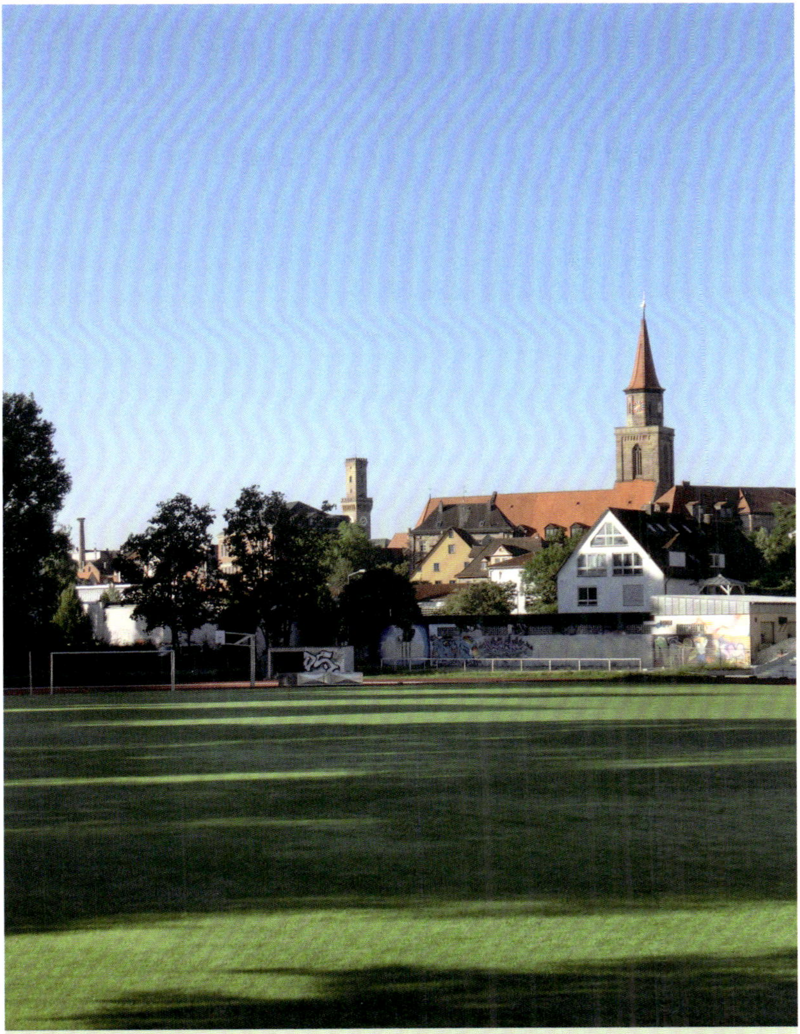

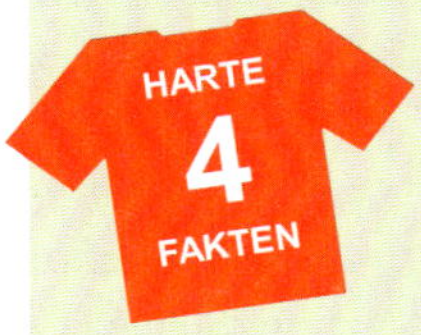

Adresse: Kapellenstraße 41, 90762 Fürth

Umbenennung: 2004

Zuschauerkapazität: 3.000

Charly Mais Lebensdaten: 27. 7. 1928 – 15. 3. 1993

Gustav-Schickedanz-Sportfeld

Jogis Jungs

Die Sportgemeinschaft Quelle im TV Fürth 1860, kurz SG Quelle, hat eine bewegte Fußballgeschichte. Bereits 1906 wurde die SpVgg Fürth ausgegliedert, 1924 der FC Fürth, der allerdings 1930 wieder beitrat. Seit 1935 wiederum gab es die Betriebssportgemeinschaft des von Gustav Schickedanz gegründeten Quelle-Konzerns, die 1973 mit der Fußballabteilung des TV fusionierte.

So richtig sprudelte die SG Quelle allerdings erst in den Neunzigern. Mit Trainer Dieter Lieberwirth, genannt Jogi, gelang zwischen 1994 und 1996 der Durchmarsch von der Landes- in die Regionalliga.

Und mit dem Aufstieg in die dritthöchste Spielklasse war zudem eine „Jahrhundert-Konstellation" geschaffen worden, wie es der Verein beschreibt. Denn man spielte 1996/97 tatsächlich mit dem 1. FC Nürnberg aus der Nachbarstadt und dem Fürther Lokalrivalen Spielvereinigung in einer Liga.

„Meilensteine der Vereinsgeschichte" waren diese Derbys aus Quelle-Sicht. Konnte man zu Hause sonst kaum mehr als 200 Besucher begrüßen, bescherten damals insbesondere jene Partien einen Schnitt von über 1.200. Zwar wurde das Heimspiel gegen den Club aufgrund des großen Zuschauerzuspruchs ins Nürnberger Frankenstadion verlegt, doch endlich lockte auch mal der Fußball in die Leichtathletikanlage, zu der in der „Chronik des TV Fürth 1860" für das Jahr 1962 Folgendes vermerkt ist: „Am 2. und 3. Juni wird das ‚Gustav-Schickedanz-Sportfeld' im neu gestalteten Waldstadion mit Ballspielen, turnerischen Vorführungen und 400m-Einladungslauf eingeweiht."

Jogis Jungs hielten sich wacker in der Regionalliga, belegten noch am drittletzten Spieltag einen Nichtabstiegsplatz. Schließlich besiegelte erst eine 1:2-Niederlage am letzten Spieltag in Nürnberg den unglücklichen Abstieg in die Bayernliga.

Doch Jogi Lieberwirth setzte auch danach seine hervorragende Arbeit in Fürth fort. Insgesamt elf Jahre, von 1991 bis 2002, war er dort tätig, schaffte 1999 nochmals den Aufstieg in die Regionalliga Süd und prägte die erfolgreichste Ära der SG Quelle.

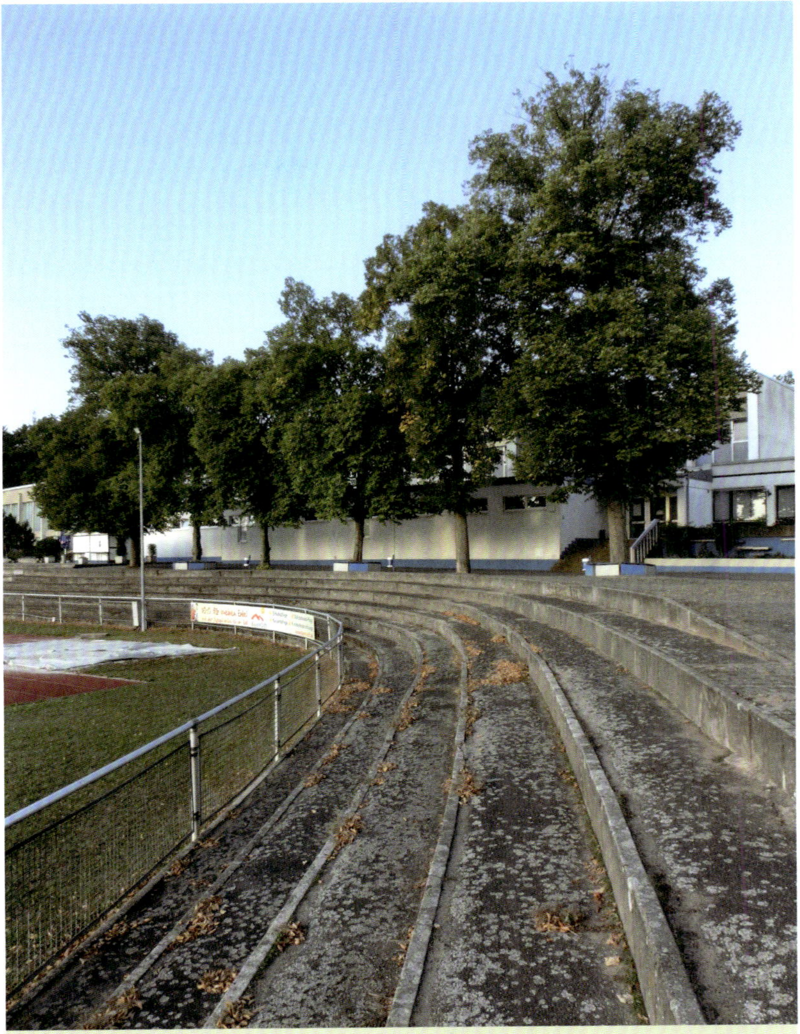

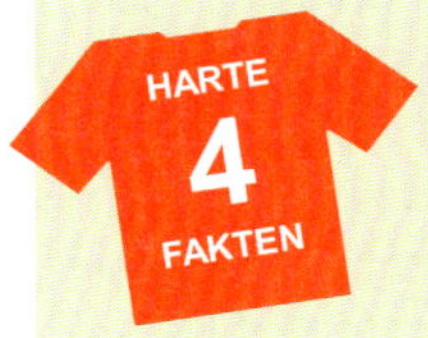

Adresse: Coubertinstraße 9–11, 90768 Fürth

Erbaut: 1962

Zuschauerkapazität: 7.000

Verein: SG Quelle Fürth

Hauptschule Pfisterstraße

Weltmeisterlicher Sportunterricht

Auch wenn er in der Schweiz nicht zum Einsatz kam, so ist er doch Teil jener deutschen Nationalmannschaft, die 1954 erstmals Weltmeister wurde. Und auch wenn in seiner Geburtsurkunde Erhard steht, so wird er doch meist Erhardt geschrieben. Die Rede ist von Herbert Erhardt, oder eben Erhard, auch genannt „Ertl".

Sein erstes WM-Spiel machte er dann erst 1958 beim 3:1-Sieg gegen Argentinien in Schweden, doch insgesamt lief der gebürtige Fürther stolze 50-mal für Deutschland auf.

Sechs Spiele davon bestritt er bei der Weltmeisterschaft 1958, weitere vier bei der WM 1962 in Chile. Und für die SpVgg Fürth, für die er inklusive Jugend zwanzig Jahre aktiv war, kam er sogar auf rund 800 Einsätze. Dann lockte der FC Bayern.

In Werner Skrentnys Buch „Als Morlock noch den Mondschein traf" über die Geschichte der Oberliga Süd wird Erhardt zu seinem Wechsel nach München folgendermaßen zitiert: „50.000 Mark Handgeld waren damals sehr viel Geld und davon habe ich mir ein Haus gebaut. Für mich hat sich der Wechsel als großer Glücksfall erwiesen, denn die Verhältnisse bei Bayern waren mit Fürth nicht zu vergleichen. Bei der Spielvereinigung hatte man die 320 DM Grundgehalt mit vielleicht 200 DM Prämien, in München 1.500 Fixum plus Prämien."

Nach seinem Karriereende 1964 kehrte Herbert Erhardt in seine Heimatstadt Fürth zurück, wurde 1966 Sportlehrer und unterrichtete sozusagen weltmeisterlich bis zu seiner Pensionierung 1994. Tätig war er an der Hauptschule Pfisterstraße, einem stattlichen Schulbau im Stil der Neurenaissance, gelegen im ehemaligen Garten des früheren jüdischen Hospitals.

Im Jahr 2010 verstarb Erhardt nach langer und schwerer Krankheit am 3. Juli. Es war der Tag, an dem Deutschland bei der Weltmeisterschaft in Südafrika Herbert Erhardts ersten WM-Gegner Argentinien mit 4:0 besiegte. Und 2010 war auch das Jahr, in dem bekannt wurde, dass Erhardts Hauptschule Pfisterstraße im Zuge der „Hauptschulreform" geschlossen werden soll.

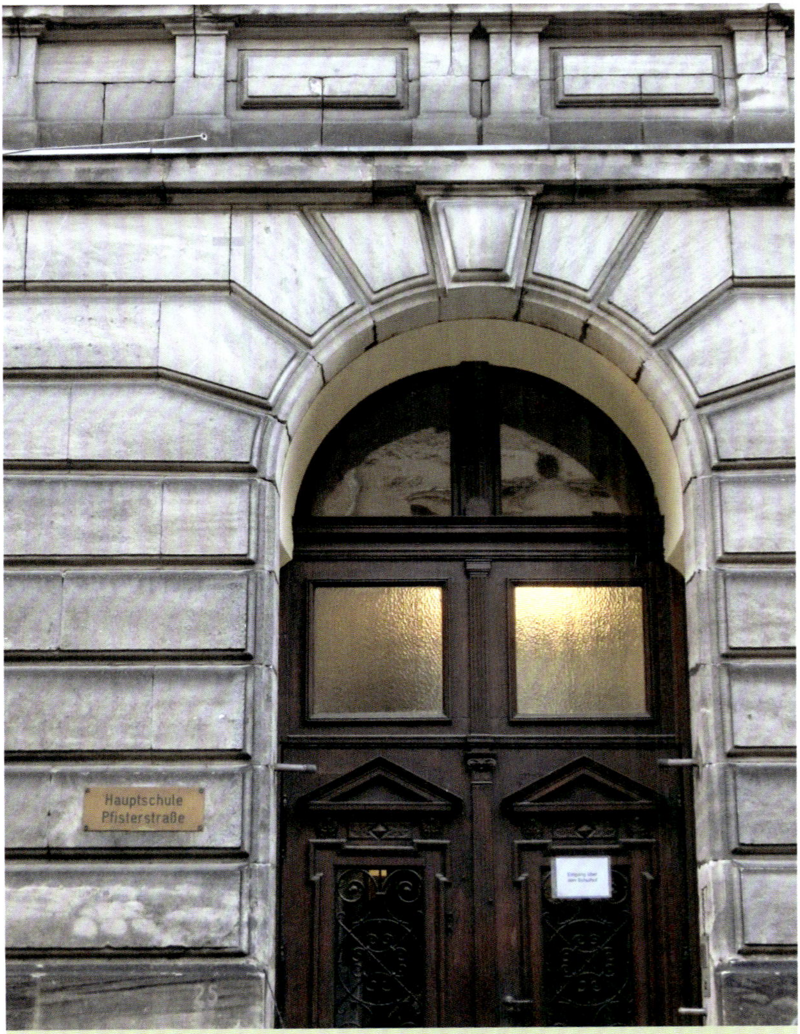

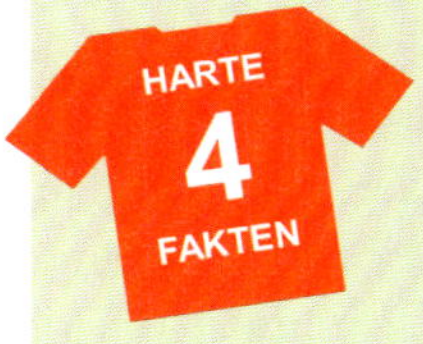

Adresse: Pfisterstraße 25, 90762 Fürth

Erbaut: 1899

Berühmtester Lehrer: Herbert Erhardt

Erhardts Lebensdaten: 6. 7. 1930 – 3. 7. 2010

Henry-Kissinger-Geburtshaus

Deutsch-amerikanische Beziehung

Am 27. Mai 1923 erblickte Heinz Alfred Kissinger in einem dreigeschossigen Satteldachbau mit Sandsteinfassade in der Fürther Mathildenstraße 23 das Licht der Welt.

Das Fürth, in dem der kleine Heinz aufwuchs, war eine Hochburg des jüdischen Lebens, aber auch des Fußballs. Und so ging er in den dreißiger Jahren oft zu den Spielen der SpVgg Fürth in den Ronhof. Heimlich, da sein Vater der Meinung war, er solle lieber Opern besuchen.

1938 war Schluss damit. Wegen der Repressalien der Nationalsozialisten flüchtete die jüdische Familie Kissinger nach Amerika. Heinz wurde fortan Henry genannt, erhielt 1943 die Staatsbürgerschaft der USA, ging in die Politik und erfuhr viele Ehrungen. So erhielt er 1973 den Friedensnobelpreis für das mit Le Duc Tho ausgehandelte Friedensabkommen in Vietnam.

Als US-amerikanischer Sicherheitsberater und Außenminister war Kissinger stets unterwegs und viel beschäftigt. Doch sein Kleeblatt hat er nie vergessen.

Selbst als Außenminister ließ er sich nach jedem Spieltag das Ergebnis der Spielvereinigung von der deutschen Botschaft liefern. „Ich konnte die Intensität unseres Verhältnisses zur BRD immer daran bemessen, wie schnell ich die Ergebnisse hatte. Wenn sie unzufrieden mit mir waren, bekam ich sie immer erst dienstags", erinnert er sich schmunzelnd.

Und Henry Kissinger erinnert sich auch an seine Versprechen. Denn nachdem er einst zugesagt hatte, zum Anfeuern zu kommen, sollten die Fürther jemals den Aufstieg in die 1. Bundesliga schaffen, reiste er zum 3. Spieltag der Saison 2012/13 in den Ronhof.

Die Spielvereinigung war gerade aufgestiegen und hatte den FC Schalke 04 zu Gast. Zwar sah Kissinger eine 0:2-Niederlage, dennoch antwortete er, gefragt nach seinen Wünschen für das kommende Jahr: „Natürlich, dass die Spielvereinigung Deutscher Meister wird." Und ergänzte: „Für die Welt: Dass die Entwicklung friedlich und konstruktiv sein wird." Zumindest Ersteres ist aufgrund des direkten Wiederabstiegs der Fürther definitiv nicht eintreten.

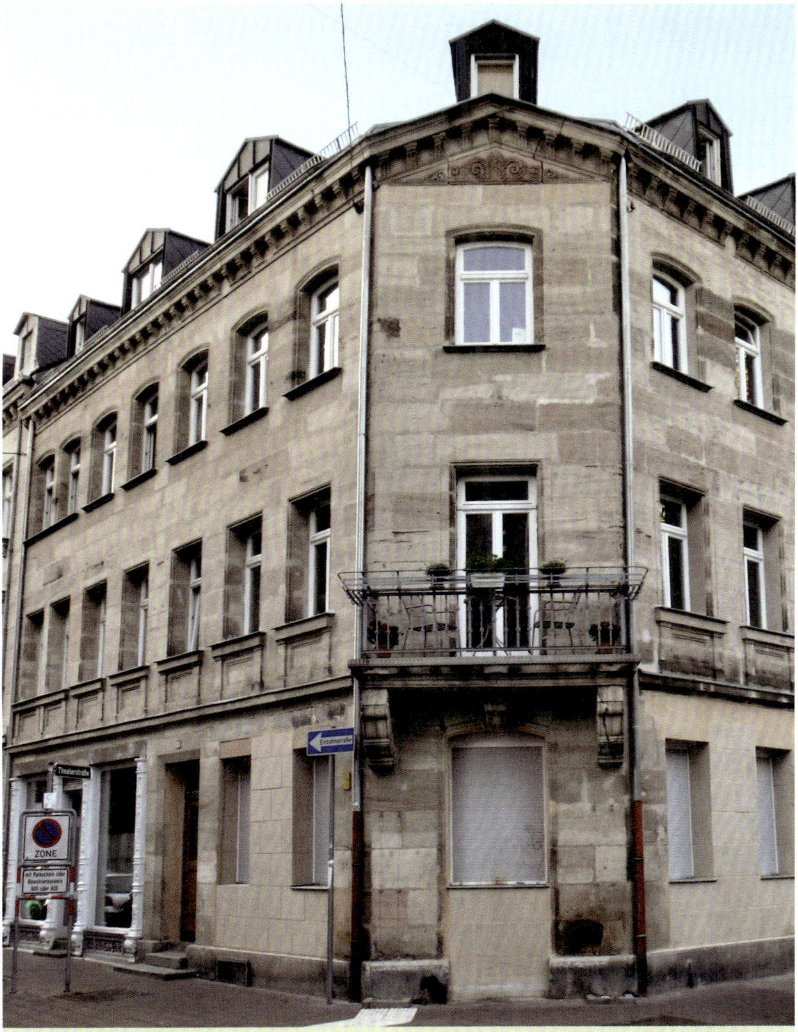

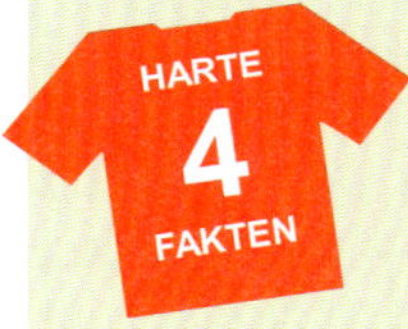

Adresse: Mathildenstraße 23, 90762 Fürth

Kissingers Geburtstag: 27. 5. 1923

Kissingers US-Außenministeramtszeit: 1973 – 1977

Kissingers SpVgg-Ehrenmitgliedschaft: seit 1998

Kronacher Hard

Und ausgerechnet …

Die Kronacher Hard, ein Gebiet im Norden des Stadtteils Ronhof, sollte in den neunziger Jahren Heimat der SpVgg Fürth werden. Da der Pachtvertrag für den Sportpark Ronhof auslief, wurden schon Spenden für das Vorhaben gesammelt.

Bekanntlich kam es anders. Durch die Liaison mit dem TSV Vestenbergsgreuth wurden zwar die „Greuther" zwischen SpVgg und Fürth gekeilt, aber auch der Pachtvertrag für den Ronhof verlängert. Kein Umzug also, sodass die Spenden bis zur weiteren Verwendung auf dem Konto des dreifachen Deutschen Meisters blieben.

Ein anderer Deutscher Meister hingegen hatte bereits sein Zuhause nahe der Kronacher Hard: Tuspo Fürth. Gegründet 1895, gewann man 1920 als TSV Fürth die Meisterschaft des Arbeiter-Turn- und Sportbundes. 1933 verboten, wurde der Verein 1948 als Tuspo Fürth wiedergegründet. Und ausgerechnet mit diesem verschmolz dann 2003 die Spielvereinigung. So wurde ein Kleeblatt-Sportgelände Richtung Kronacher Hard wieder aktuell und am alten Tuspo-Standort entstand ein Nachwuchsleistungszentrum. Dafür konnten dann endlich die Spendengelder aus den Neunzigern verwendet werden.

Doch auch die Trainingsplätze am alten Ronhof wurden weiter benötigt. Eng ging es dort zu, wo schon etliche bekannte Trainer gewirkt haben. Einer davon war Hans „Bumbes" Schmidt. Je vier Meistertitel holte er als Spieler und Trainer, war in beiden Funktionen auch bei der Spielvereinigung und beim Club aktiv. Eine bittere Derbyniederlage des 1. FC Nürnberg im Jahr 1956 kommentierte er so: „Die Tränen haben mir in den Augen gestanden, wie die gespielt haben! Und ausgerechnet die Blödel aus Fürth gewinnen das!" Bezeichnenderweise war Schmidt zu diesem Zeitpunkt Trainer der Fürther.

Hätte der alte Kleeblatt-Trainer „Bumbes" noch erlebt, was sich 2013 in Fürth tat, hätten ihm womöglich wieder die Tränen in den Augen gestanden. Freudentränen! Für 3,5 Millionen Euro baute man nämlich ein neues, großzügiges Trainingszentrum. Ach ja, und ausgerechnet auf der Kronacher Hard.

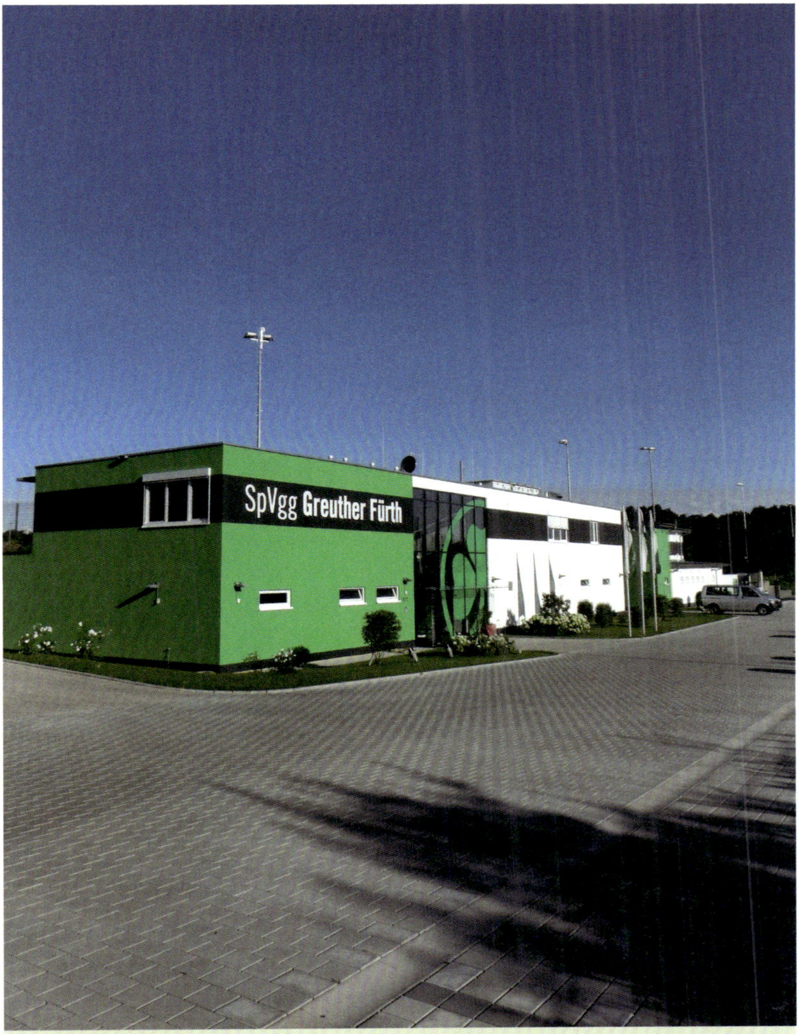

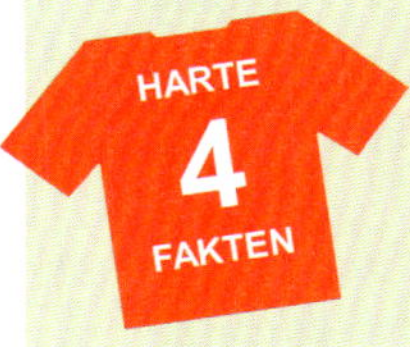

Adresse: Kronacher Straße, 90765 Fürth

Errichtung Trainingszentrum: 2013

Bauzeit: rund 100 Tage (Modulbauweise)

Verein: SpVgg Greuther Fürth

MTV-Sportgelände

Reinliche Scheidung und Fusionen

Mit zwei Fußballmeistertiteln der Deutschen Turnerschaft hat der 1892 gegründete MTV Fürth Geschichte geschrieben. Das war in der Zeit der „reinlichen Scheidung“, als die organisatorische Trennung zwischen Fußball und Turnen vollzogen war.

Aufgrund des schwelenden Konflikts um das Verbandssystem forderte die Turnerschaft nämlich 1923 dazu auf, sich zu entscheiden: entweder Mitglied im jeweiligen Sportverband oder in der Deutschen Turnerschaft. Letztere verlor daraufhin rund 25.000 fußballspielende Mitglieder, die beim DFB verblieben.

Die restlichen nicht einmal mehr 700 Fußballabteilungen der Turner trugen zwischen 1924/25 und 1929/30 eigene Deutsche Meisterschaften aus. Die ersten beiden gingen an den MTV. Doch auch zuvor hatten die Fürther bereits fußballerisch auf sich aufmerksam gemacht, stellten sie doch 1920 mit Hans Lohneis sogar einmal einen deutschen Nationalspieler.

Durch einen Vertrag zwischen Turnerschaft, DFB und Leichtathleten wurde der Verbandskonflikt 1930 beigelegt. Die Fußballer des MTV Fürth nahmen also wieder an den Wettbewerben des DFB teil und ließen 1975 nochmals aufhorchen, als sie die 1. Pokal-Hauptrunde erreichten.

Der MTV kann also auf eine durchaus beeindruckende Fußballhistorie zurückblicken. Und auch auf ein beeindruckendes Vereinsgelände: unweit der Innenstadt, zwischen Pegnitz und Rednitz gelegen, wo sich die beiden Flüsse zur Regnitz vereinen. Dazu die legendäre MTV-Grundig-Halle – der Name blieb, auch als Ende der Neunziger der Zusatz „Grundig“, der seit der Fusion 1979 mit dem SC Grundig existent war, wieder abgelegt wurde.

Gerade die in die Jahre gekommene Halle hatte den MTV in finanzielle Nöte gebracht. Sie wurde schließlich 2016 von der Stadt – inzwischen Eigentümerin des Geländes – abgerissen, um Platz für die neue Feuerwache zu schaffen.

Eine neue städtische Turnhalle entstand gegenüber, das Julius-Hirsch-Sportzentrum. Auch der MTV soll diese nutzen, der MTV Stadeln, wie der Verein seit der Fusion 2010 mit dem TV Stadeln heißt.

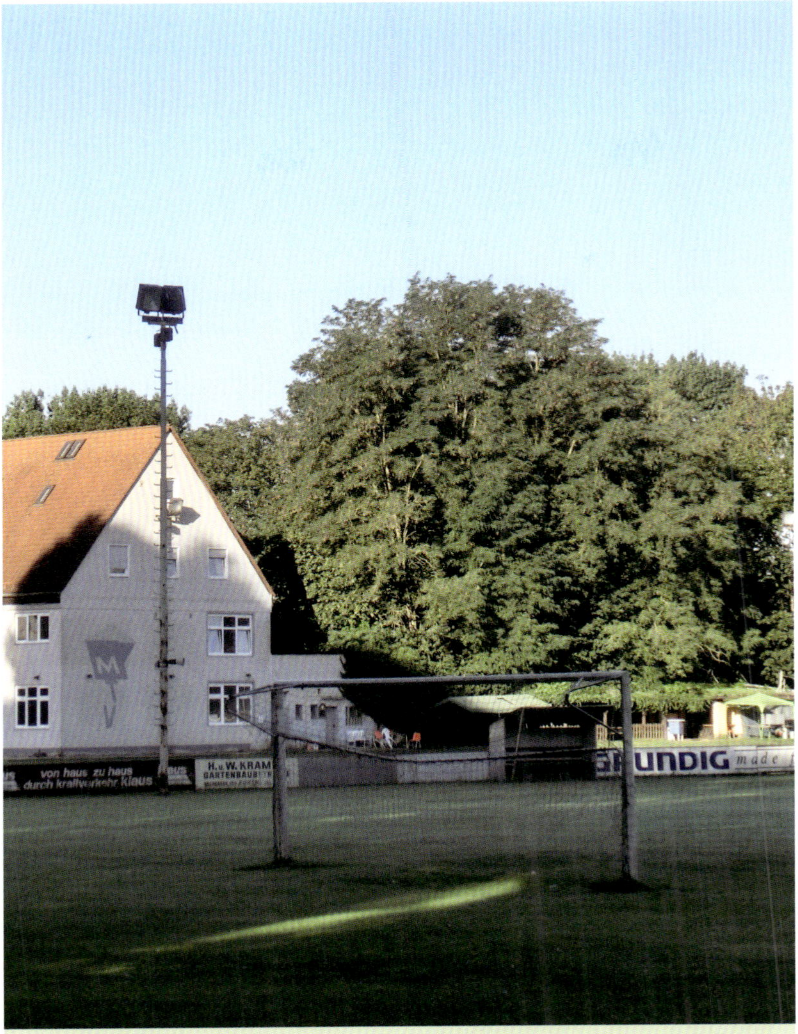

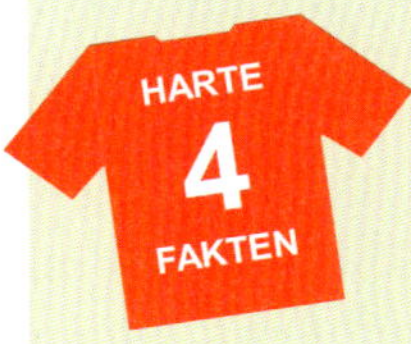

Adresse: Kapellenstraße 33, 90762 Fürth

Turnerschaft-Meistertitel des MTV: 1925, 1926

Bestehen MTV-Grundig-Halle: 1966–2016

Verein: MTV Stadeln (MTV Fürth)

Fürth 030

Ronhof

Ältestes Stadion im deutschen Profifußball

Bereits 1910 wurde der „Sportplatz am Ronhofer Weg gegenüber dem Zentral-Friedhof“ in der damals noch eigenständigen Gemeinde Ronhof errichtet. Damit ist die Spielvereinigung aus Fürth zumindest der Verein im deutschen Profifußball, der am längsten am selben Ort spielt. Wobei der „Zentral-Friedhof“ nur bösen Zungen zufolge nicht lediglich ein Hinweis auf die Lage der Fürther Heimspielstätte ist, sondern auch auf die Stimmung in dieser.

Der Standort hat sich also nicht geändert, doch ansonsten ist von den Anfängen eigentlich nichts mehr übrig. Schließlich wurde der Ronhof in den ersten Jahrzehnten kontinuierlich ausgebaut und bot in den Dreißigerjahren auf einer langgestreckten Holztribüne und den Zuschauerwällen 25.000 Menschen Platz.

Nachdem die hölzerne Tribüne 1945 einem Fliegerangriff zum Opfer fiel, wurde 1951 eine neue Haupttribüne als Stahl-Betonrahmenkonstruktion fertiggestellt.

Nach dem Zweiten Weltkrieg erlebte der dreifache Meister noch einmal ein sportliches Hoch und im Ronhof wurde mit 32.000 Zuschauern eine Rekordmarke aufgestellt. Doch bekanntermaßen sind die Fürther tief gefallen, waren 1987 nur noch viertklassig. Damit einher ging der Verfall des Ronhofs. Anfang der Achtziger galt er als Sanierungsfall, wofür der Verein jedoch kein Geld hatte. Schließlich erfolgte 1983 der Verkauf an Playmobil-Gründer Horst Brandstätter, der auf dem Gelände Wohnungen bauen wollte. Bis dahin sollte die SpVgg Fürth Pächter bleiben.

Als der Verein 1996 den Zusatz „Greuther“ verpasst bekam, existierte der Ronhof noch immer. Seitdem entwickelte sich nicht nur die Spielvereinigung, sondern auch das Stadion. Es wurde nach und nach erweitert, der Pachtvertrag wiederholt verlängert. Am alten Ort entstanden neue Tribünen. Aber die Haupttribüne von 1951 durfte zunächst noch stehen bleiben. Doch nach einem gescheiterten Stadionneubau im Fürther Süden nahm man sich auch diese vor und begann 2016 mit der Errichtung einer neuen Haupttribüne. Von Wohnungsbau ist also keine Rede mehr.

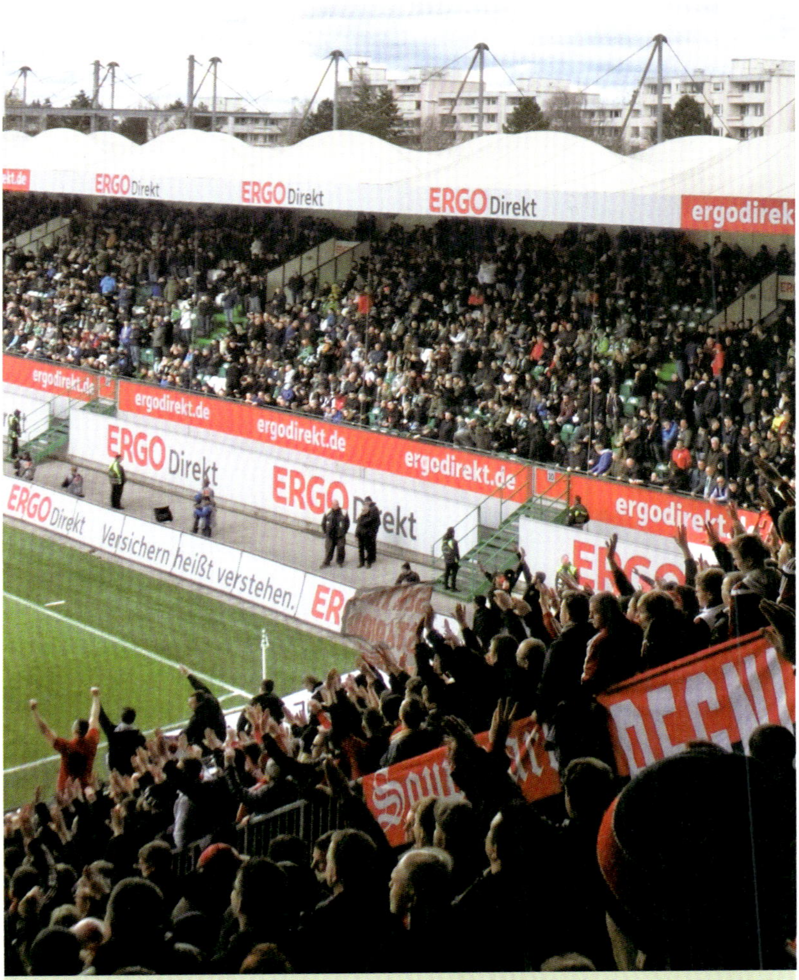

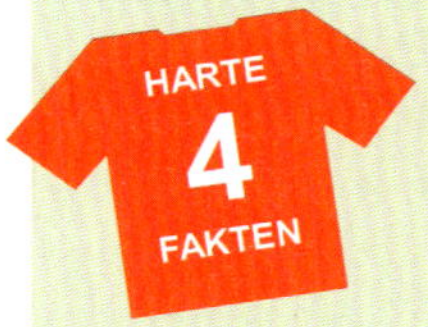

Adresse: Laubenweg 60, 90765 Fürth

Erbaut: 1910

Zuschauerkapazität: 18.000

Verein: SpVgg Greuther Fürth

Rundfunkmuseum

Mit dem Ohr am Ball

Fürth gewinnt, und alle hören mit! So war das 1926, als die Spielvereinigung das Endspiel um die Deutsche Meisterschaft mit 4:1 gegen Hertha BSC gewann. Dabei fand erstmals eine deutschlandweite Sportübertragung im Rundfunk statt.

Zwar tauchten 1924 erstmals Sportnachrichten im deutschen Radio auf, und ab 1925 gab es erste regional begrenzte Fußballübertragungen, doch das Finale 1926 war das erste Spiel, bei dem alle Sender des Landes direkt angeschlossen waren. Und in vielen Wirtshäusern fand damals sozusagen „Public Listening" statt, da in den allerwenigsten Haushalten Empfangsgeräte standen.

Das änderte sich spätestens nach 1946, als Max Grundig seinen Radiobausatz „Heinzelmann" auf den Markt brachte. Damit gelang es ihm nicht nur, das Verbot der Alliierten zur Herstellung von Rundfunkgeräten zu unterlaufen, sondern auch eine Marktlücke zu schließen. Es war der Grundstein für den Aufstieg der Firma Grundig, die 1947 aus einem Fürther Hinterhof auf ein großes Areal an der Kurgartenstraße umzog.

Erfinderisch waren sie in Fürth. Und als der „Bayerische Rundfunk" 1949 die Aufstiegsspiele des Kleeblatts nicht übertrug, ergriffen Konrad und Georg Wagner die Initiative, wie Siegried Kett 2014 in den „Nürnberger Nachrichten" berichtete: „Sie stellten in Kooperation mit einigen anderen Geschäftsleuten und etlichen Gastwirten über von der Post angemietete Telefonkabel auf eigene Kosten eine Live-Reportage auf die Beine."

Die Entwicklung des Rundfunks schritt dann rasch voran, sodass nicht nur „Public Viewing" möglich wurde. Und diese Entwicklung wird im Fürther Rundfunkmuseum lebendig gemacht. Historisch passend, ist es seit 2001 im ehemaligen Grundig-Direktionsgebäude untergebracht.

Auch dem Thema Fußball widmet man sich dort, wie mit der Sonderausstellung „Mikrofon & Stadion" 2016. Dabei gab es zudem die Veranstaltung „Wir rufen Günther Koch", mit dem als „Stimme Frankens" bekanntengewordenen Radioreporter aus Nürnberg, der auch jenseits der Stadtgrenze ins Ohr ging.

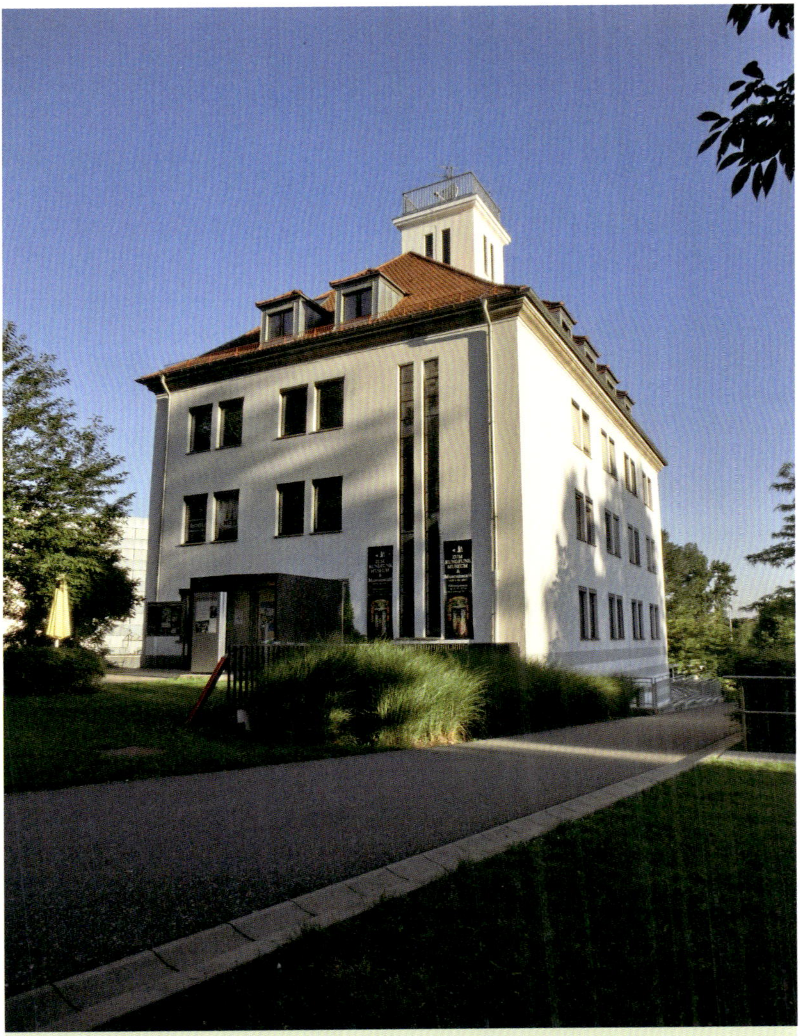

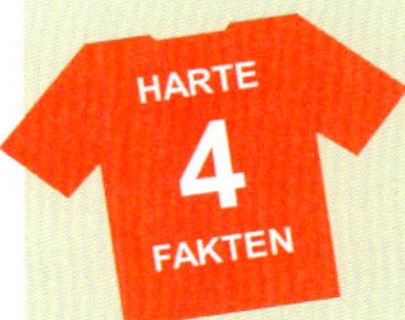

Adresse: Kurgartenstraße 37, 90762 Fürth

Gründung: 1993

Umzug ins ehem. Grundig-Direktionsgebäude: 2001

Träger: Stadt Fürth

Gerbrunn 032

Sportplatz am Mühlweg

Draußenseiter

Der TSV Gerbrunn trägt ein besonderes Prädikat: Er ist der niederklassigste Verein, der je am DFB-Pokal teilnahm. Denn nie zuvor, und seither auch nicht wieder, schaffte es ein Neuntligist in die 1. Hauptrunde. Doch ein romantisches Fußballmärchen kann an dieser Stelle leider nicht erzählt werden.

Es begab sich zu der Zeit, als der TSV wirtschaftlich darnieder lag. Erst in der Vorsaison in die Bayernliga aufgestiegen, blieb 2002/03 der sportliche Erfolg aus. Und dass obwohl man sich für die Trainerbank prominente Verstärkungen geholt hatte. Den gebürtigen Schweinfurter Martin Schneider als Spielertrainer und den in Stadtsteinach geborenen Jörg Dittwar als Co-Trainer. Zwei Franken also, die einst gemeinsam beim 1. FC Nürnberg gespielt hatten und mit diesem in der Saison 1987/88 in den UEFA-Cup eingezogen waren.

Sie brachten durchaus Glanz und Hoffnung in das just auch 1987/88 errichtete Vereinsheim des TSV Gerbrunn. Doch die bittere Wahrheit auf dem Platz sah so aus: Abstieg aus der Bayernliga als Tabellenletzter.

Besser lief es hingegen im Bayerischen Pokal, wo man das Finale erreichte und sich damit die Teilnahme am DFB-Pokal sicherte. Noch als Viertligist also, was aller Ehren wert ist, aber eben nicht märchenhaft.

Aufgrund finanzieller Zwänge ließ man sich dann am Saisonende hinunter in die Kreisklasse versetzen, die nur noch neunthöchste Liga. Die Bayernliga-Spieler waren weg, die Trainer auch, und für das große Pokalspiel stand lediglich der Kreisklassen-Kader zur Verfügung.

Am 30. August 2003 war es dann soweit. Die vom „Kicker" als „Draußenseiter" betitelten Gerbunner empfingen auf dem Sportplatz am Mühlweg den SV Wacker Burghausen, einen Zweitligisten. Die taktische Ausrichtung war also klar. Der Neuntligist spielte mit Neunerkette und TSV-Trainer Joannis Skliors hegte dazu den Wunsch: „Wir wollen ein Schützenfest verhindern, alles andere hat mit der Realität nichts zu tun." Doch die Realität ist bekanntlich hart. Vor 815 Zuschauern verlor der krasse Außenseiter TSV Gerbunn deutlich mit 0:14.

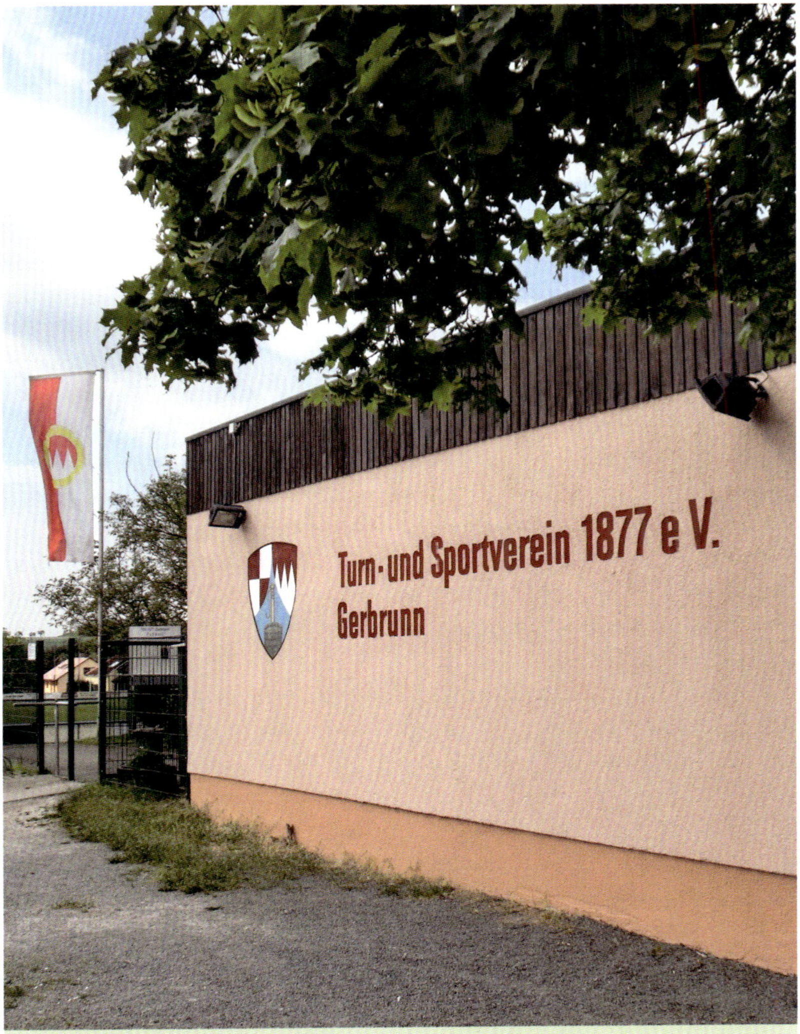

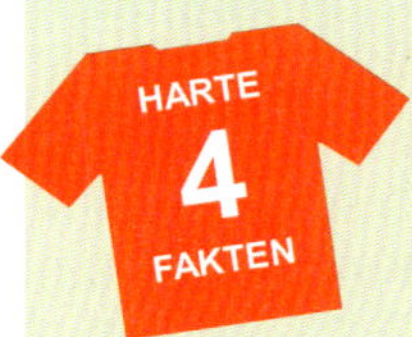

Adresse: Mühlweg 33, 97218 Gerbrunn

Erbaut: 1987/88 (Vereinsheim)

Zuschauerkapazität: 3.000

Verein: TSV Gerbrunn

Haibach 033

Stadion am Hohen Kreuz

Nah dran

Wenn man in Haibach die Büchelbergstraße entlang geht, steht man irgendwann unvermittelt vor dem Stadion am Hohen Kreuz. Nah dran an der umgebenden Wohnbebauung und mit einem Kassenhaus, an dem stolz das Vereinswappen sowie ein Fußballer-Piktogramm samt Stadionname prangen. Die Zugangstore geben sogar schon etwas den Blick in den Innenraum frei und man kann bereits ein paar Stehränge erkennen.

Es ist die Heimat des SV Alemannia, der auf dieser durchaus attraktiven Anlage natürlich auch gerne attraktive Gegner empfängt. Gerne auch einmal im DFB-Pokal. Und dieser hat bekanntlich nicht nur seine eigenen Gesetze, er ändert sie auch hin und wieder. Denn der Modus variierte im Laufe der Zeit immer wieder. So gab es schon mal wesentlich mehr Startplätze für Amateurvereine. Zwischen 1974 und 1982 waren es sogar 64. Das ließ selbst so manche Kreisligaelf vom Pokal träumen.

Tatsächlich ist es insgesamt vier Siebtligisten gelungen, sich für die 1. Hauptrunde zu qualifizierten. Einer davon war der SVA, der dieses Kunststück 1979 schaffte. Zwar wurde der Traum vom Heimspiel nicht erfüllt, doch kein Siebtligist war dem Einzug in die 2. Runde näher als die Unterfranken.

Diese mussten in Runde 1 zum Landesligisten VfL Frohnlach nach Oberfranken. Kein lukratives Los, und das Bisschen Hoffnung auf ein Weiterkommen war auch schon fast dahin, als man bereits mit 1:4 zurück lag. Doch in den letzten zwanzig Minuten vor Ende der regulären Spielzeit drehte Haibach auf und glich sensationell zum 4:4 aus.

In der Verlängerung geriet man dann wieder in Rückstand, doch erst ein Elfmeter zum 4:6 brach den Widerstand. Schließlich verlor man nach Verlängerung mit 4:8, ein Ergebnis, das den dramatischen Spielverlauf nicht ansatzweise wiedergibt.

So nah man damals auch dran war, es blieb bisher das einzige DFB-Pokalspiel des SV Alemannia. Doch dafür lief es im Ligabetrieb erfolgreicher und man kam 1996 erstmals in der Bayernliga an, in der man zwischen 2012 und 2017 wieder spielte.

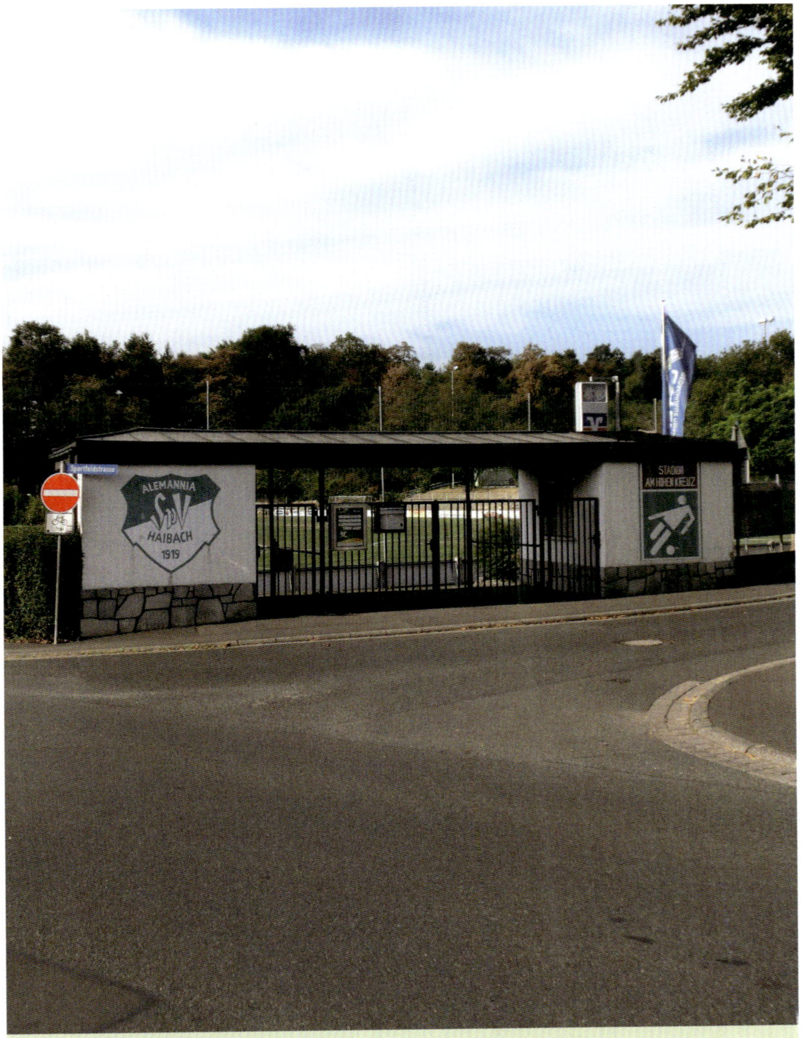

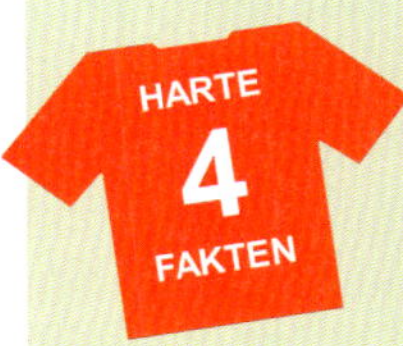

Adresse: Büchelbergstraße 82, 63808 Haibach

Erbaut: 1948

Zuschauerkapazität: 3.500

Verein: SV Alemannia Haibach

Stadion an der Flutbrücke

Abenteuer zweite Liga – nicht um jeden Preis

Welch eine Begeisterung Fußball in Haßfurt entfachen kann, zeigte sich am 19. März 1961, als der 1. FC Haßfurt in der Bayernliga Nord den Aufstiegsrivalen 1. FC Bamberg empfing. Quasi die ganze Stadt, also 12.000 Menschen, wollte damals dieses Spiel am alten Sportplatz sehen.

Am Saisonende war die Begeisterung dann schier grenzenlos. Denn nach Platz 1 in der Liga, setzte sich der FCH auch in der Aufstiegsrunde zur 2. Liga Süd durch und war Zweitligist. Gut, dass man in Haßfurt bereits an einem neuen Stadion an der Flutbrücke gearbeitet hatte. 1962 war es fertig und bot einstmals 18.000 Plätze.

Mit Einführung der zweitklassigen Regionalliga 1963 musste sich der FCH dann erst mal wieder in die Bayernliga einreihen. Aber 1978 war es erneut so weit. Haßfurt qualifizierte sich als Bayernligameister für die zweite Liga. Doch diesmal kannte die Begeisterung Grenzen, zumindest bei den Verantwortlichen. Denn der Preis für das Abenteuer 2. Bundesliga schien ihnen zu hoch. So wurde auf den Aufstieg verzichtet und damit auf Fahrten nach Freiburg oder Saarbrücken, aber auch auf Besuche aus Karlsruhe oder Mannheim.

Aufgestiegen ist dann der zweitplatzierte MTV Ingolstadt. Der FCH hingegen verblieb in der Bayernliga, wo er 1980 nochmals Vizemeister wurde, um im Jahr darauf abzusteigen. Eine Geschichte, bei der manchem wohl unweigerlich ein anderer fränkischer Verein in den Sinn kommt.

Der 1. FC Nürnberg sagte sich dann 1981 an, weil es so vorgesehen war – durch die Pokalauslosung. Und der Bayernligaabsteiger aus Haßfurt hielt sich in der 1. Runde des DFB-Pokalwettbewerbs 1981/82 durchaus tapfer, verlor nur mit 0:2 gegen den späteren Finalisten.

Aber es besteht noch eine weitere Verbindung zum Altmeister aus Nürnberg: Ludwig Müller. Das FCH-Eigengewächs kam nämlich 1964 vom Stadion an der Flutbrücke zum Club, wurde dort 1968 Meister und stieg 1969 ab. Die Zweitligaabenteuer des FCN mussten jedoch ohne den Haßfurter stattfinden, der als Nationalspieler nach Mönchengladbach wechselte.

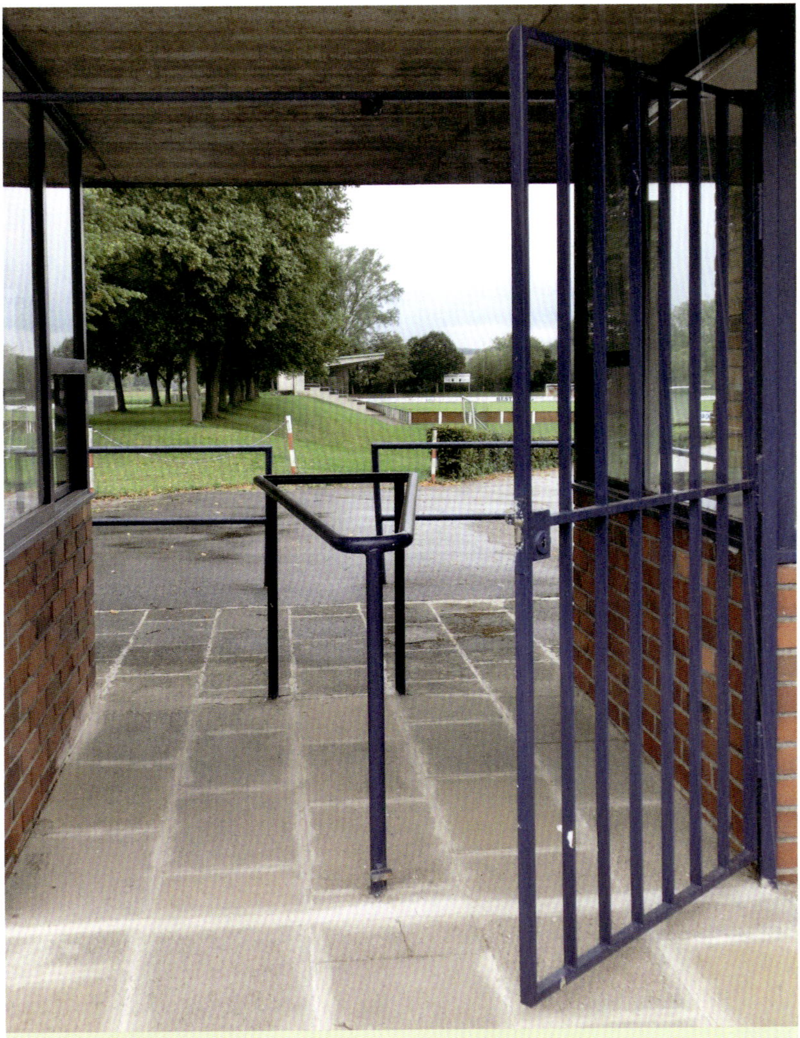

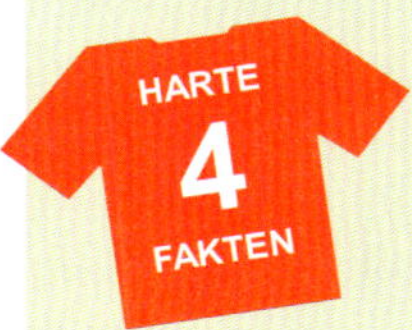

Adresse: An der Flutbrücke 2, 97437 Haßfurt

Erbaut: 1962

Zuschauerkapazität: 10.000

Verein: 1. FC Haßfurt

Helmbrechts 035

Frankenwaldsportstätte

Der Geist des großen Fußballs

Helmbrechts, eine Kleinstadt mit nur rund 9.000 Einwohnern, ist bei flüchtiger Betrachtung nicht unbedingt ein Ort an dem man großen Fußball erwartet. Doch zumindest die Vereinsführung des VfB Helmbrechts sah das einst anders. Gerade aus der Landesliga abgestiegen, plante der Verein unverdrossen seine neue, eigene Sportanlage. Der Spatenstich hierzu erfolgte 1949 und zwei Jahre später konnte der Umzug vom städtischen Sportplatz in das Stadion mit Aschenbahn und Sitzplatztribüne erfolgen.

Und tatsächlich stellte sich der Erfolg ein. Nach der Rückkehr in die Bayernliga 1953, stieg der VfB 1955 in die 2. Liga Süd auf. Diese war bis zur Einführung der Bundesliga 1963 die zweithöchste Spielklasse in Süddeutschland, so dass man bei näherer Betrachtung Helmbrechts' feststellt, dass die baumbestandene Frankenwaldsportstätte tatsächlich schon großen Fußball gesehen hat.

Stolze acht Jahre hielt sich der VfB hartnäckig in dieser Liga und empfing in Helmbrechts die versammelte Zweitligaprominenz jener Zeit, wie den FC Bayern München. Und selbst als 1963 die Ligareform anstand, fehlten dem VfB gerade einmal zwei Punkte zur Qualifikation für die neue zweitklassige Regionalliga Süd.

Danach gehörte der 1921 gegründete Verein überwiegend der Bayernliga an. Nach oben, in die zweite Liga, ging es nicht mehr, dafür hin und wieder nach unten. Währenddessen kam auch die Frankenwaldsportstätte in die Jahre. 1981 stürzte sogar das Tribünendach unter hohen Schneemassen ein. So kam es zum Neubau der heutigen Tribüne mit 570 Sitz- und 100 Stehplätzen.

Der letzte Abstieg der Helmbrechtser aus der Bayernliga ereignete sich dann 1997. Der VfB war hochverschuldet. Wenig später musste schließlich Insolvenz angemeldet, der Verein als VfB Helmbrechts 98 neu gegründet und ein Neustart in der Kreisliga vollzogen werden.

Doch gespielt wird immer noch in der Frankenwaldsportstätte, wo man auch bei Partien gegen Pettstadt oder Mainleus noch den Geist vergangener großer Fußballtage spürt.

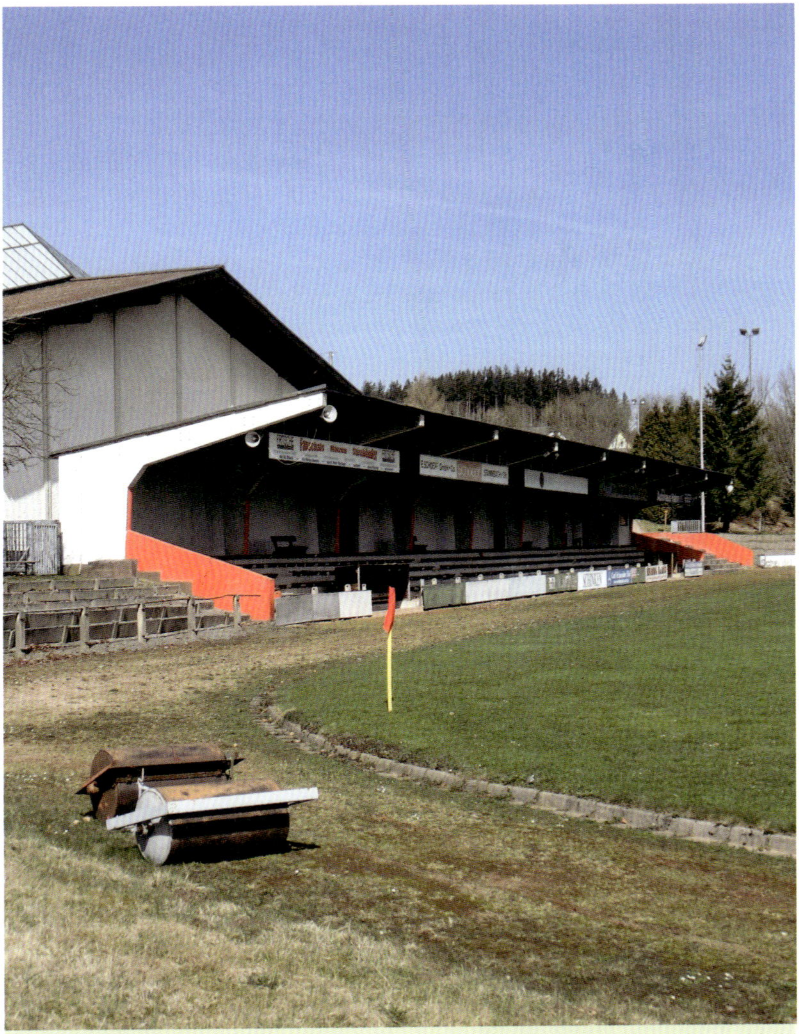

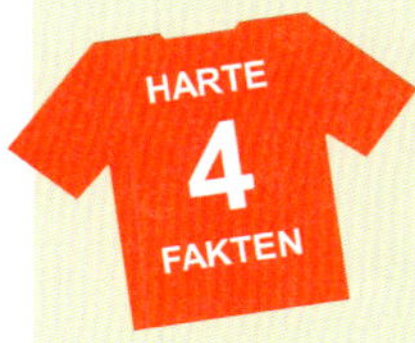

Adresse: Pressecker Straße 18, 95233 Helmbrechts

Erbaut: 1951

Zuschauerkapazität: 12.000

Verein: VfB Helmbrechts

Hersbruck 036

Sportanlage Happurger Straße

Esel auf dem Fußballplatz

Esel auf dem Fußballplatz! Nach Meinung manch kritischer Fans ist das nichts Seltenes. Und dem einen oder anderen Fußballspieler oder Schiedsrichter sind wohl schon schlimmere Worte an den Kopf geworfen worden. Doch auf der Sportanlage des 1. FC Hersbruck rennen tatsächlich Esel die Seitenlinien entlang.

Traditionell am ersten Sonntag im August findet nämlich dort das Hersbrucker Eselrennen statt. Dabei muss jedes Grautier so schnell wie möglich von den Eseltreibern viermal um den Fußballplatz bugsiert werden, was nicht nur durch deren sprichwörtliche Sturheit erschwert wird.

Gestartet wird in Gruppen à vier bis fünf Esel. Das bringt zusätzliche Verwicklungen mit sich, also tierische Differenzen oder Liebesbekundungen. Zudem wird der Lauf nur dann gewertet, wenn Esel und Mensch gleichzeitig ins Ziel kommen.

Jedes Jahr verfolgen tausende Zuschauer dieses Spektakel, das seit Ende der achtziger Jahre auf der Sportanlage des 1. FC Hersbruck ausgetragen wird. Inzwischen ist der 1906 gegründete Fußballverein auch Veranstalter des legendären Eselrennens.

Doch auch der Fußball begeistert in der Frankenalbstadt. So schaffte der 1. FC Hersbruck Ende der fünfziger und Anfang der sechziger Jahre zweimal den Aufstieg in die Bayernliga, die damals die dritthöchste Spielklasse Deutschlands war.

Und als der neue Sportplatz an der Happurger Straße im Jahr 1961 eingeweiht wurde, war nicht nur die Meistermannschaft des 1. FC Nürnberg zu Gast, sondern auch eine Zuschauermenge von über 5.000. Am Ende hieß es 1:13 aus Sicht der Hersbrucker, die von einer Sensation so weit entfernt waren wie störrische Esel von Gehorsamkeit.

Als der 1. FC Nürnberg dann 1985 erneut an der Happurger Straße gastierte, war dieser selbstredend wieder Favorit. Aber diesmal düpierte der 1. FC Hersbruck den großen Club und gewann sensationell mit 1:0. Welche schlimmen Worte die Nürnberger Profis danach zu hören bekamen, ist jedoch nicht genau überliefert.

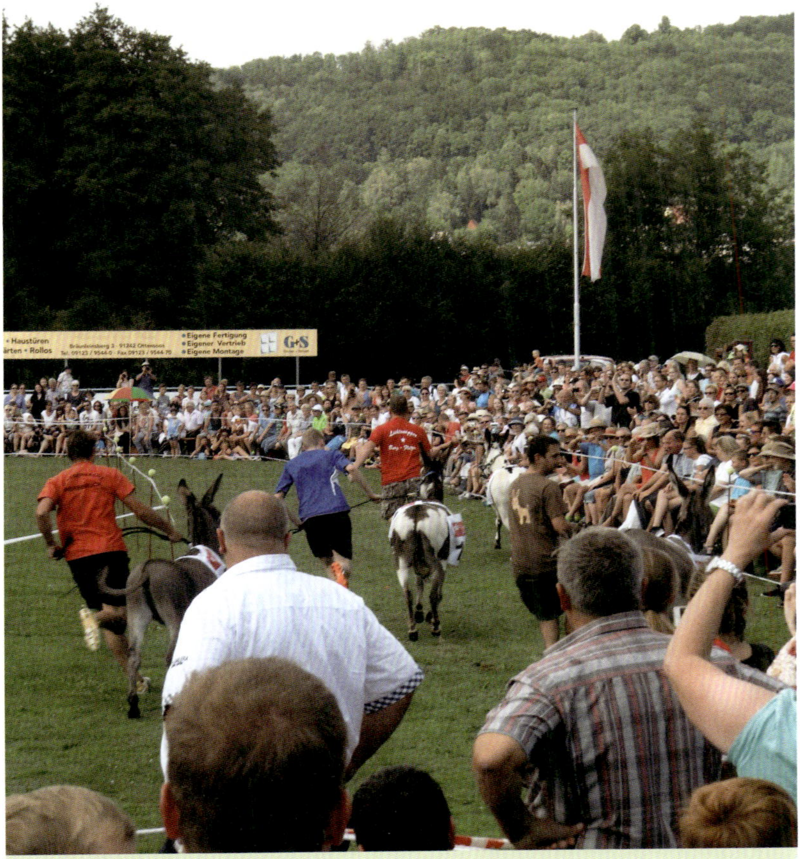

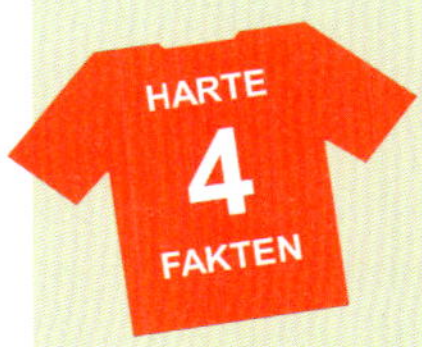

Adresse: Happurger Straße 27, 91217 Hersbruck

Erbaut: 1961

Zuschauerkapazität: 3.000

Verein: 1. FC Hersbruck

Herzogenaurach 037

Adidas-Zentrale

Halt

So wie Adidas-Gründer Adi Dassler eng mit seiner Heimatstadt Herzogenaurach verbunden war, so verbindet man den Aufstieg der Firma eng mit dem legendären WM-Triumph 1954 in der Schweiz. Denn Dassler rüstete die deutsche Mannschaft als einzige im Turnier mit damals neuartigen Fußballschuhen mit Schraubstollen aus. Es war also möglich die Schuhe an die sich verändernden Platzverhältnisse anzupassen, was im Regenfinale im Wankdorf-Stadion von Bern einen mitentscheidenden Vorteil brachte – und Adidas-Schuhen Weltruhm.

In der Folge wuchs Adidas zu einem der größten Sportartikelhersteller und entwickelte sich vom Familienunternehmen zum Weltkonzern, der dies 2011 auch selbstbewusst mit dem Bezug seiner neuen Firmenzentrale zeigte.

Die „Laces“, also englisch für Schnürsenkel, genannte Zentrale steht immer noch in der fränkischen Heimat, wo man in guten wie in schlechten Zeiten zu Adidas hielt. Egal, ob in der Krise in den Achtzigern, bei den Übernahmen durch Bernard Tapie oder Robert Louis-Dreyfus, und egal, welcher Skandal durch Presse oder „Schwarzbuch Markenfirmen“ aufgedeckt wurde.

In Franken fand Adidas stets Halt, wie Fußballschuhe mit Schraubstollen im Rasen. Doch etwas brachte dieses fränkische Selbstverständnis ins Wanken: der Rückzug des Unternehmens 2016 als Ausrüster des 1. FC Nürnberg, dem Herzblutverein der Franken. Diese Aktion hinterließ böse Abdrücke auf der fränkischen Seele, wie sie Schraubstollen auf einem Oberschenkel hinterlassen.

Wohlgemerkt, es handelte sich nicht um ein riesiges Sponsoring oder um ein finanzielles Großengagement, wie es Adidas bei der FC Bayern München AG an den Tag legt. Nein, es ging nur um einen Ausrüstervertrag, also quasi um ein paar Schuhe, Stutzen, Hosen und Trikots.

Dass man dies einem alten und nahen Partner mit dem Verweis auf die internationale Ausrichtung des Unternehmens nicht mehr zukommen lassen kann, stieß gelinde gesagt auf Unverständnis. Denn schon Adi Dassler wusste bestimmt, dass man nie vergessen darf, wo man herkommt.

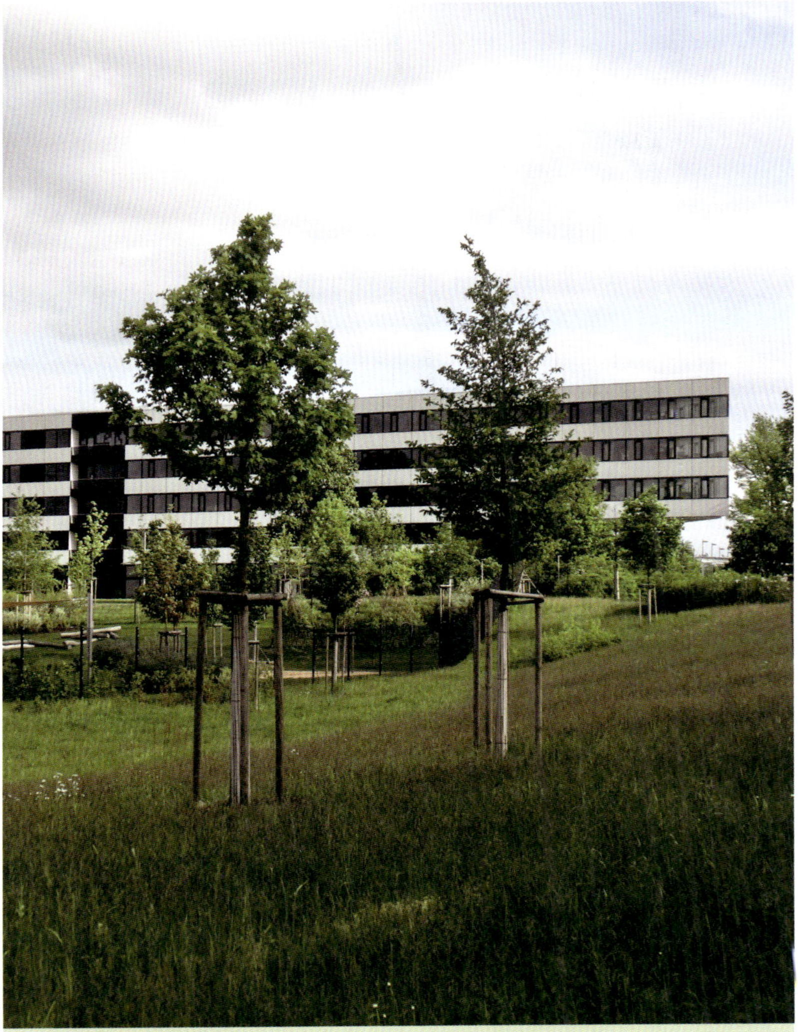

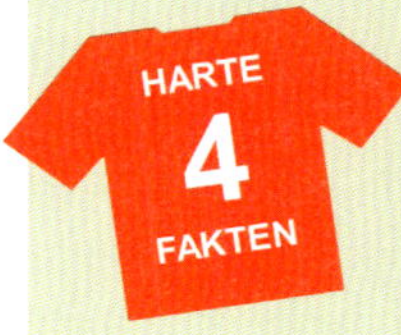

Adresse: Adi-Dassler-Straße 1, 91074 Herzogenaurach

Gründung: 1949

Mitarbeiter weltweit: 53.731

Produkte gesamt: 660 Mio.

Herzogenaurach 038

ASV-Sportplatz am Weihersbach

Das versperrte Tor

Eine Hochburg des gehobenen Amateurfußballs, das war Herzogenaurach Anfang der siebziger Jahre. Damals war die Kleinstadt mit gleich zwei Vereinen in der Bayernliga vertreten. Es war die Zeit, in der ein tiefer Riss durch den Ort ging und diesen in zwei Lager teilte. Herzogenauracher Familien waren entweder mit Adidas oder mit Puma verbunden. Nie hätte ein „Adianer" bei den „Pumanern" gearbeitet oder auch nur ein T-Shirt des Konkurrenten getragen – und umgekehrt.

Auch die Fußballvereine, deren Sportanlagen nur rund fünfzig Meter auseinander liegen, standen je einem der zerstrittenen Unternehmerbrüder nahe. So wurde der 1. FC Herzogenaurach von Puma-Gründer Rudolf Dassler unterstützt und 1970 drittklassig. Dieses Engagement beschleunigte dann auch die Beziehung des ASV zu Adi Dassler und Adidas.

1972 folgte der ASV Herzogenaurach in die Bayernliga. Mit etlichen Altprofis verstärkt, spielte dieser dort sogar oben mit und klopfte am Tor zum Profifußball. Nach einem dramatischen Heimspiel am vorletzten Spieltag gegen den ESV Ingolstadt, samt 0:2-Rückstand und Siegtor zum 4:3 kurz vor Schluss, konnte am Weihersbach auch tatsächlich die Bayernligameisterschaft 1974 gefeiert werden.

Ausgerechnet in jenem Jahr wurde jedoch die 2. Bundesliga eingeführt und der DFB räumte dem Bayernligameister aufgrund der Ligen-Umstrukturierung kein Aufstiegsrecht ein. Das Tor zur zweiten Liga blieb also versperrt.

Dank Adidas gab sich beim ASV auch so die Prominenz die Klinke in die Hand, kamen Mannschaften wie der FC Sevilla oder Bayern München. Gegen Letztere gelang 1974 ein beachtliches 2:2-Unentschieden vor über 7.000 Zuschauern, wobei Bayern mit den Weltmeistern Beckenbauer, Breitner, Hoeneß, Maier, Müller und Schwarzenbeck angetreten war.

Derartige Menschenmassen wie in den Siebzigern strömen heute nicht mehr durch das Tor zum ASV-Sportplatz, ging es doch für den Verein nach dem Bayernligaabstieg 1977 merklich bergab. Zeitweise hinunter bis in die unterste Spielklasse.

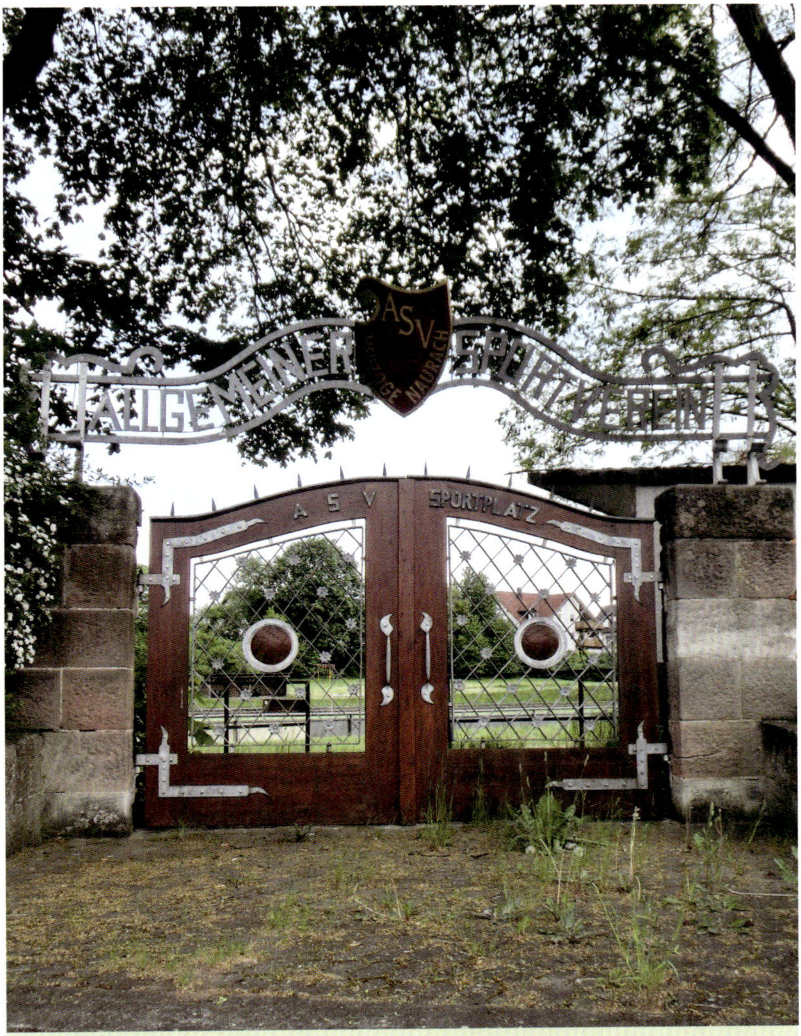

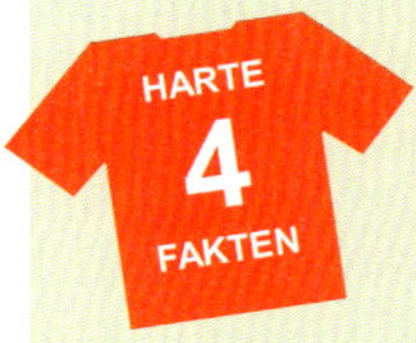

Adresse: Am Weihersbach 4, 91074 Herzogenaurach

Erbaut: 1953/54

Zuschauerkapazität: 2.500

Verein: ASV Herzogenaurach

Herzogenaurach 039

Dassler-Stammhaus

Bruderstreit

Die Revolution des Sportschuhs startete in einer Waschküche. Und zwar in der von Mutter Dassler in Herzogenaurach. Dort tüftelte Sohn Adolf, genannt Adi, seit 1920 an Rennschuhen. Dafür schleppte der gelernte Bäcker alle brauchbaren Überreste des Ersten Weltkriegs an, schnitt Stoffe aus Brotbeuteln und Lederstreifen aus Armeehelmen. Schließlich gründete er 1924 gemeinsam mit seinem älteren Bruder Rudolf die „Gebrüder Dassler Schuhfabrik".

Die beiden waren sehr verschieden. Doch sie ergänzten sich auch, weshalb die Partnerschaft in den ersten Jahren funktionierte. Der introvertierte Adi bastelte mit Leder und Kleber, fertigte beachtenswert leichte Sportschuhe und 1925 die ersten Fußballschuhe. Der extrovertierte Rudolf war der geborene Verkäufer. So wurde die Waschküche bald zu klein und die Firma zog vom Elternhaus in eine leerstehende Fabrik.

Als Adi Dassler dann 1934 von seiner Schuhmacherausbildung in Pirmasens mit seiner Braut Käthe zurückkehrte, nahmen die Familienzwistigkeiten ihren Lauf. Die Spannungen zwischen Käthe und Rudolfs Frau Friedl belasteten das Verhältnis der Brüder zusätzlich. Dennoch machten sie zunächst gemeinsam weiter. Schließlich waren ihre Produkte gefragt zu jener Zeit. Denn die Olympischen Spiele 1936 in Berlin standen bevor, und da wollte das NS-Regime deutsche Siege sehen.

Anders als Adi, der von den Behörden für unabkömmlich erklärt worden war, musste Rudolf Dassler in den Krieg ziehen. Er wittere eine Verschwörung, fürchtete um seinen Einfluss im Unternehmen. Als nach dem Zweiten Weltkrieg die familiären Streitigkeiten schließlich eskalierten, kam es 1948 zur Teilung der bisherigen Firma. Adi blieb in der bestehenden Fabrik und nannte sein Unternehmen Adidas, Rudolf zog aus und taufte seine Firma Puma.

Fortan bekämpften sich die Brüder mehr denn je, rangen um Marktanteile, Macht, die besten Sportler und Fußballteams. Diese unglaubliche Rivalität spaltete nicht nur eine Familie, sondern einen ganzen Ort, der über dies zur Welthauptstadt des Sportschuhs wurde.

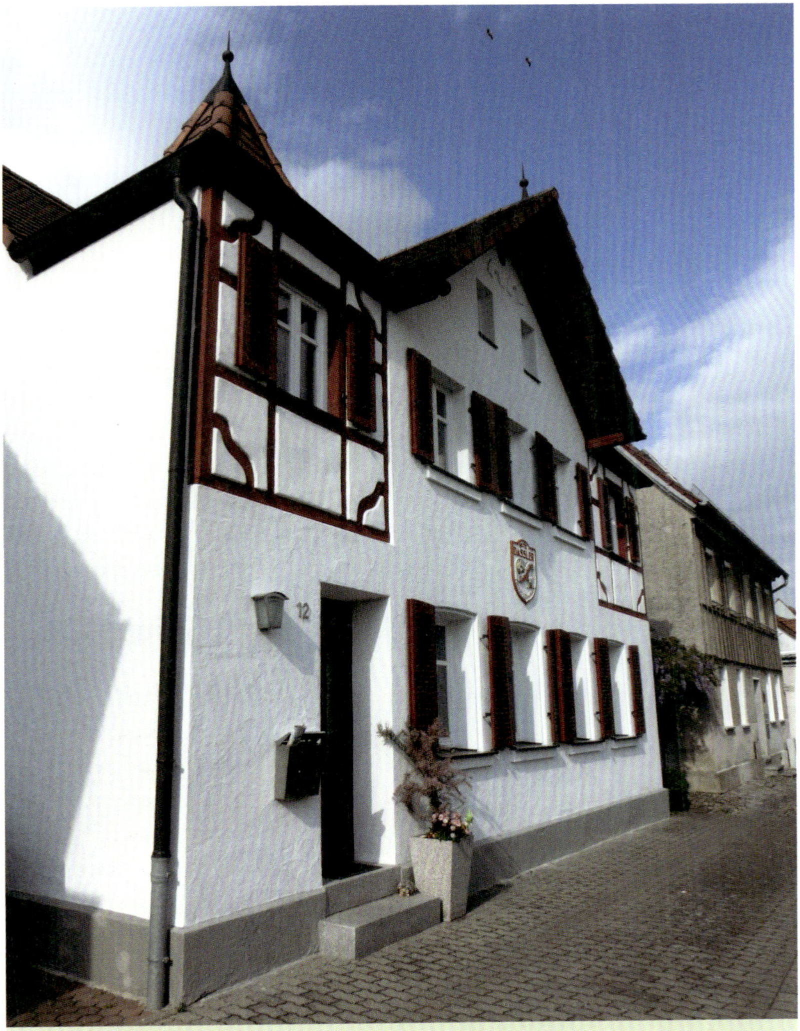

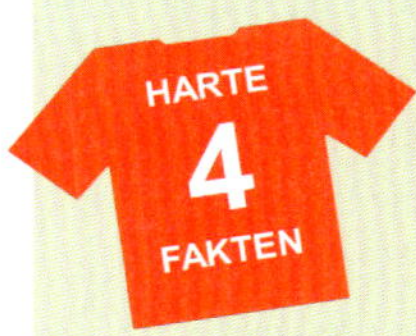

Adresse: Am Hirtengraben 12, 91074 Herzogenaurach

Baujahr: 1900

Rudolf Dasslers Lebensdaten: 26. 3. 1898 – 27. 10. 1974

Adi Dasslers Lebensdaten: 3. 11. 1900 – 6. 9. 1978

Herzogenaurach 040

Hotel Herzogspark

Dasslers Gästehaus

Die Welt weiß anscheinend, wo in Deutschland der Fußball zu Hause ist. Wie sonst konnte es kommen, dass während der WM 2006 so viele Nationalmannschaften in Franken ihr Quartier bezogen. Nach dem Motto „Die Welt zu Gast bei Freunden" kamen die Argentinier nach Herzogenaurach, Ecuador nach Bad Kissingen, Ghana nach Würzburg, die Kroaten nach Bad Brückenau und Tunesien nach Schweinfurt.

In keiner anderen Region wohnten also während der WM 2006 so viele Auswahlteams wie in Franken. Das prominenteste davon war zweifelsohne Argentinien. Der zweifache Weltmeister hatte aus seiner Niederlage gegen Deutschland beim Confederations Cup 2005 gelernt. Zwar gab es in Nürnberg ein 2:2 gegen den Gastgeber, aber bei der Quartiersuche hatte man das Nachsehen. Statt der Albiceleste logierte nämlich 2005 der DFB-Tross im Herzogenauracher Herzogspark.

Deshalb buchten die Argentinier bereits damals die gesamte Herberge für die WM. Denn Lage und Ausstattung sind top. Zudem ist kaum ein deutsches Nobel-Hotel derart mit dem Sport verbunden. Als Gästehaus für die Olympischen Spiele 1972 errichtet, wurde anschließend das Adidas-Sporthotel daraus.

Rund zwanzig Jahre später erwarb dann Brigitte Baenkler-Dassler, eine Tochter Adi Dasslers, das Haus von der Adidas AG und baute es zum heutigen Herzogspark aus.

In dessen Fluren hängen hunderte historische Bilder von und mit Adi Dassler. Auch gibt es eine Ausstellung „Adi Dassler und die WM 1954". In Vitrinen stehen historische Fußballschuhe und andere wertvolle Devotionalien. „Auf das eine oder andere Stück ist sogar das DFB-Museum neidisch", schmunzelte Adi-Dassler-Enkel Marc Baenkler schon mal. Doch der legendäre Spickzettel, dank dem Jens Lehmann im Viertelfinale der WM 2006 zwei Elfmeter gegen Argentinien hielt, gehört nicht dazu. Der ist in eben jenem Fußballmuseum in Dortmund zu sehen. Verständlicherweise, mussten doch die Gäste des Herzogsparks nach dem Aus gegen Deutschland die Heimreise antreten.

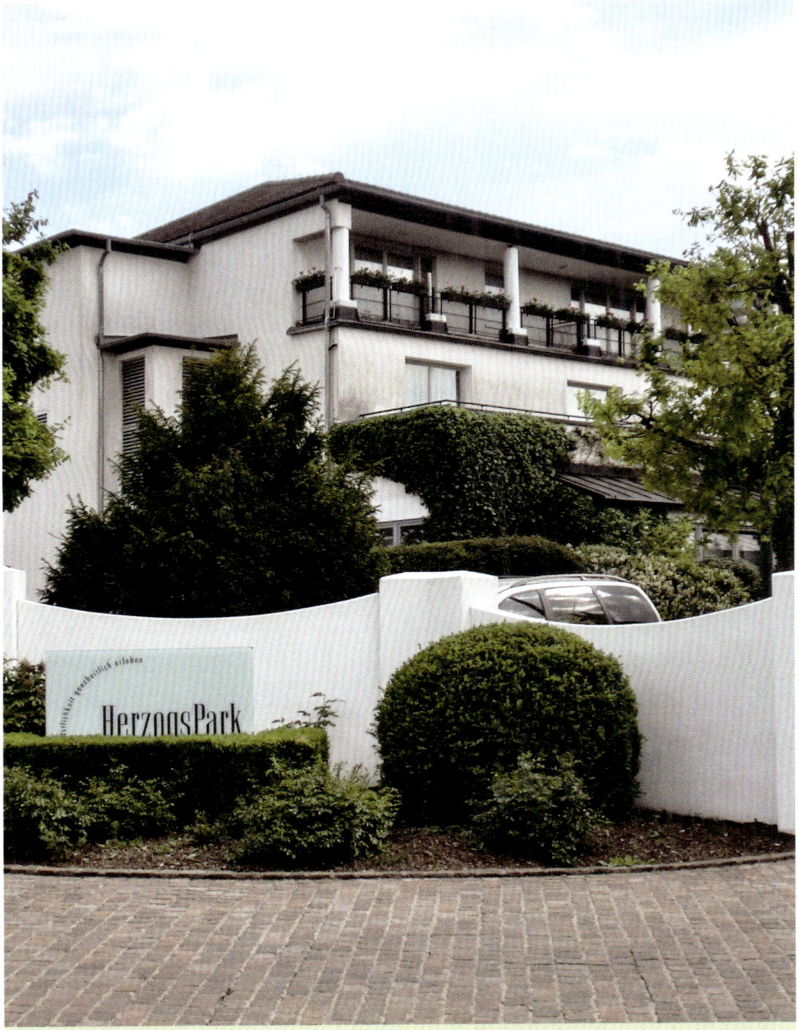

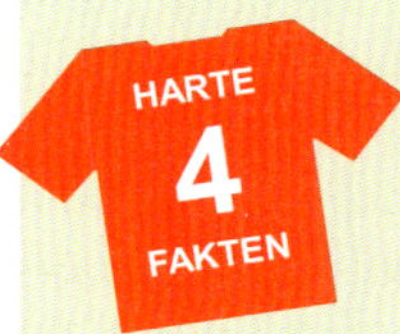

Adresse: Beethovenstraße 6, 91074 Herzogenaurach

Gegründet: 1972

Zimmer: 80

Eigentümer: Familie Baenkler-Dassler

Herzogenaurach 041

Puma-Zentrale

Springender Silberlöwe mit Schraubstollen

Kurz nachdem Rudolf Dassler 1948 sein eigenes Unternehmen gegründet hatte und das Betriebsvermögen der alten Sportschuhfabrik „Gebrüder Dassler" aufgeteilt war, kam der erste Fußballschuh der Firma auf den Markt.

Und es war dann auch ein Puma-Schuh, mit dem Herbert Burdenski 1950 das erste Nachkriegstor der Nationalmannschaft beim 1:0-Sieg gegen die Schweiz per Elfmeter erzielte.

Die Entwicklung eines Fußballschuhs mit Schraubstollen ging Rudolf Dassler ebenfalls bereits kurz nach Gründung des Unternehmens an. Für dieses sah er übrigens zunächst den Namen „Ruda" vor, entschied sich jedoch letztlich für „Puma", wegen des besseren, aber doch ähnlichen Klangs, und der Assoziation mit der Dynamik des Silberlöwen. Als 1952 die Markteinführung des ersten serienreifen Schraubstollenschuhs erfolgte, war die Basis für die heutige weltumspannende Bedeutung des Sportartikelherstellers geschaffen.

1954 war Puma dann an einer Sensation beteiligt. Denn mit Rudolf Dasslers Schraubstollenschuhen schlug Hannover 96 den hochfavorisierten 1. FC Kaiserslautern im Meisterschaftsendspiel vernichtend mit 5:1. Wenige Wochen später wurde Deutschland mit fünf Kaiserslauterer Spielern Weltmeister – in Adidas-Schuhen.

Auf der Weltbühne triumphierte also zunächst der Bruder. Doch 1958 verhalfen wiederum Puma-Schuhe den Brasilianern zum ersten WM-Titel. Dies war auch der erste große Auftritt des charakteristischen „Formstreifens", der ursprünglich zur seitlichen Stabilisierung des Schuhs entworfen wurde und noch heute das Erkennungsmerkmal ist.

Das andere weltbekannte Markenzeichen entstand 1967: der „springende Puma", entworfen vom Nürnberger Karikaturisten Lutz Backes. Dieser ziert auch das sogenannte Puma Vision Headquarter, die 2009 fertiggestellte Unternehmenszentrale. Schon 2016 erfolgte der Spatenstich für die Erweiterung, denn Puma wächst. Auch dank immer wieder revolutionärer Mode, wie einst den ärmellosen Trikots oder dem Einteiler Kameruns aus den Jahren 2002 und 2004.

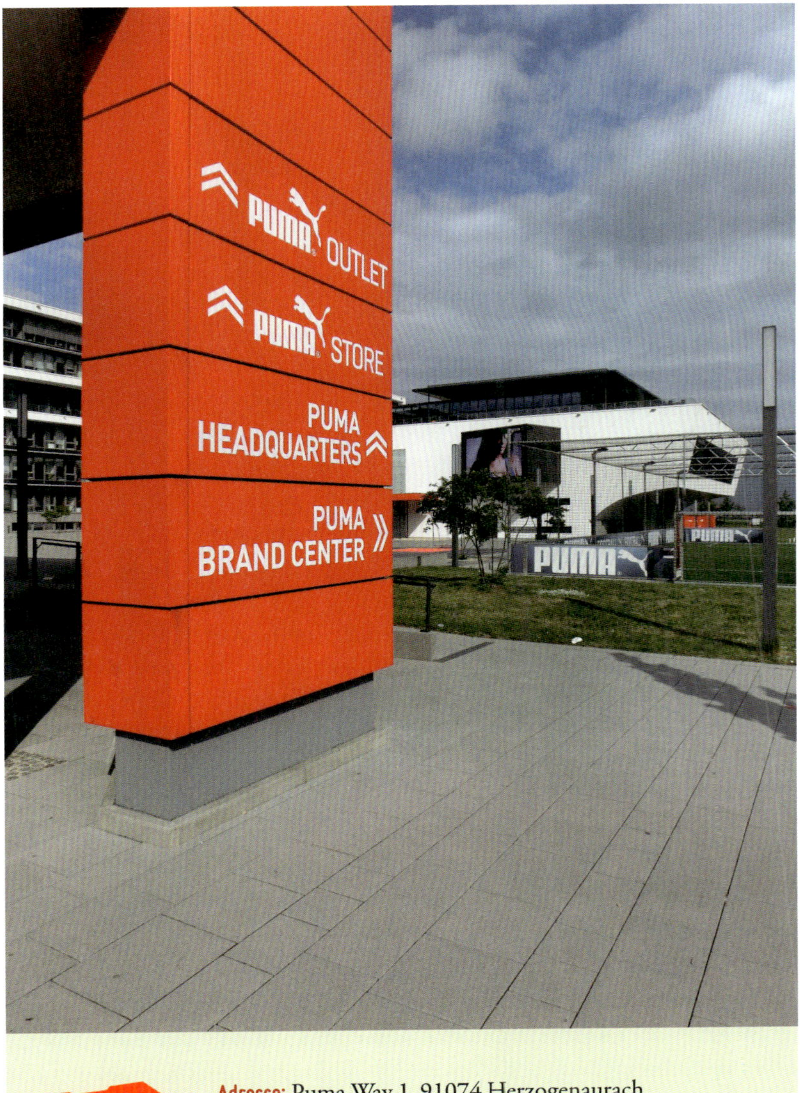

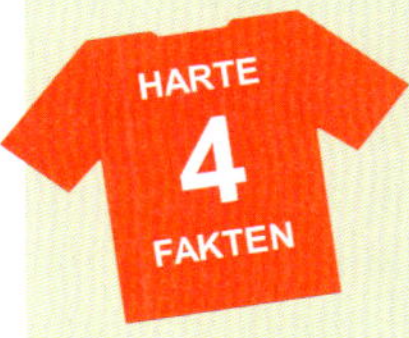

Adresse: Puma Way 1, 91074 Herzogenaurach

Gründung: 1948

Mitarbeiter weltweit: über 11.000

Produktvertrieb: in über 120 Ländern

Herzogenaurach 042

Rudolf-Dassler-Sportfeld

Ein Verein, ein Unternehmen, ein Lothar Matthäus

Ende der Sechziger: der Aufstieg des 1. FC Herzogenaurach beginnt. Es wird verkündet, dass „künftig die Firma Puma den Verein tatkräftig unterstützen werde". So gelingt 1970 erstmals der Aufstieg in die Bayernliga und nur ein Jahr später wird der Sportplatz am oberen Weihersbach, seit 1928 Heimat des FCH, in Rudolf-Dassler-Sportfeld umbenannt.

Dank der Förderung durch den Puma-Gründer konnte der Verein dann zwischen 1970 und 1981 insgesamt sieben Spielzeiten in der dritthöchsten Liga verbringen und einige Altstars aufbieten. Doch der bekannteste Herzogenauracher Spieler war ein Eigengewächs.

Ende der Siebziger: der Aufstieg des Lothar Matthäus beginnt. Mit dem Einzug in die Bayernliga 1979, dem insgesamt dritten des Vereins, verabschiedet er sich vom FCH zu Borussia Mönchengladbach. Es hatte ja so kommen müssen. Vater Matthäus war Hausmeister bei Puma, also musste der kleine Lothar beim 1. FC Herzogenaurach spielen. Ein Wechsel zum Adidas-Lokalrivalen ASV? „Hätt er nicht machen können, da hätte sein Vater vielleicht seinen Job verloren", meinte einst der ehemalige ASV-Manager Herbert Haas. Und natürlich musste der beste FCH-Fußballer dann zum damals besten Puma-Team wechseln. Angeblich wollte auch noch das Adidas-Team aus München anfragen, aber Herbert Haas nahm Bayern-Manager Hoeneß die Hoffnung: „Ich hab zum Uli gesagt: Sein Alter haut uns höchstens aus'm Haus."

Später landete Lothar dann doch beim FC Bayern und bei Inter Mailand. Er wurde Welt- und Europameister, sowie Weltfußballer und Europas Fußballer des Jahres. Trotz teils schwerer Verletzungen beendete er erst im Jahr 2000 seine Profilaufbahn. Denn, so der Rekordnationalspieler über sich selbst: „Ein Lothar Matthäus lässt sich nicht von seinem Körper besiegen, ein Lothar Matthäus entscheidet selbst über sein Schicksal." Solche Sprüche begründeten dann auch „Loddars" fortwährenden Kultstatus – obwohl, oder gerade weil, die Jahre nach seiner beeindruckenden Spielerkarriere weit weniger beeindruckend verliefen.

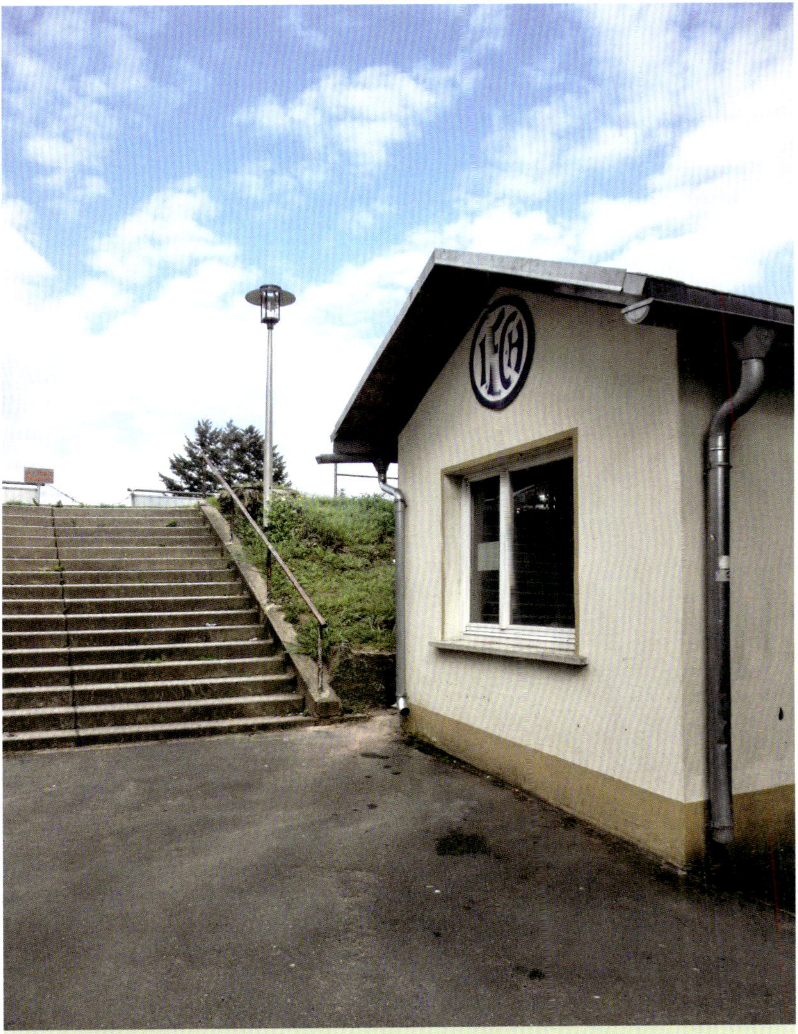

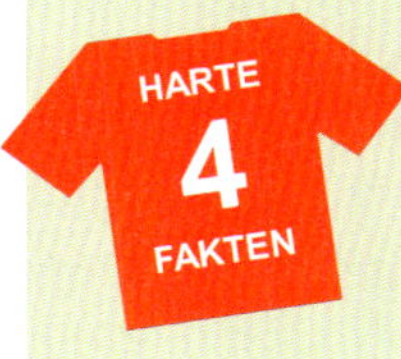

Adresse: Am Weihersbach 1, 91074 Herzogenaurach

Erbaut: 1928

Zuschauerkapazität: 2.500

Verein: 1. FC Herzogenaurach

Central Kino

Filmreife Fußballbotschafter

„„So ein Tag, so wunderschön wie heute.' Diesen Freudengesang stimmen die Hofer am 28. Mai des Jahres 1967 an. Freilich nicht, weil die Stadt nun ein Filmfestival hat. Vielmehr hat im Stadion Grüne Au der heimische FC Bayern Hof einen Sieg in der Aufstiegsrunde zur Fußball-Bundesliga gefeiert – 5:2 gegen Borussia Neunkirchen. Hof 1967: eine Fußballstadt. Nicht zufällig bleiben die Hofer Filmtage, deren Vorläufer an jenem 28. Mai aus der Taufe gehoben wird, bis heute dem Fußball verbunden: Kein Festival ohne das Match zwischen dem mit Filmprominenz besetzten FC Hofer Filmtage und der so genannten Hofer Auswahl." So ist es der Chronik der auch schon mal als „Home of Films" bezeichneten Internationalen Hofer Filmtage zu entnehmen.

Ab 1969 wurde das Filmfestival dann im Central heimisch. Bei der dritten Auflage also und in dem Jahr, in dem der erste deutsche Sportverein zu einem offiziellen Besuch nach Israel reiste: der FC Bayern Hof. Ein bedeutendes sportpolitisches Ereignis unter dem Gesichtspunkt der Völkerverständigung und Versöhnung.

Damit es so weit kam, bedurfte es einer kleinen List. Franz Anders, der damalige Vereinsvorsitzende, schrieb dazu an einem Tag zwei Briefe. Einen an den Israelischen Fußballverband, in dem stand, dass die Hofer gerne für ein Fußballspiel nach Israel kommen würden und dass die Bundesrepublik schon ihr Einverständnis gegeben habe. Und einen an das Innenministerium der Bundesrepublik, in dem stand, dass der Israelische Fußballverband die Hofer für ein Fußballspiel eingeladen, der Verein aber nicht genügend Geld für die Reise habe.

Israels Fußballverband war erfreut, das Innenministerium nach anfänglicher Skepsis auch. Die Reise der Hofer wurde ein ganz besonderes Sporterlebnis, eine wichtige Etappe im zu jener Zeit wenig entwickelten deutsch-israelischen Verhältnis.

Deshalb rekonstruierte Regisseur Götz Gemeinhardt vierzig Jahre später die damaligen Ereignisse im Dokumentarfilm „08397B". Und selbstverständlich wurde der Film auch im Central gezeigt.

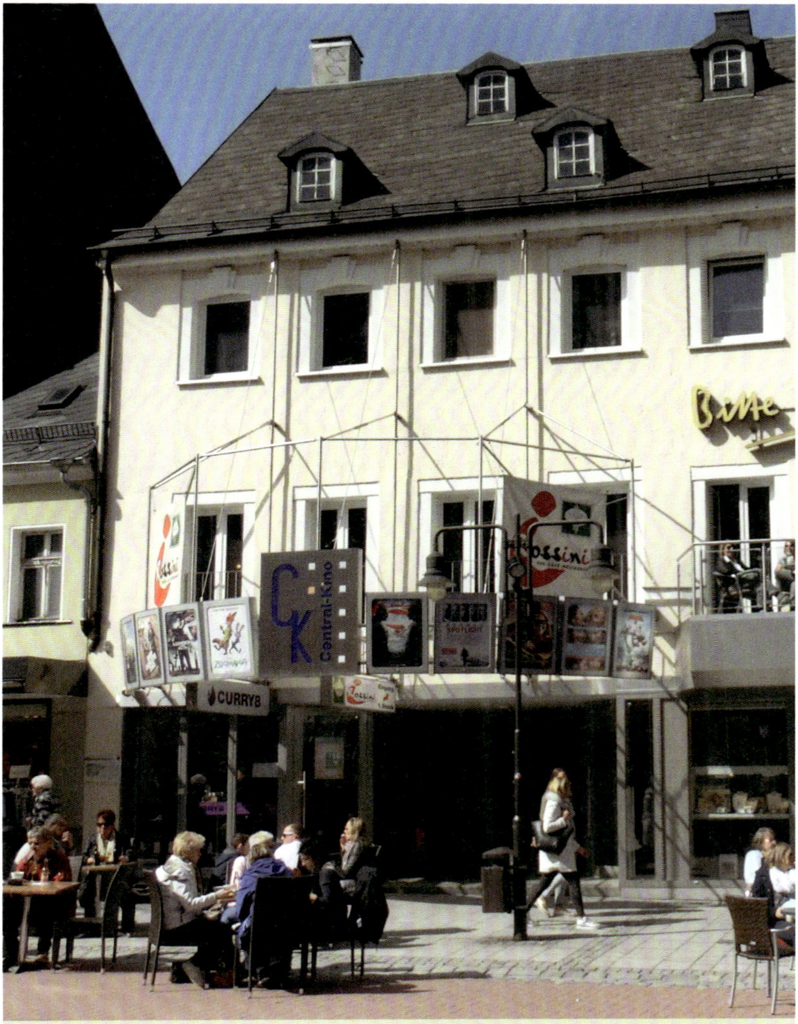

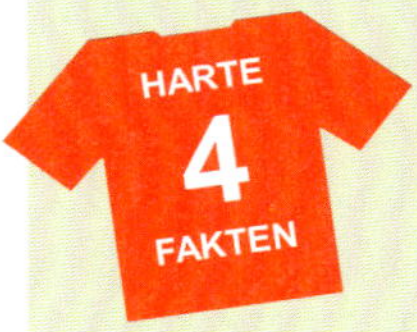

Adresse: Altstadt 8, 95028 Hof

Hofer Filmtage: seit 1967, ab 1969 im Central

Hofer Israelreise: Sommer 1969

Dokumentarfilm „08397B“: 2009

Stadion Grüne Au

Wo Britannia am Tor zur Bundesliga klopfte

Ein reines Fußballstadion, in einem alten Arbeiterviertel gelegen und mit dem Aufstieg des Vereins immer weiter ausgebaut, das klingt nach einem Klassiker. Und das ist das Stadion Grüne Au. Es liegt in der „Vertl" genannten Fabrikvorstadt und wurde 1913 die Heimat des FC Britannia Hof.

Bereits wenig später brachte der Erste Weltkrieg einige Veränderungen. Auf dem Spielfeld wurden 1916 Kartoffeln angepflanzt und nachdem Großbritannien ja Kriegsgegner war, nahm der Verein auch lieber den Namen FC Bayern an.

Ab Ende der zwanziger Jahre sorgte die nach Karl Panzer, einem wuchtigem Mittelstürmer, benannte Panzer-Elf für Furore. Sie lockte bis zu 7.000 Zuschauer auf die Grüne Au und erreichte 1930 das Entscheidungsspiel um die Teilnahme zur Süddeutschen Meisterschaft.

Im Jahr 1949 wurde dann eine 72 Meter lange, überdachte Sitzplatztribüne auf der Nordseite eröffnet und als der Verein 1959 in die Oberliga Süd aufgestiegen war, wurde das Stadion erneut erweitert. Bis 1963 hielten sich die Hofer in der obersten Spielklasse und wurden schließlich durch die Einführung der Bundesliga in die zweitklassige Regionalliga Süd eingereiht.

Danach klopfte der Verein oftmals am Tor zur Bundesliga, scheiterte jedoch in den Aufstiegsrunden 1967, 1968 und 1972. Aus dieser Zeit stammen auch der Zuschauerrekord, als 1968 zum Aufstiegsrundenspiel gegen Rot-Weiss Essen 19.100 Menschen kamen, sowie die 1969 erbaute Tribüne auf der Südseite, der lange das Dach fehlte.

Nachdem 1974 die 2. Bundesliga Süd eingeführt wurde, hielt sich der Verein dort nur noch vier Jahre. Die Hofer hatten finanzielle Probleme, und so folgte dem Abstieg in die Bayernliga zwei Jahre später sogar der in die Landesliga.

Danach kam Hof selten über die vierthöchste Spielklasse hinaus und fusionierte schließlich 2005 mit dem Lokalrivalen Spielvereinigung zur SpVgg Bayern Hof. Doch begleitet wird der Verein auch heute noch von verhältnismäßig vielen Anhängern und – Namensänderung hin oder her – von Britannia-Rufen.

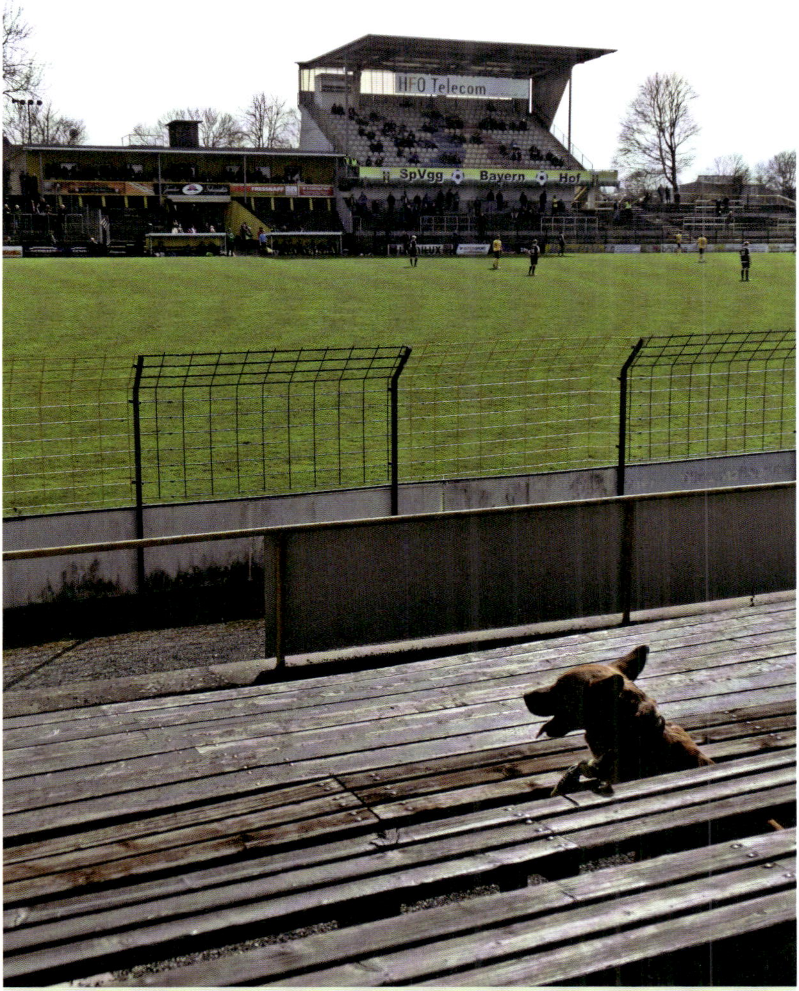

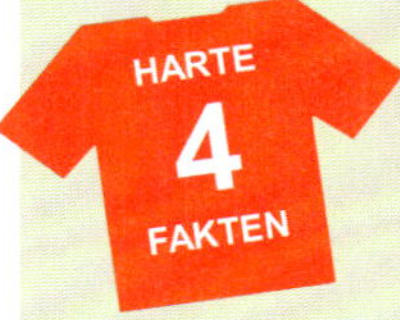

Adresse: Oelsnitzer Straße 101, 95028 Hof

Erbaut: 1913

Zuschauerkapazität: 8.100

Verein: Bayern Hof

Stadion Ossecker Straße

Heimat der ersten

Die erste vereinsmäßig organisierte Fußballmannschaft in Franken! Das war gemäß den Fußballhistorikern Bausenwein, Siegler und Liedel die SpVgg Hof bei ihrer Gründung als Fußballabteilung des TV Hof im Jahr 1893.

Die Spotzer, wie der Verein auch genannt wurde, waren damals jedoch noch nicht an der Ossecker Straße zu Hause. Der ursprüngliche Heimplatz der Spielvereinigung befand sich nämlich im Bereich der heutigen Jahnstraße. Doch als diese ausgebaut wurde, musste der Verein umziehen und weihte 1933 das Sportgelände an der Ossecker Straße ein.

Die größten Erfolge feiere die SpVgg Hof aber noch in der alten Heimat: die Aufstiege in die höchste Spielklasse. Zweimal, 1921 und 1929, gelang das den Spotzern, beide Male mussten sie allerdings direkt wieder absteigen. Und mit Eugen Kling stand für die Spielvereinigung in den Zwanzigern sogar ein späterer Nationalspieler auf dem Feld.

Der größte Nachkriegserfolg war der Aufstieg in die Bayernliga 1966. Doch auch hier folgte erneut der direkte Wiederabstieg. Auf der größeren Fußballbühne trat Frankens erste vereinsmäßig organisierte Fußballmannschaft danach nicht mehr auf und fusionierte letztlich 2005 mit dem FC Bayern Hof zur SpVgg Bayern Hof.

Im Stadion an der Ossecker Straße, das sich seit 1982 als Hans-Peters-Stadion im Eigentum der Stadt Hof befindet, fanden danach lediglich noch die Spiele der Jugend des Fusionsvereins statt.

Dessen Erste Mannschaft spielt im Stadion Grüne Au und ebnete dort 2006, also gleich in der ersten Saison nach dem Zusammenschluss, den Weg zurück in die Bayernliga. 2012 folgte der Sprung in die neu geschaffene Regionalliga Bayern, in die man nach dem Abstieg 2014, im Jahr 2016 für eine weitere Saison zurückkehrte.

Das Stadion der ehemaligen SpVgg Hof wurde schließlich 2015 vom 1. FFC Hof übernommen, ein Frauen-Bayernligst, der 2008 aus der Taufe gehoben wurde.

Und auch die Fußballfrauen waren einst bei ihrer Gründung erster – erster reiner Frauenfußballverein in Oberfranken.

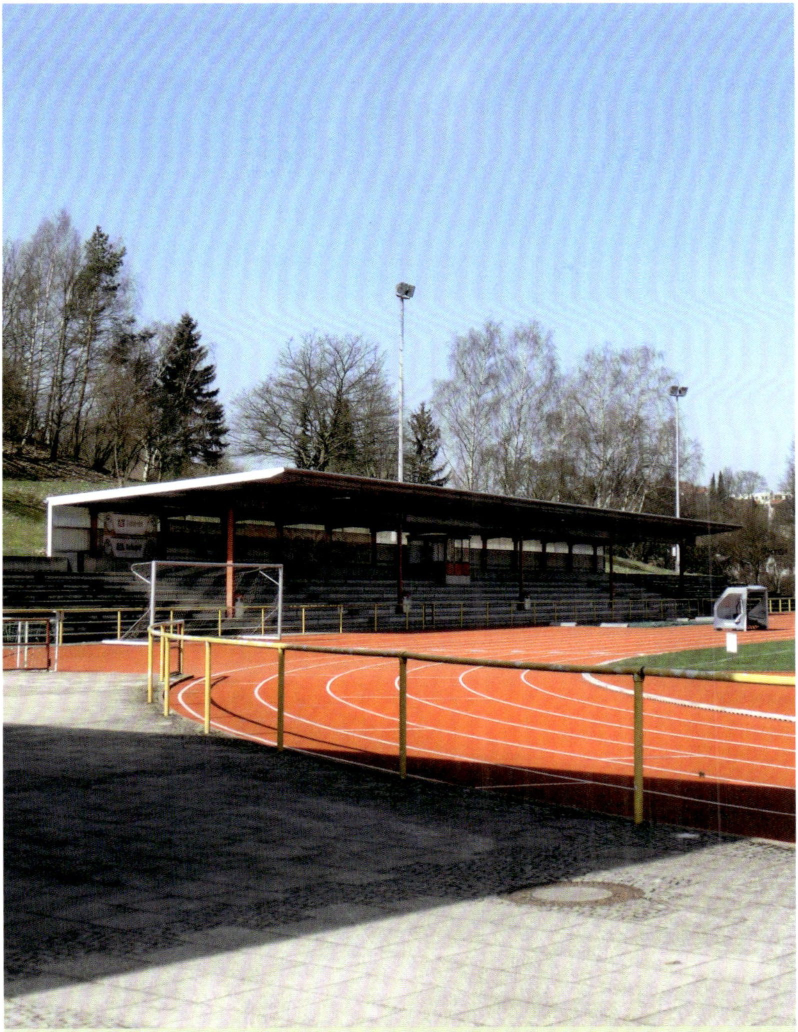

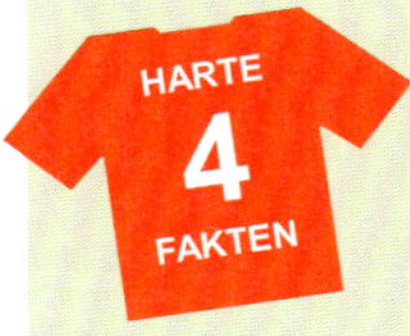

Adresse: Ossecker Straße 50, 95030 Hof

Erbaut: 1933

Zuschauerkapazität: 5.000

Verein: 1. FFC Hof (früher: SpVgg Hof)

Kronach 046

Hammermühlstadion

Natürlich steil

So ein Naturstadion ist schon etwas Besonderes. Es passt sich nicht nur der Umgebung an, es bezieht deren natürlichen Gegebenheiten sogar mit ein. Eines der ältesten dieser Spezies befindet sich in Kronach: das Hammermühlstadion. Erbaut zwischen 1927 und 1928 ist es seither die Heimat des FC Kronach.

Doch ihre gegenwärtige Gestalt erhielt die Anlage erst in den vierziger Jahren. 1943, noch während des Zweiten Weltkriegs, wurde Hand angelegt, der Ausbau auf die heutige Größe erfolgte schließlich 1949.

Dabei bezog man dann auch den Steilhang an der Südseite mit ein, legte eine wahrhaft imposante Naturtribüne mit einfachen Holzbänken als Sitzgelegenheiten und etlichen Stehplätzen an. Es ist diese steile, terrassenartige Tribüne, die den Charme des Hammermühlstadions ausmacht.

Lange, eigentlich unglaublich lange, sah dieses Stadion keinen höherklassigen Fußball. Erst 1967 stieg der FC Kronach in die Landesliga auf, 1971 dann sogar in die Bayernliga. Es folgte anschließend jedoch der direkte Wiederabstieg und die Rückkehr in die dritthöchste Spielklasse sollte danach bis 1987 auf sich warten lassen. Beim zweiten Mal aber machte es der FCK besser und hielt wohl auch dank der bemerkenswerten Unterstützung des Publikums die Klasse.

Im Schnitt feuerten damals über 2.000 Besucher an. Damit belegte der FC Kronach in der Zuschauertabelle der Bayernliga Rang 3. Seitdem rühmen sie sich in Kronach auch, es in der Saison 1987/88 bayernweit hinter den beiden Bundesligisten Bayern München und natürlich dem 1. FC Nürnberg, sowie den Bayernligisten 1860 München und Vestenbergsgreuth, in die Top 5 der Zuschauermagneten geschafft zu haben.

Ein Jahr später ereilte den FCK aber dennoch wieder der Abstieg aus der Drittklassigkeit, in die die Rückkehr seither nicht mehr gelang. Im Gegenteil, zwischenzeitlich stieg der FC Kronach sogar bis in die Kreisliga ab. Doch auch ohne großen Fußball, und trotz manch morscher Holzbank auf der steilen Naturtribüne, das Hammermühlstadion strahlt ein ganz spezielles Flair aus.

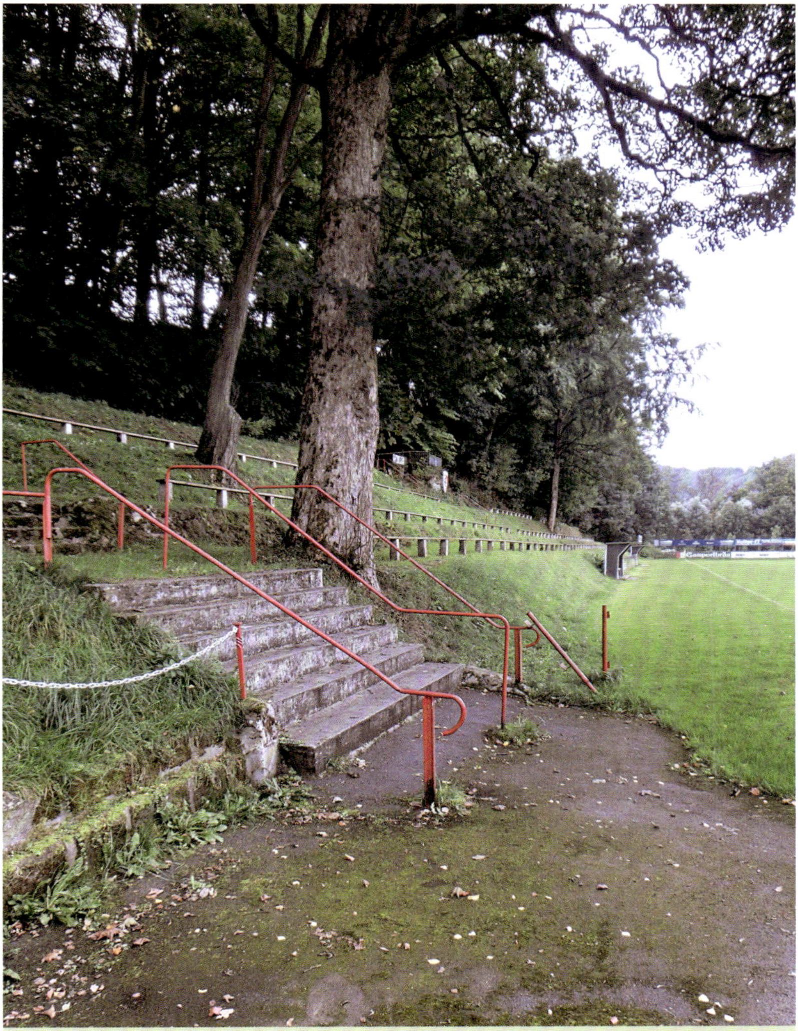

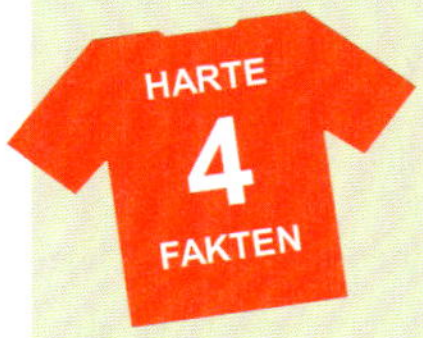

Adresse: Hammermühle 5, 96317 Kronach

Erbaut: 1927/28

Zuschauerkapazität: 5.000

Verein: FC Kronach

Kunreuth-Weingarts 047

DJK-Sportplatz

Obama, Alu und die rosa Rüssel

Weingarts, rund sechs Kilometer vom Kultberg Walberla entfernt, knapp 600 Einwohner, eine katholische Kirche und ein Sportverein. Aus diesem beschaulichen Pfarrdorf stammt einer der härtesten Verteidiger der Fußballgeschichte: Helmut Rahner.

Seine Karriere begann auf dem Sportplatz der örtlichen DJK, führte ihn später unter anderem nach Nürnberg und Uerdingen. Dort wurde der blonde Verteidiger einst berühmt und berüchtigt. Die gegnerischen Stürmer klagten reihenweise über Rahners robuste Gangart, die er selbst als „ehrliche Arbeit" bezeichnet.

Gegenüber dem Magazin „11 Freunde" sagte er mal: „Zur Begrüßung gab es in den ersten Minuten ein Tackling mit Ball. Verbal und mit Mimik und Gestik wurde dem Gegenspieler der Hinweis gegeben: Lass dich lieber auswechseln, bleib besser in deiner Hälfte!"

Die Presse betitelte ihn als „Rambo-Rahner". Einer von vielen Spitznamen für den knochenharten Franken, der beim FCN deshalb wertschätzend „Alu" gerufen wurde. Und auch in Uerdingen liebten sie ihn. Dort hatte der kantige Bundeswehr-Nationalspieler sogar einen eigenen „Schwulenfanclub", die „rosa Rüssel".

Da kann es Helmut Rahner auch verkraften, dass ihn die Gegner nicht liebten: „Ich habe es dank Einstellung und Willen mit meinen begrenzten fußballerischen Mitteln so weit gebracht, dass ein Ulf Kirsten, ein Dariusz Wosz, ein Giovane Elber gesagt haben, sie werden nie mit dem harten Rahner ein Bier trinken gehen. Ich sehe das als großes Kompliment, unter 15.000 Profis ist von mir etwas hängengeblieben."

Von „Alu" blieb auch über den Fußball hinaus etwas hängen: die „blaue Revolution". Das war sein Wahlkampfmotto, als er 2008 als Bürgermeister seiner 1.400-Seelen-Heimatgemeinde Kunreuth, zu dieser gehört Weingarts, kandidierte. Als Mischung aus „Heimatfilm, dem Bullen von Tölz und Don Camillo" bezeichnete er seinen Wahlkampf „amerikanischer Prägung". Das brachte ihm zwar nicht den Sieg, aber immerhin rund 35 % der Stimmen und einen weiteren Spitznamen: „Obama vom Walberla".

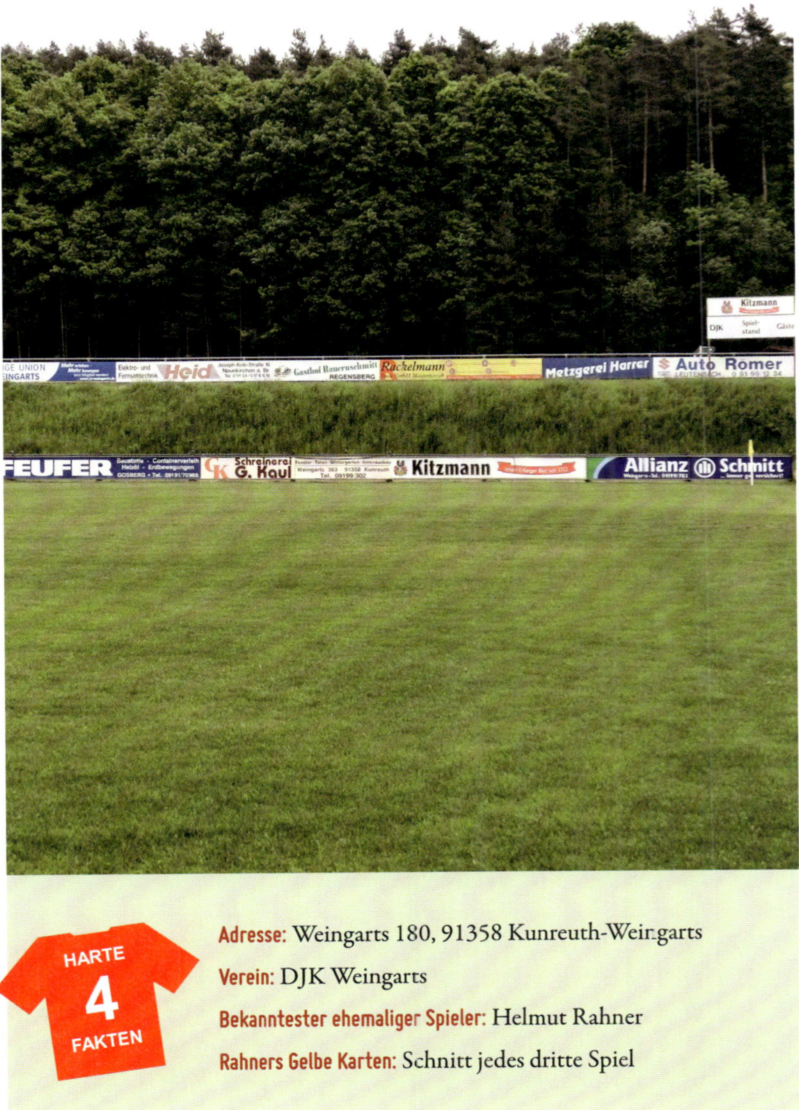

HARTE 4 FAKTEN

Adresse: Weingarts 180, 91358 Kunreuth-Weingarts

Verein: DJK Weingarts

Bekanntester ehemaliger Spieler: Helmut Rahner

Rahners Gelbe Karten: Schnitt jedes dritte Spiel

Karl-Fleschutz-Stadion

Aus nach 27 Jahren

Als der 1. FC Lichtenfels im Jahr 1906 gegründet wurde, war die oberfränkische Stadt ein Zentrum der Korbflechterei und des Korbhandels. Es gab bereits eine Korbfachschule und bald schon schmückte sich Lichtenfels mit dem Titel „Deutsche Korbstadt“.

Nach dem Zweiten Weltkrieg starb die Korbmacherei in Deutschland praktisch aus, wohingegen der Fußball in der Korbstadt auflebte. Nachdem der 1. FC Lichtenfels 1940 noch in der Aufstiegsrunde zur Gauliga Bayern gescheitert war, traten die Oberfranken 1946 mit dem Aufstieg in die damals zweitklassige Bayernliga erstmals überregional in Erscheinung. Und nach mehreren zweiten Plätzen in der ab 1950 nur noch drittklassigen Liga holte der FCL Zeljko Cajkovski als Spielertrainer.

Mit dem jugoslawischen Olympiazweiten von 1948 und WM-Teilnehmer von 1950 gewann der 1. FC Lichtenfels 1960 die Bayerische Meisterschaft. Die Korbstädter nahmen daraufhin an der Aufstiegsrunde zur zweiten Liga teil, konnten sich jedoch nicht durchsetzen.

Zeljko Cajkovski verließ die Lichtenfelser, war danach beispielsweise Trainer der SpVgg Fürth und bei Borussia Neunkirchen. Mit den Saarländern stieg er sogar in die erste Bundesliga auf, ein Kunststück, das auch seinem Bruder Zlatko „Tschik“ Cajkovski gelang. Der führte einst den FC Bayern München zum Bundesligaaufstieg, holte später den Europapokal der Pokalsieger und bezeichnete nebenbei Gerd Müller als „kleines dickes Müller“.

In den Siebzigern durfte Zeljko Cajkovskis Bruder „Tschik“ sogar den 1. FC Nürnberg trainieren und machte damals klar: „Clubfan war ich schon, da habe ich noch die Bayern trainiert.“

1973 endete „Tschiks“ Engagement beim Club und im gleichen Jahr ging auch die Bayernligazeit des 1. FC Lichtenfels zu Ende. Nach sage und schreibe 27 Jahren ununterbrochener Zugehörigkeit stieg der Verein als Vorletzter ab. Das sehenswerte Karl-Fleschutz-Stadion mit seiner Sitzplatztribüne aus dem Jahr 1948 und der 1966 errichteten Stehplatz-Gegengeraden sah seither keinen Lichtenfelser Bayernligafußball mehr.

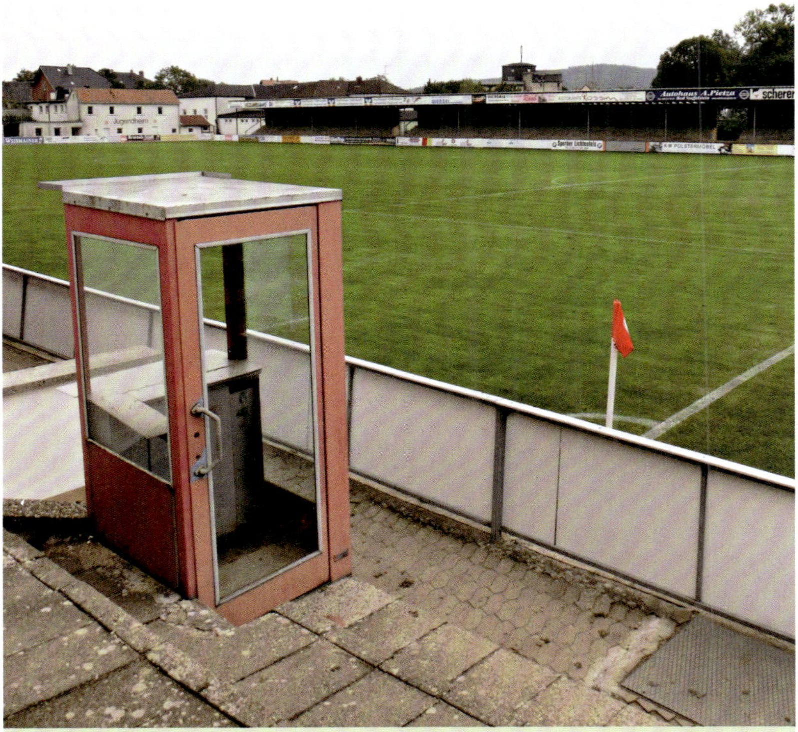

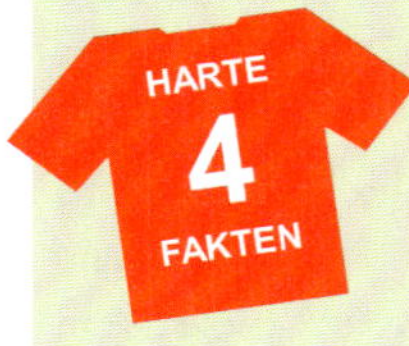

Adresse: Am Main 9, 96215 Lichtenfels

Erbaut: 1922

Zuschauerkapazität: 10.000

Verein: 1. FC Lichtenfels

Nägelsee-Gelände

(K)eine fränkische Nationalmannschaft

Fährt man in Lohr über die Neue Mainbrücke und den Kreisverkehr Richtung Jahnstraße, passiert man ein schlichtes Schild, das den Weg zum Nägelsee-Gelände im Nordosten weist. Dort befinden sich das ausgewiesene „Schul- und Sportzentrum Nägelsee", aber auch der TSV-Sportplatz sowie diverse Firmen.

Nichts jedoch deutet darauf hin, dass ebenda am 29. Mai 2014 Fußballgeschichte geschrieben awurde. Die Geburt der Franken-Elf, das erste Spiel der „Fränkischen Nationalmannschaft". Schon einmal gab es eine Nationalelf, die nur aus fränkischen Spielern von Club und Kleeblatt bestand – sie siegte 1924 für Deutschland in den Niederlanden. Ziemlich genau neunzig Jahre später sollte es eine Elf sein, die mit dem Frankenrechen auf der Brust, unter fränkischer Flagge und mit dem Frankenlied als Hymne aufläuft.

Das war dem Bayerischen Fußball-Verband jedoch ein Dorn im Auge. Der 4:2-Sieg der Franken-Elf gegen Raetia, eine Auswahl aus dem schweizerischen Graubünden, wurde beinahe Nebensache. Beide sind Mitglieder der CONIFA, Weltverband für Nicht-FIFA-Teams, der auch Sansibar oder Tamilien angehören.

Obwohl die Organisatoren den Freizeit- und Benefizcharakter betonten und ihre Elf nicht als „Fränkische Nationalmannschaft" verstanden wissen wollten, übte der BFV massiven Druck aus, drohte den Hobbykickern und Ex-Profis mit sportgerichtlicher Verfolgung und Bestrafung. Bayerische Urangst vor fränkischer Sezession?

Dass selbst die Berliner Tageszeitung „taz" über „Separatismus im Fußball: Elf Franken sollt ihr sein" schrieb, wird die hohen Herren in München wohl zusätzlich beunruhigt haben.

Und außerdem, so das Magazin „Curt" dazu, „sollte niemand auf der Welt eine Mannschaft zusammenstellen und ein Fußballspiel ausrichten ohne offizielle Genehmigung der FIFA und seiner Landesverbände, sonst würde der Planet übersät mit wildem Gebolze unkontrollierter Fußballer an den unmöglichsten inoffiziellen Stellen. Zweifellos müsste man annehmen, eine apokalyptische Fußball-Anarchie würde ausbrechen."

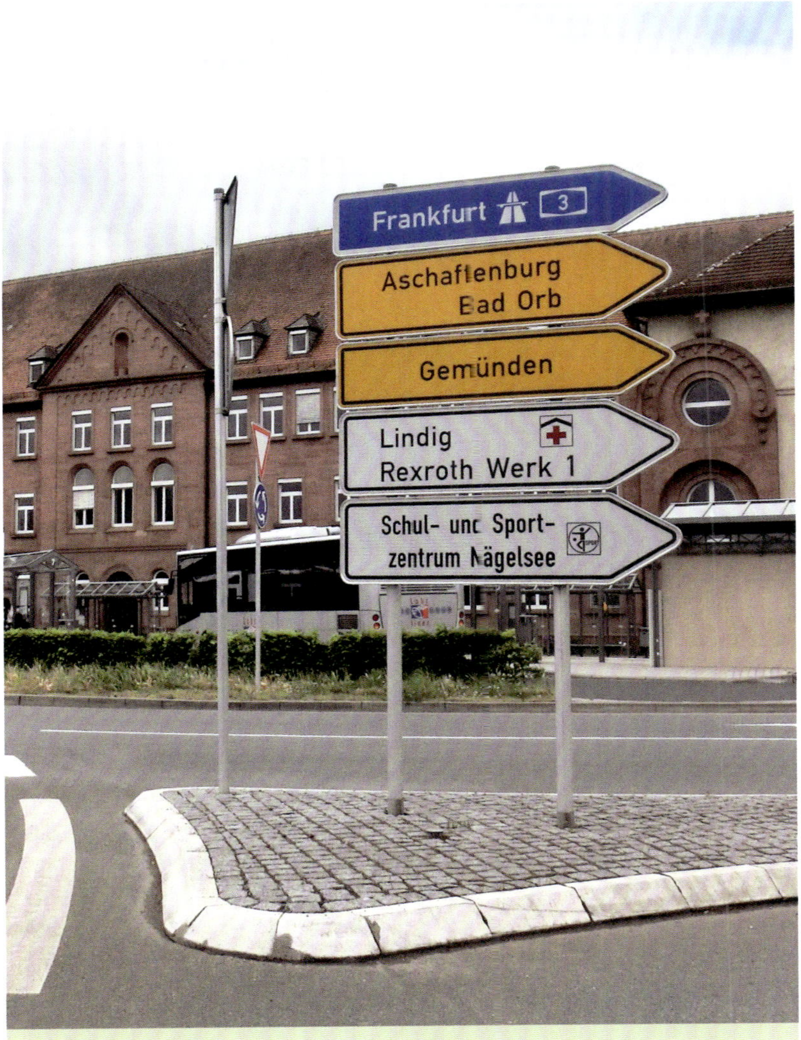

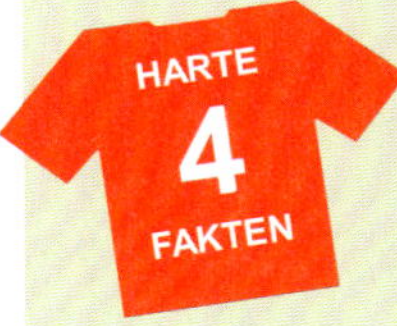

Adresse: Jahn-/Nägelseestraße, 97816 Lohr a. Main

Mannschaft: Franken-Elf

Erstes Spiel: 29. Mai 2014

Ergebnis: Franken – Raetia 4:2

Marktheidenfeld 050

Düsseldorfer Siedlung

Sigi Helds große Reise

Als Fußballer kommt man viel rum. Doch seine erste große Reise hatte der 1942 im mährisch-schlesischen Freudenthal geborene Sigi Held nicht freiwillig angetreten. Sie führte ihn mit seinen Eltern im Viehwaggon nach Marktheidenfeld am Main.

Die Helds waren Heimatvertriebene und gehörten damit zur dritten Generation der dortigen Lagerbewohner. Denn ursprünglich wurden die Baracken 1943 als Siedlung der Stadt Düsseldorf für „Evakuierte, Ausgebombte und Fliegergeschädigte" errichtet und gaben diesem Teil Marktheidenfelds ihren Namen: Düsseldorfer Siedlung.

Nach dem Ende des Zweiten Weltkriegs wurde die Siedlung kurzzeitig als Gefangenenlager genutzt, dann wurden die Baracken so eingeteilt, dass für die 334 Heimatvertriebenen pro Baracke vier Wohnungen mit je drei kleinen Zimmern entstanden.

In diesen notdürftigen und beengten Verhältnissen erlebte Sigi Held seine Kindheit. In einer Zeit, in der es ums Überleben ging, in der die Lebensmittelversorgung nicht selten schlecht war. Sein Vater konnte aber als Bahnbeamter bald Fahrkarten am örtlichen Bahnhof verkaufen und nahm seinen Sohn auch mit auf den Fußballplatz des TV Marktheidenfeld. Dort begann Sigi Helds große Karriere, die ihn zu Kickers Offenbach, Borussia Dortmund, Preußen Münster und Bayer Uerdingen führte.

Und natürlich nach Wembley, wo Held, der insgesamt 41-mal für Deutschland spielte, 1966 im legendären Finale gegen England Vize-Weltmeister wurde. Bei der WM 1970 erreichte er den dritten Platz, mit Borussia Dortmund gewann er 1966 den Europapokal der Pokalsieger. Außerdem war er der erste Studiogast überhaupt, der auf die Torwand des ZDF-Sportstudios schoss.

Keine Frage, Sigi Held kam viel herum in seinem Leben, war später auch unter anderem Trainer auf Island, in der Türkei, in Japan, auf Malta und in Thailand. Oder wie es Held gerne ausdrückt: „Der große Duft der weiten Welt – Paris, New York, Marktheidenfeld." Dort erinnert an die Düsseldorfer Siedlung im Übrigen nur noch ein Straßenname: Düsseldorfer Straße.

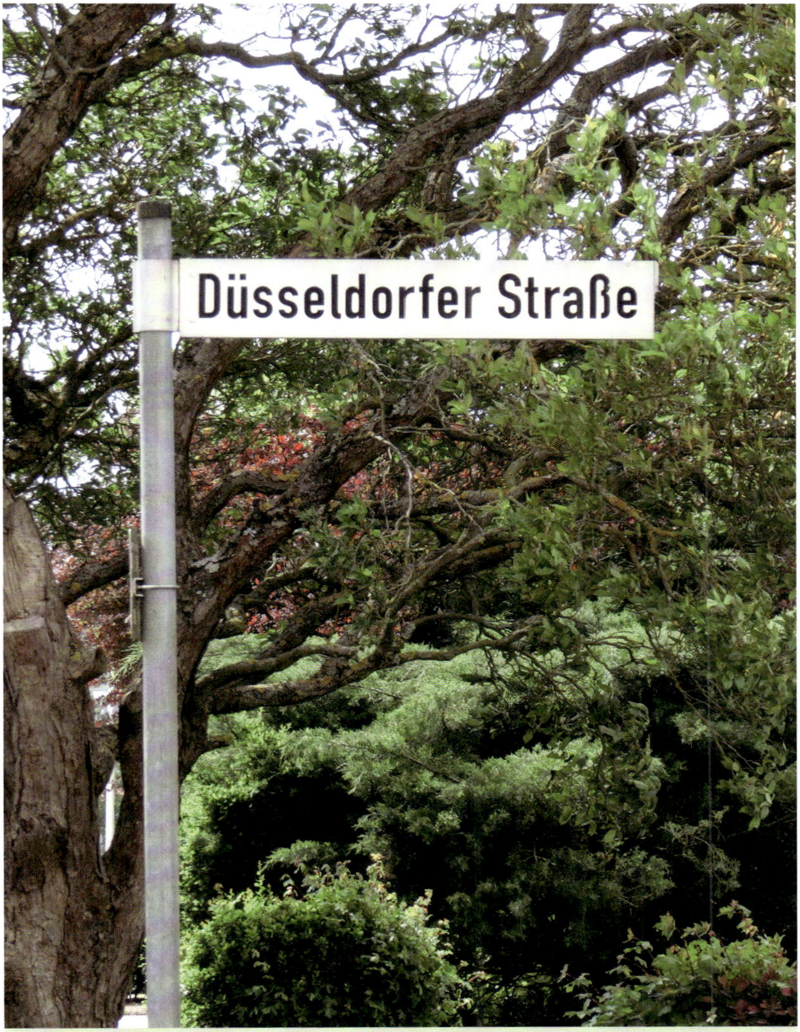

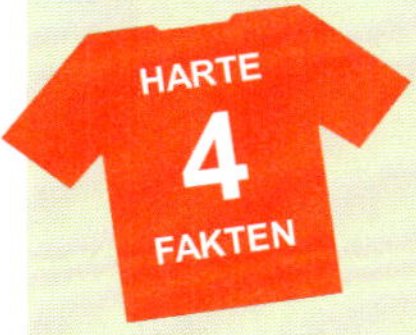

Adresse: Düsseldorfer Straße, 97828 Marktheidenfeld

Errichtet: 1940er Jahre

Errichtet durch: Stadt Düsseldorf

Abbruch der letzten beiden Baracken: 2008

Plüschtierfabrik Nici

Das hosenlose WM-Maskottchen

Eigentlich wollte Marina Pfaff nur ein paar Figürchen aus Stoffresten für ihre Tochter basteln. Doch ihre Kreationen wurden so beliebt, dass daraus zunächst eine Heimfertigung, dann eine richtige Fabrik entstand.

1986 gründete sie schließlich mit ihrem Mann das Unternehmen Nici in Michelau, das sich zu einem der führenden Hersteller von Plüschtieren entwickelte.

Die Firma Nici war es auch, die das Stofftier-Maskottchen für die Weltmeisterschaft 2006 fertigte. Da war das Unternehmen bereits von Michelau ins rund 14 Kilometer entfernte Altenkunstadt umgezogen und hatte dort ein großzügiges Firmengebäude bezogen.

Doch der WM-Löwe „Goleo" stieß in der Öffentlichkeit auf wenig Gegenliebe. Ausgerechnet der Oberfranke Thomas Gottschalk lästerte bei der Vorstellung von „Goleo" im Herbst 2004 bei „Wetten dass ..?" munter drauf los und schmälerte gleich zu Beginn die Hoffnung der oberfränkischen Plüschtierfabrikanten auf klingende Kassen. In der Sendung frotzelte Gottschalk in Richtung des Löwen: „Einer deiner Vorfahren hatte wohl mal was mit einem Lama."

Nach dem Auftritt kam es noch schlimmer. Es wurde kübelweise Spott über das „Zottelvieh", das „lange Elend", das „ästhetische Desaster" ausgeschüttet. Vor allem störte man sich an der fehlenden Hose. Denn „Goleo" trug ein weißes Fußballtrikot, Fußballschuhe, aber eben kein Beinkleid.

Der arme, hosenlose Plüschlöwe wurde sogar anfangs verdächtigt, für die Insolvenz von Nici verantwortlich zu sein – ausgerechnet im Sommermärchen-Jahr 2006. Zwar verkaufte sich das WM-Maskottchen schleppend, doch es brachte allenfalls ein Fass zum Überlaufen, das bereits randvoll war. Denn zuvor waren über Jahre hinweg Millionenumsätze vorgetäuscht worden, um so zusätzliche Kreditlinen bei Banken zu erschleichen.

Nici musste also die Hosen runterlassen. Doch mit Hilfe des Insolvenzverwalters retteten sich die Tierchen alsdann quasi selbst. Denn das Unternehmen war in seiner Substanz durchaus gesund, auch wenn der Gürtel nun enger zu schnallen war.

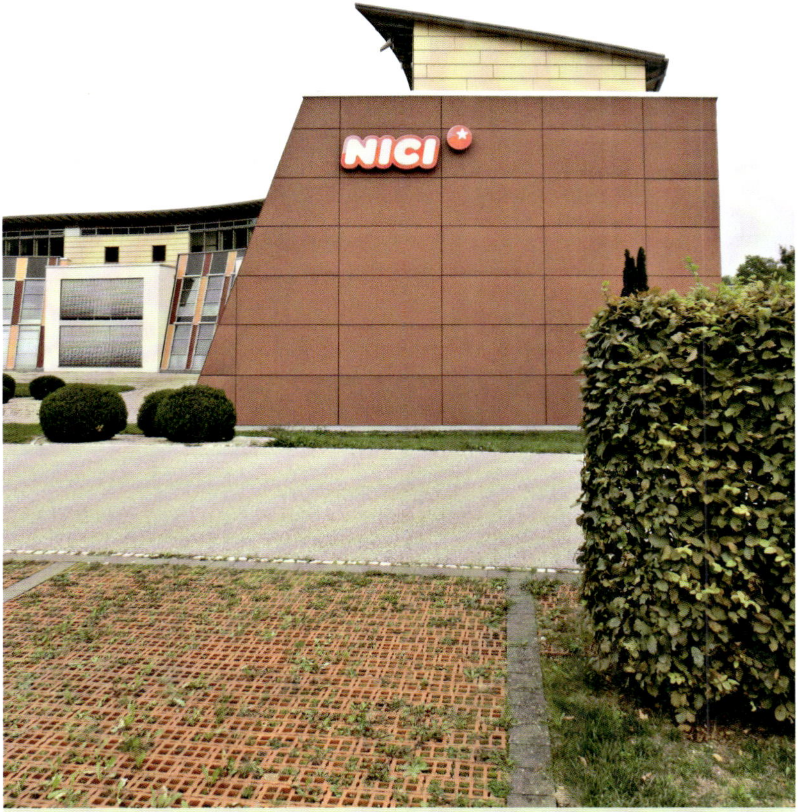

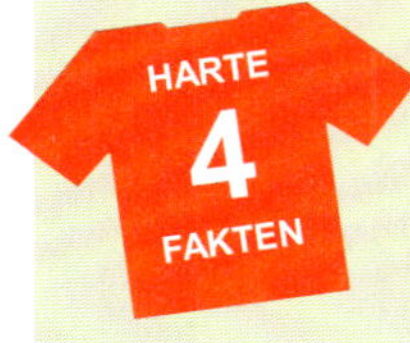

Adresse: Langheimer Straße 94, 96264 Altenkunstadt

Gegründet: 1986 in Michelau

Mitarbeiterzahl gesamt: ca. 400

Nici-Verkaufsstellen in Deutschland: ca. 3.000

Bolzplatz Christophorusheim

Inklusion im Zeichen der Doppeltürme

Bereits im Jahr 1854, als man das Mutterhaus der Diakonie Neuendettelsau einweihte, zogen dort zugleich Diakonissen und Menschen mit Behinderung ein. Die Dienste für Menschen mit Behinderung stellen also seit Anbeginn einen Schwerpunkt des inzwischen zu einem der größten sozialen Träger Deutschlands herangewachsenen Diakoniewerkes dar.

Heute nutzen rund 1.800 Menschen mit Behinderung das Wohnangebot an den verschiedenen Standorten der Diakonie Neuendettelsau und viele davon betätigen sich auch sportlich. Denn Ziel der Diakonie ist es, jedem dazu die Möglichkeit zu schaffen.

Dabei wird auf Inklusion gesetzt, also auf Sportgruppen, zusammengesetzt aus Menschen mit und ohne Behinderung. Und die Richtlinien und Regeln des Unified-Sports gewährleisten, dass auch alle Sportlerinnen und Sportler eine wichtige, sinnvolle und geschätzte Rolle in ihrem Team einnehmen können.

Natürlich spielt hier das Fußballspielen eine ganz gewichtige Rolle. Wobei das gemeinsame Erleben und der Spaß im Vordergrund stehen, wenn beispielsweise auf dem Bolzplatz im Bereich des ehemaligen Christophorusheimes in Neuendettelsau gekickt wird.

Dort wo einst ein imposantes Gebäude der Behindertenhilfe stand, wird heute dem runden Leder nachgejagt. Das Ganze spielt sich ab im Schatten der Doppeltürme von St. Laurentius, die im Logo der Diakonie Neuendettelsau wiederzufinden sind. Aber auch das Erlernen sozialer Verhaltensweisen und integrativer Lernprozesse durch den Sport ist ein weiterer wichtiger Aspekt.

Da in unterschiedlichen Gruppen jeder sein eigenes Leistungsspektrum bestimmen kann, haben sich sehr erfolgreiche Mannschaften geformt. In Neuendettelsau, wo man sich im Jahr 2016 über die Bronzemedaille bei den Nationalen Special Olympics Sommerspielen in Hannover freuen durfte, aber auch am Standort Bruckberg bei Ansbach. Die dortigen Unified-Fußballer konnten beispielsweise bei den Special Olympics Bayern im Jahr 2011 die Goldmedaille für die Diakonie Neuendettelsau gewinnen.

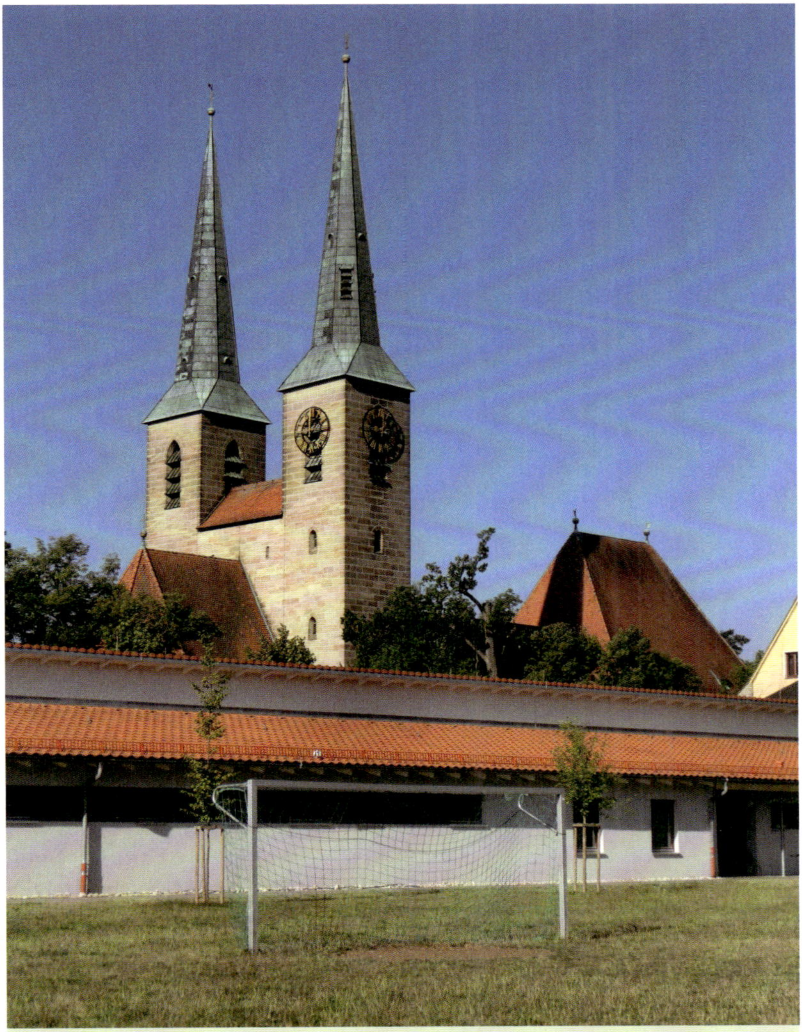

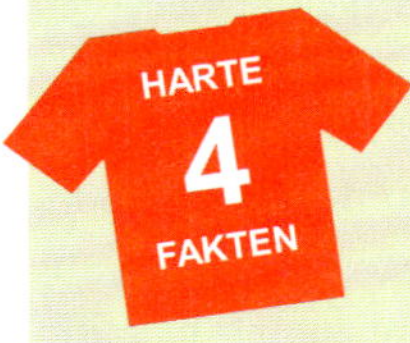

Adresse: Wilhelm-Löhe-Straße, 91564 Neuendettelsau

Träger: Diakonie Neuendettelsau

Mitarbeitende gesamt: ca. 7.000

Einrichtungen gesamt: ca. 200

Neustadt b. Coburg 053

Stadion Sonneberger Straße

Für die Einheit, mit Fritz Walter

Es ist in die Jahre gekommen, das baumbestandene Oval ohne überdachte Tribüne mit den zahlreichen Stehrängen. Doch es hat zweifelsohne Charme, und einiges erlebt, seit es 1937 eingeweiht wurde. Große Spiele des 1907 gegründeten VfL Neustadt, der beispielsweise 1939 die Aufstiegsrunde zur erstklassigen Gauliga erreichte.

Nach dem Zweiten Weltkrieg machte der VfL dann über Stehränge, Mauern und Grenzen hinweg auf sich aufmerksam. So bestritten die Neustadter 1949 im Rahmen einer Volkskundgebung zur Wiederherstellung der Deutschen Einheit ein Freundschaftsspiel. 25.000 Menschen waren nach Hönbach bei Sonneberg geströmt. In der Ostzone trat der VfL gegen Industrie Sonneberg an, die dabei mit einem viel beachteten Spruchband einliefen: „Wir wollen die Einheit Deutschlands!“ Die Neustadter wiederum trugen ein Banner mit den Worten „Und wir auch!“.

Sportlich war der VfL 1951 noch in der Aufstiegsrunde zur 2. Liga Süd gescheitert. Doch 1954 gelang schließlich der Sprung in die Zweitklassigkeit. Dies lockte in der Folge Tausende ins Stadion an der Sonneberger Straße, das nach der Teilung Deutschlands nur ein paar hundert Meter von der anfangs noch löchrigen Demarkationslinie entfernt war. Beim Zweitligaspiel gegen Bayern München waren mal rund 15.000 Zuschauer da.

Es waren die großen Jahre der Neustadter, mit Heinz Wittig stellte man einen Amateur-Nationalspieler und Erich Beer, der spätere Vize-Europameister von 1976, stürmte in der VfL-Jugend.

Sogar einen echten Weltmeister hatten sie in Neustadt: Fritz Walter. Es glückte dem VfL nämlich tatsächlich, den WM-Kapitän von 1954 als Trainer zu verpflichten. Mit dem Kaiserslauterer gelang 1960 der Klassenerhalt in der 2. Liga Süd.

1963, mit Einführung der Bundesliga, wurde der VfL in die drittklassige Bayernliga eingereiht, stieg aus dieser 1965 ab und ward dort nicht mehr gesehen. Aufgrund wirtschaftlicher Probleme folgten 2003 gar die Vereinigung mit dem TBV Wildenheid und der Verkauf des Stadions an den nun namensgebenden SV Türk Gücü.

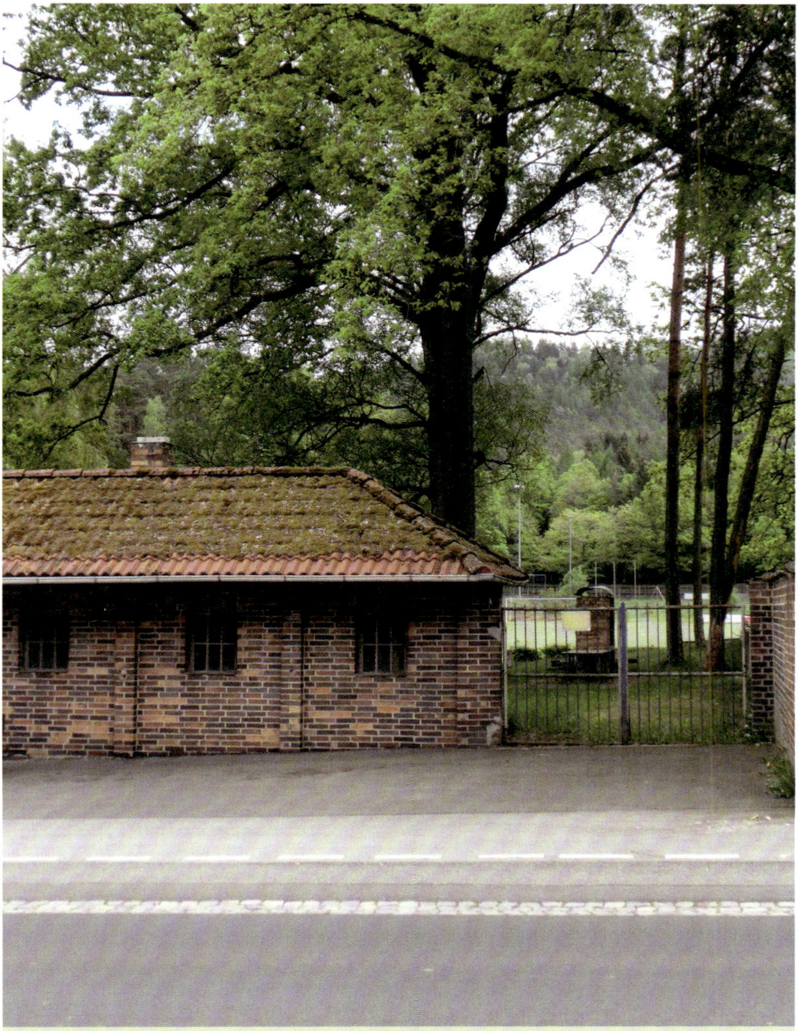

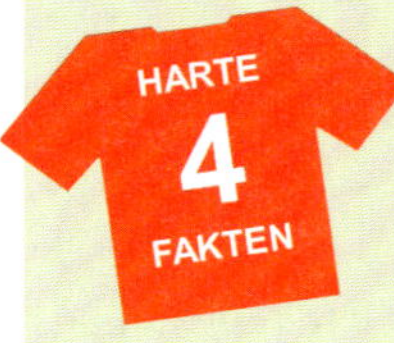

Adresse: Sonneberger Straße, 96465 Neustadt b. Coburg

Erbaut: 1937

Zuschauerkapazität: 10.000

Verein: Türk Gücü Neustadt (früher: VfL Neustadt)

ASN-Radrennbahn

Die Assen

Den Glanz der altehrwürdigen Radrennbahn im Nürnberger Stadtteil Ziegelstein kann man leider nur noch erahnen. Denn der Zahn der Zeit nagt hartnäckig an diesem Stück fränkischer Sportgeschichte. Und dort, wo 1928 beim Spiel des ASV Nürnberg gegen die SpVgg Fürth ein Zuschauerrekord von 15.000 aufgestellt wurde, fänden heute nur mehr 4.000 Besucher Platz.

Seit 1945 ist die Radrennbahn die Heimat des ASN Pfeil-Phönix Nürnberg, wie der Verein nach vielen Fusionen inzwischen heißt. In der großen Zeit des Allgemeinen Sportvereins Nürnberg, kurz ASN, stellte dieser mit Hans Geiger, Karl Scherm und Ludwig Wenz drei deutsche Nationalspieler. Die Assen, wie der Verein auch genannt wird, waren zwischen 1925 und 1937 sogar durchgehend erstklassig.

Als Wettkampfgemeinschaft BSG Neumeyer Nürnberg stieg man nach nur einem Jahr Zweitklassigkeit 1938 wieder in die Gauliga auf. Nur ein weiteres Jahr später wurde man dort Vierter, vor dem 1. FC Nürnberg und der SpVgg Fürth! Und im Pokalwettbewerb 1939 erreichte man immerhin das Viertelfinale und schaltete auf dem Weg dorthin unter anderem Helmut Schöns Dresdner SC aus.

Gespielt hat die BSG Neumeyer allerdings im nahen Stadion Herrnhüttestraße, das Platz für 12.000 Zuschauer bot. Nach dem Zweiten Weltkrieg folgte dann nicht nur der Umzug in die Radrennbahn, sondern auch die Fusion mit dem FC Pfeil-Viktoria. Dieser wiederum hatte als FC Pfeil Nürnberg einst große Cluberer und Meisterspieler wie Georg Hochgesang, Luitpold Popp, Carl Riegel, Heinrich Träg und natürlich Heiner Stuhlfauth hervorgebracht.

Als ASN Pfeil Nürnberg spielten die Assen dann bis Anfang der fünfziger Jahre meist in der zweit- beziehungsweise drittklassigen Amateurliga Bayern, bevor die einst zweite Nürnberger Fußballkraft von der größeren Fußballbühne verschwand.

Immerhin drehten noch bis in die sechziger Jahre die Bahnradsport-Asse auf der 1949 errichteten Betonrennbahn ihre Runden, ehe der Verfall dieser historisch bedeutsamen Sportstätte langsam einsetzte.

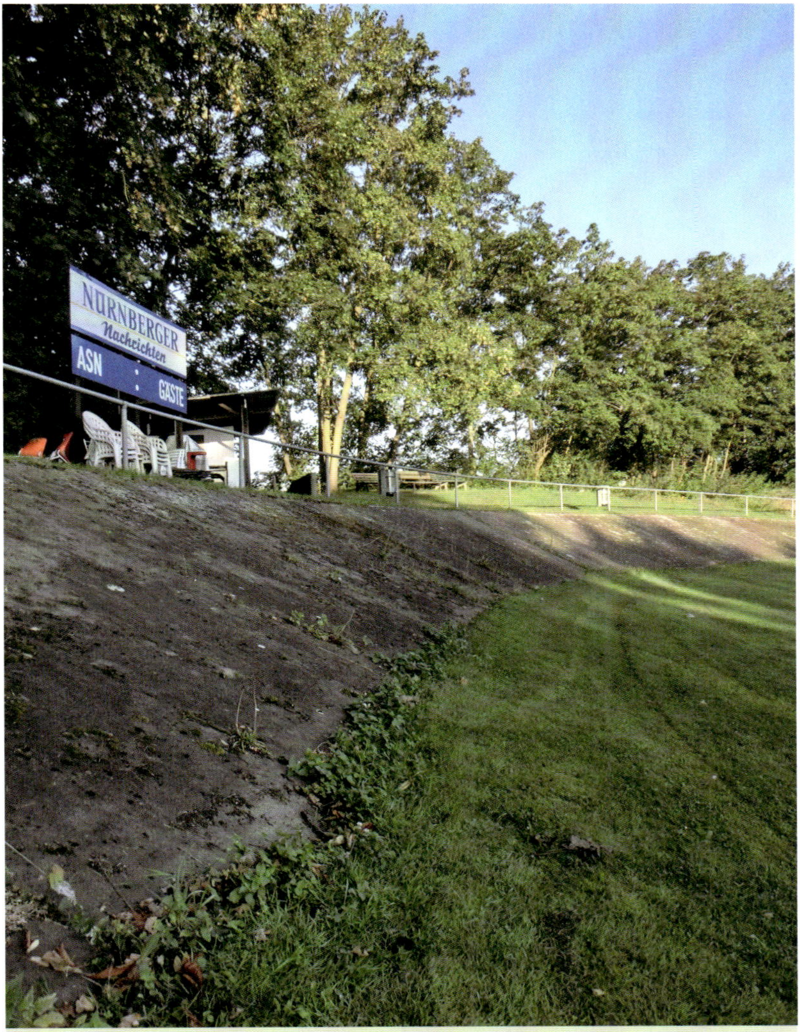

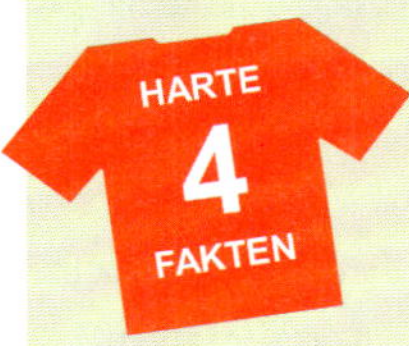

Adresse: Marienbergstraße 41, 90411 Nürnberg

Erbaut: 1925

Zuschauerkapazität: 4.000

Verein: ASN Pfeil-Phönix Nürnberg

Bertolt-Brecht-Schule

Den Fußball im Blick – aber nicht nur

In den siebziger Jahren entstanden unter dem Motto „Die Schule der Zukunft für Langwasser" Pläne zur Errichtung einer Gesamtschule im Nürnberger Südosten. Das Konzept sah vor, durch die räumliche Nähe verschiedener Schularten das Schulsystem durchlässiger zu gestalten.

Geplant war auch, die Klassenzimmer ohne Fenster zu bauen, um die Konzentration der Schüler auf den Unterricht zu stärken. Von diesem Konzept wich man aber schließlich doch ab, sodass bei Aufnahme des Schulbetriebs 1977 die Schüler den Blick auch von den Klassenzimmern nach außen richten konnten.

Seit 1997 blickt man bei der Bertolt-Brecht-Schule dazu als „UNESCO-Projektschule" über den Tellerrand hinaus auf kulturelle, soziale sowie umweltpädagogische Projekte.

Und 1998 ging der Blick dann ganz offiziell in Richtung Sport. Man wurde „Partnerschule des Leistungssports". 2008 erhielt die Bertolt-Brecht-Schule vom DFB das Zertifikat „Eliteschule des Fußballs" und 2012 das DOSB-Prädikat „Eliteschule des Sports".

Als Eliteschule gehen die Blicke nicht nur auf die schulischen Leistungen der Talente, sondern auch auf die Vereinbarkeit dieser mit intensivem Training. Es wird also dafür gesorgt, flexibles Lernen möglich zu machen sowie Unterricht und Prüfungen mit dem Trainings- und Spielplan unter einen Hut zu bringen. Letztlich ist die Ausbildung internationaler Spitzensportler mit höchstmöglichem Schulabschluss das Ziel.

Kooperationsverein in Sachen Fußball ist dabei der 1. FC Nürnberg und der bisher prominenteste Schüler war Ilkay Gündogan. Er entwickelte sich ab 2009 zu einem Lichtblick in der Club-Mannschaft, verlor aber auch die Schule nicht aus dem Blick.

2011 schloss er mit dem FCN die Bundesligasaison auf Platz 6 ab und die Schule mit dem Abitur. Wenige Wochen später verließ er Nürnberg, wechselte nach Dortmund, und wurde erstmals in die Deutsche A-Nationalmannschaft berufen. Mit Borussia Dortmund gewann er dann 2012 das Double und erreichte 2013 das Champions-League-Finale.

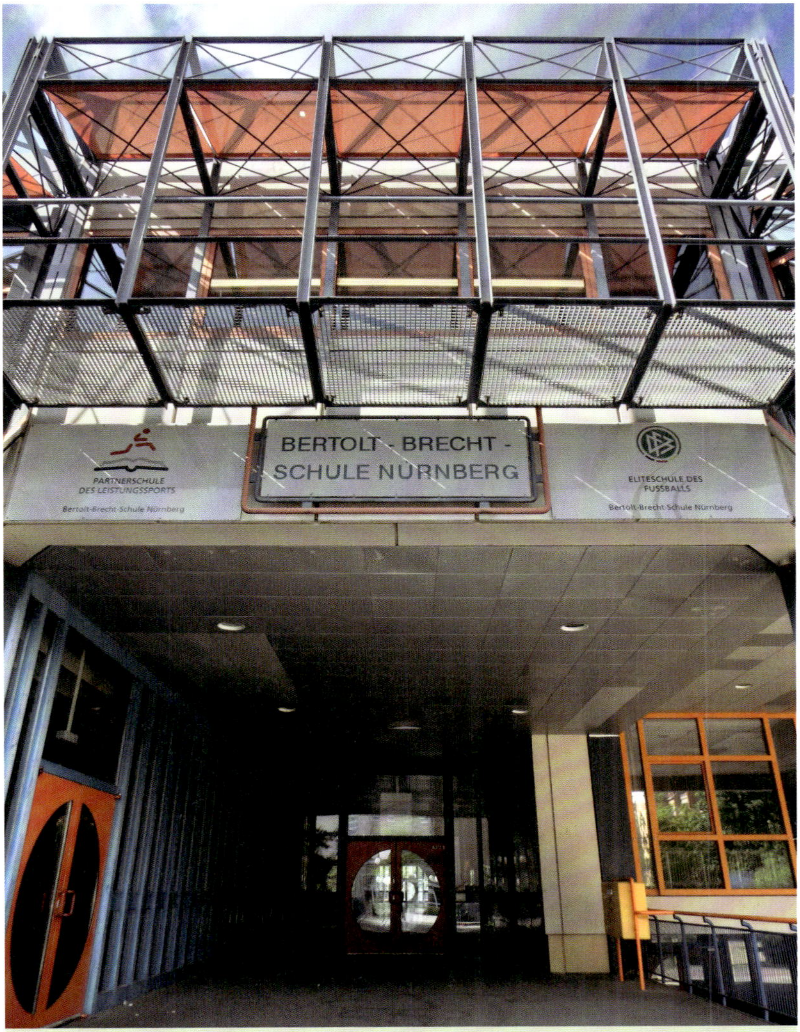

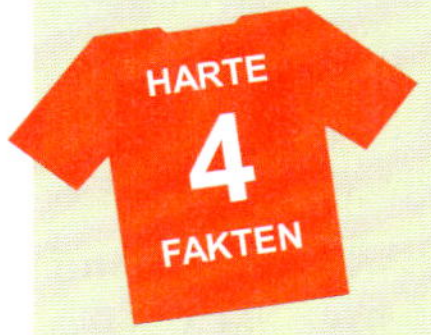

Adresse: Bertold-Brecht-Straße 39, 90471 Nürnberg

Eröffnung: 1977

Anzahl Schüler: über 1.500

Anzahl Lehrkräfte: über 120

Nürnberg 056

Bratwurstfabrik HoWe

Bei Hoeneß geht es um die Wurst

Hoeneß wechselt zum Rekordmeister! Diese Meldung schlug hohe Wellen und lockte bei seinem Debüt 56.000 Zuschauer ins Städtische Stadion. Der Welt- und Europameister Uli Hoeneß, der jahrelang beim emporklimmenden FC Bayern München unter Vertrag stand, durfte für den großen Club spielen.

In der Saison 1978/79 stand der zuvor am Knie operierte Hoeneß bei den ruhmreichen Nürnbergern unter Vertrag. Doch bei allen anfänglichen Euphoriewellen war es letztlich doch eher ein Schlag ins Wasser. Was blieb, waren gerade einmal elf durchwachsene Einsätze, kein Tor. Der 1. FC Nürnberg stieg ab und Uli Hoeneß kletterte auf den Managerstuhl des FC Bayern. Der geschäftstüchtige Metzgersohn steigerte daraufhin Umsatz sowie Titelanzahl und transferierte quasi den Rekordmeistertitel bald nach München.

Aus seiner Zeit in Nürnberg nahm Hoeneß auch die Freundschaft zum Gastronomen und Metzgermeister Werner Weiß mit. Gemeinsam gründeten sie 1985 eine Bratwurstfabrik, die sie zu einem der größten Hersteller von Nürnberger Rostbratwürsten ausbauten. Das seit 1990 am Hafen beheimatete Unternehmen HoWe, ein Akronym für Hoeneß und Weiß, beliefert inzwischen fast alle deutschen Discounter. Zu den Kunden zählte zeitweise sogar eine amerikanische Schnellrestaurantkette.

2010 rührte Uli Hoeneß nämlich kräftig die Werbetrommel für seinen „Nürnburger". Dabei interpretierte er die traditionellen „Drei im Weggla" mal anders: drei Nürnberger Rostbratwürstchen, Röstzwiebeln und Senfsauce, das Ganze in einem Ciabatta-Brötchen. „Der Hamburger hat ja Weltruhm erlangt – warum sollte ein Nürnburger da weniger Potential haben", meinte der gebürtige Ulmer damals.

Hoeneß war also lange Zeit erfolgreich, als Bayern- und Nationalspieler, als Macher des FCB und eben als Wurstfabrikant. Schon mal zum „Unternehmer des Jahres" gewählt, erfuhr er auch sonst zahlreiche Ehrungen und Auszeichnungen. Nach seiner Verurteilung zu einer Haftstrafe wegen Steuerhinterziehung musste er jedoch einige davon aufgrund des öffentlichen Drucks zurückgeben.

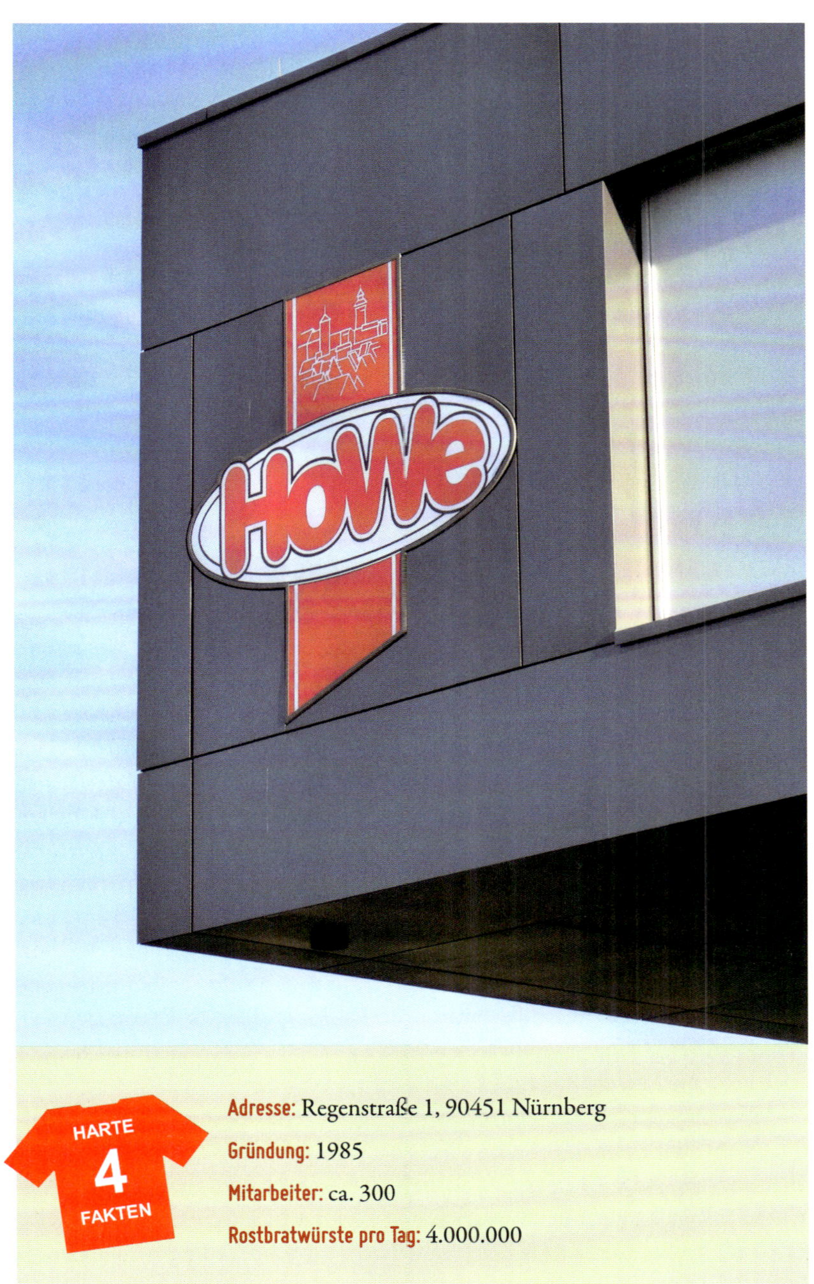

Adresse: Regenstraße 1, 90451 Nürnberg

Gründung: 1985

Mitarbeiter: ca. 300

Rostbratwürste pro Tag: 4.000.000

Casablanca Kino

Filmkunsttheater mit Courage und Fußball

Das Anwesen unweit des Kopernikusplatzes wurde 1972 von einer Gruppe von Eltern aus dem Kinderladen „Insel Schütt“ erworben. „Es ist die Zeit der Wohngemeinschaften, Flower-Power war angesagt“, so beschreiben die Casablanca-Betreiber selbst die Jahre der Anfänge. Und weiter heißt es: „Neue Lebensmodelle entstehen, Autoritäten werden infrage gestellt, verkrustete Strukturen werden gesprengt. Das gilt auch für die Gruppe der Kinderladen-Eltern.“

Diese vermieteten 1973 die Gewerberäume einer ehemaligen Druckerei im Rückgebäude an das neu gegründete „tak – Theater am Kopernikusplatz“. Dort fiel jedoch bereits 1976 der letzte Vorhang und es stand ein paar Monate leer, ehe die Nürnberger Kino-Brüder Weber das Casablanca eröffneten. Und das mit Erfolg.

Das Hinterhofkino in der Südstadt wurde Kult, die dazugehörige Kneipe bald ein Szenetreffpunkt. 1977 eröffnete schließlich im Vorderhaus die Creperie und 1985 erfolgte die Fassadenbemalung, die das besondere Haus noch besonderer machte.

2008 sollte dann Ende sein. Der Betreiber kündigte die Schließung an. Doch eine Interessengemeinschaft und letztlich der extra gegründete Verein Casa, der das Kino seither betreibt, ließen das Casablanca weiterleben. Und das Konzept des Filmkunsttheaters als „Kino mit Courage“ kommt an.

Auch der Fußball ist inzwischen im Casablanca angekommen. So ist schon der ein oder andere Film aus der Veranstaltungsreihe „Spiel ab!“ der Deutschen Akademie für Fußball-Kultur dort gezeigt worden, wie auch Beiträge zum Berliner „11mm-Fußballfilmfestival“. Denn diese Filmbeiträge werden auch „on tour“ geschickt, zum Beispiel ins Casablanca.

Anlässlich des 50. Jubiläums des FCN-Meistertitels von 1961 veranstaltete das Casablanca 2011 sogar selbst ein Fußballfilmfest mit dem Titel „Meister(träume)“. Da passt es auch, dass mit Bernd Siegler ein ausgewiesener Fußballkenner als 1. Vorstand für den Betreiberverein Casa tätig ist. Er ist nicht nur Autor mehrerer Fußballbücher, sondern auch Archivar des 1. FC Nürnberg.

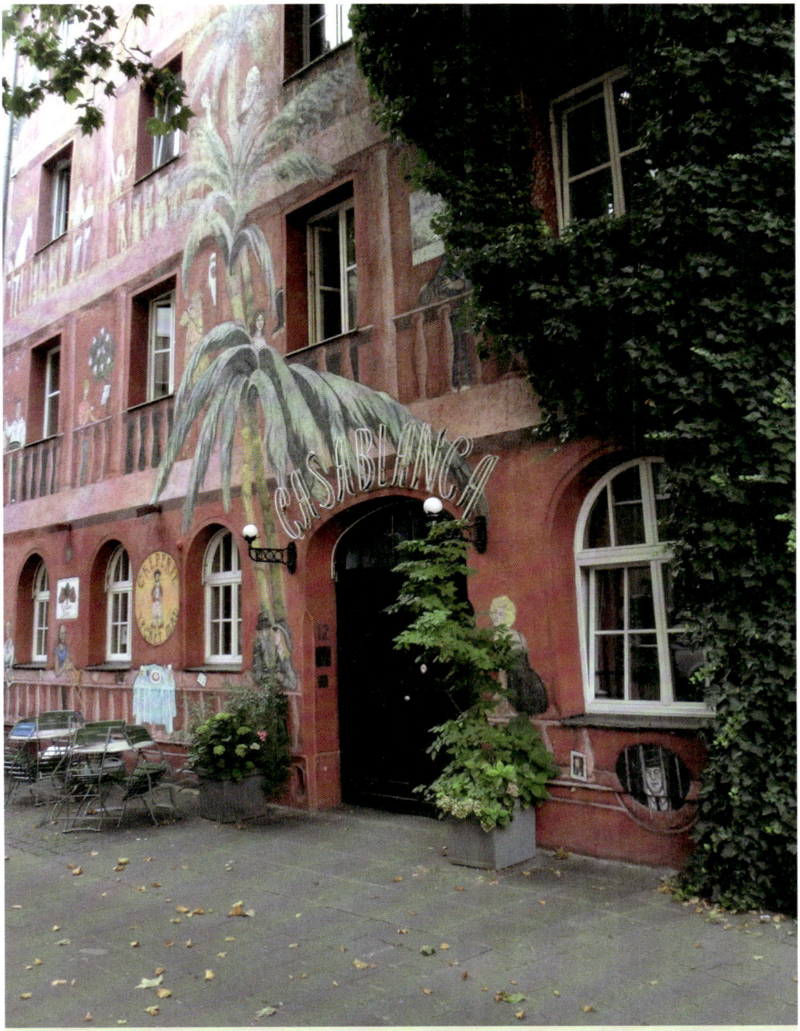

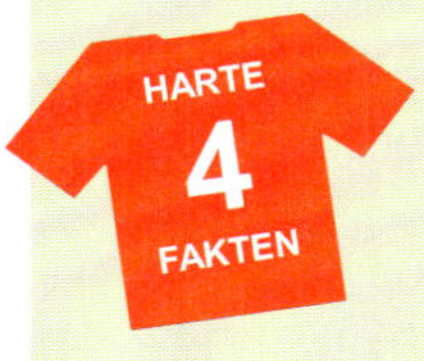

Adresse: Brosamerstraße 12, 90459 Nürnberg

Gründung: 1976

Kinosäle: 3

Sitzplätze gesamt: 177

Nürnberg 058

Club-Museum

Die große Legende lebt auch im Kleinen

Als man beim 1. FC Nürnberg das neue Funktionsgebäude am Valznerweiher plante war klar, dass nicht nur die verschiedenen Bereiche des Vereins hier unter einem Dach zusammengefasst werden sollen, sondern auch endlich ein Museum für den Club entstehen muss. Finanziert wurde das Vorhaben übrigens mittels einer im April 2010 ausgegebenen Fananleihe in Höhe von 6 Millionen Euro.

Als das Gebäude im Oktober 2012 fertiggestellt war, waren darin dann angemessene Räumlichkeiten für die Lizenzspielerabteilung, das Jugendinternat sowie die Verwaltung untergebracht. Doch für das Museum blieb lediglich die Fläche im Eingangsbereich. Auf nicht einmal 150 Quadratmetern sind seitdem knapp ebenso viele Exponate ausgestellt.

Klein aber fein lautet die Devise. Und tatsächlich gelingt es, die Legende vom Club, voll großartiger Erfolge, unerreichter Rekorde, vernichtender Niederlagen und unerklärlicher Missgeschicke erlebbar zu machen. Tore, Triumphe, Titel, Träume, Traumata, Tränen und Tiefschläge lässt man mit Schriften, Fotografien, Hörproben, Filmen und wertvollen Exponaten aufleben.

Und selbstverständlich gibt es auch die originalgetreuen Nachbildungen der vier wertvollsten Trophäen zu bestaunen, die es im deutschen Fußball zu gewinnen gibt beziehungsweise gab. Denn der 1. FC Nürnberg hat sie allesamt gewonnen: als neunfacher Meister die Viktoria und die Meisterschale, als viermaliger Pokalsieger den Goldfasanenpokal und den DFB-Pokal.

Die Größe ist also nicht das Entscheidende. Dank einer überzeugenden Ausstellung gelingt es, die grandiose Historie des FCN auch in einem Foyer zur Geltung kommen zu lassen.

Der imposante Anblick aller jemals gewonnen Trophäen bleibt den Cluberern sowieso für alle Zeit verwehrt, egal wieviel Fläche zur Verfügung stünde. Denn bereits seit dem 20. April 1940 fehlen 140 Siegespreise, Pokale und Medaillen. Sie wurden damals anlässlich der „Metallspende des Deutschen Volkes" abgeholt und landeten in Schmelzöfen, um Waffen für den Zweiten Weltkrieg daraus zu schmieden.

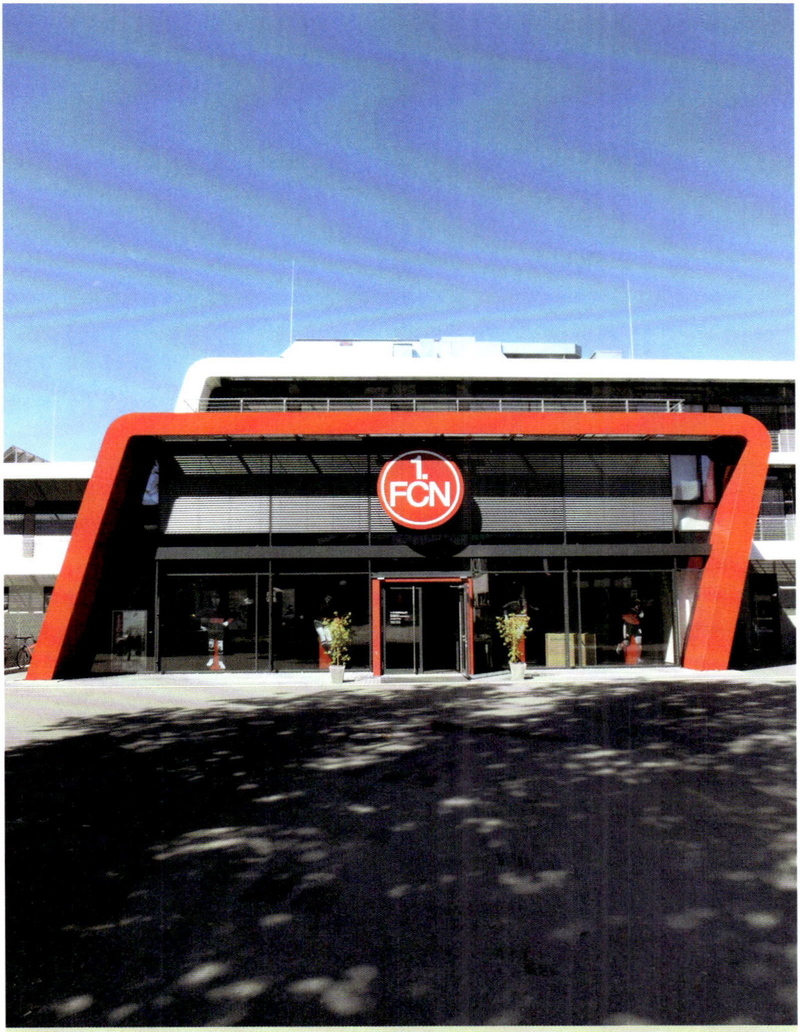

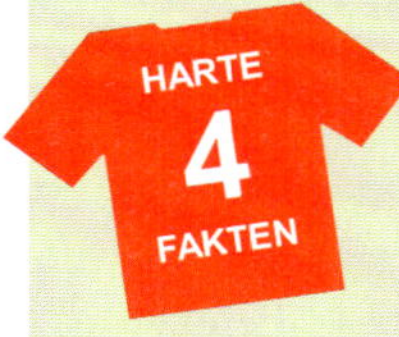

Adresse: Valznerweiherstraße 200, 90480 Nürnberg

Erbaut: 2012

Geöffnet: Montag bis Freitag zu Geschäftszeiten

Verein: 1. FC Nürnberg

DB Museum

Nächster Halt: Fußball

Was die Bahn und das älteste Eisenbahnmuseum der Welt mit Fußball zu tun haben? Nun, diese Frage beantwortete die Bahn zur Frauenfußball-WM 2011 selbst. Das Turnier wurde nämlich mit einer Sonderausstellung begleitet. Unter dem Titel „Nächster Halt: Sport“ wurden dabei erstmals die langjährigen Verflechtungen beleuchtet.

Eine Parallele, so hieß es, seien die Anfänge in der Industrialisierung und die anschließende weltweite Ausbreitung. Quasi als größter sichtbarer Beweis der engen Verbindung war der legendäre Diesel-Schnelltriebwagen VT 08 zu sehen. Der WM-Zug, mit dem die Helden von Bern 1954 triumphal aus der Schweiz heimkehrten.

Sie war ein Erfolg, die Ausstellung in Nürnberg, wo mindestens die deutsche Eisenbahn ihre Anfänge hatte. Und auch der Sonderzug hatte seinen Ursprung in der Noris. Denn erstmals in der Geschichte des deutschen Fußballs wurde ein solcher vor dem Meisterschaftsendspiel 1920 zwischen dem Club und Fürth eingesetzt. Er war auch nötig, um die zahlreichen Fans aus Franken zum Finalort nach Frankfurt zu befördern.

Die Einführung der Bundesliga 1963 sorgte dann für eine noch stärkere Frequentierung des Verkehrsmittels Bahn. „Der Spiegel“ berichtete nach dem Start, dass „Bundesdeutschlands Fußballvolk“ ein „hektisches Wochenende“ verbracht habe, und von „D-Zügen“, „in denen die Bundesbahn erstmals Fußball-Rabatt bis zu 60 Prozent gewährte“. Die neue bundesweite Spielklasse als „Ursache der fußballbeflügelten Reisewut, die sich sonst nur im Mai und Juni während der Endrundenspiele um die Deutsche Meisterschaft entlud“.

Aus all diesen Epochen kann man Züge im DB Museum bewundern, kann nachempfinden, wie einst der Großvater zu den Spielen reiste, und noch so vieles mehr.

Auf 6.800 Quadratmetern wird der Blick auf Vergangenheit, Gegenwart und Zukunft gerichtet, wobei „die technische Entwicklung nur einen von mehreren Erzählsträngen als Teil eines engen Beziehungsgeflechts“ bildet. Ein enges Beziehungsgeflecht, wie es auch der Fußball und die Bahn seit jeher haben.

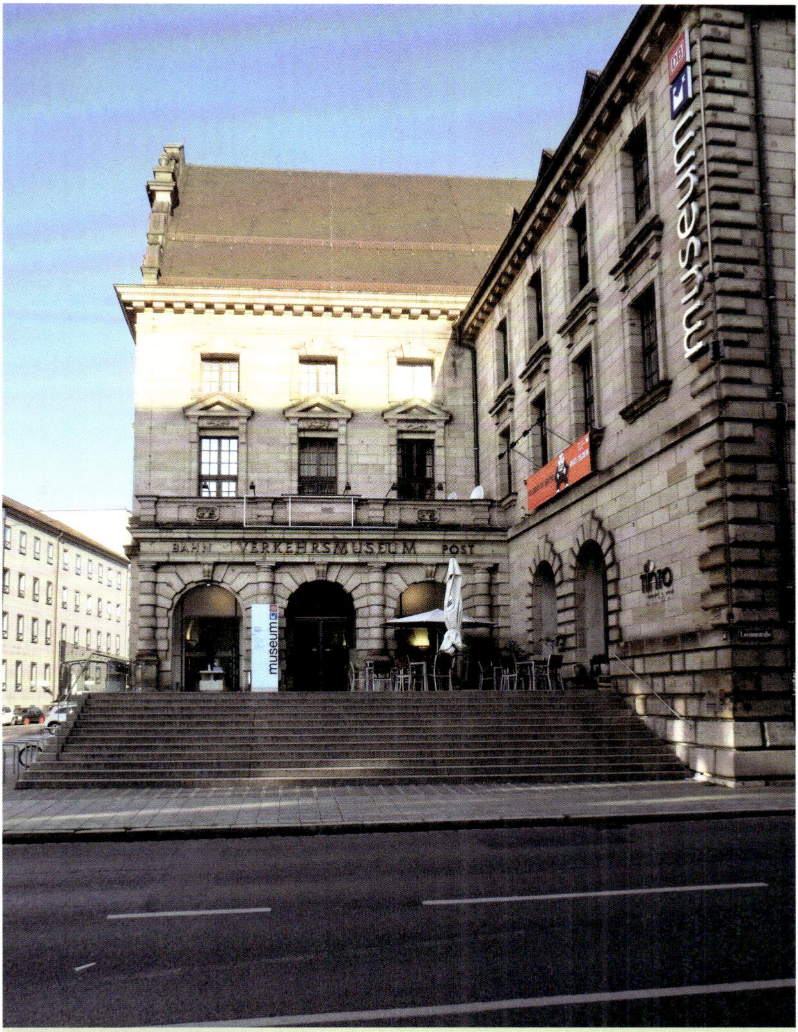

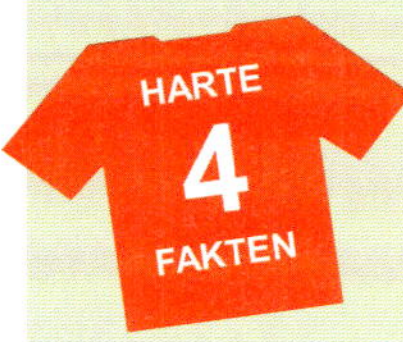

Adresse: Lessingstraße 6, 90443 Nürnberg

Gegründet: 1882

Geöffnet: Dienstag bis Sonntag

Träger: Deutsche Bahn Stiftung

Deutsche Akademie für Fußball-Kultur

Wo sonst?

Eine Akademie für die künstlerische Auseinandersetzung mit dem Fußball und kulturwissenschaftlich geprägten, kulturellen Phänomenen, die mit diesem Sport und seinen Fans in Verbindung stehen. Solch eine Institution kann natürlich nur dort ihre Heimat haben, wo auch die Fußballkultur ihr Zuhause hat: in Nürnberg!

Demzufolge wurde 2004 die Deutsche Akademie für Fußball-Kultur in der Frankenmetropole gegründet und ein Spielfeld für den Doppelpass von Fußball und Kultur geschaffen. Träger ist das städtische Amt für Kultur und Freizeit in Partnerschaft mit dem „Kicker“ und der „Team Bank“.

Seitdem setzt die Akademie immer wieder neue Akzente in Sachen Fußballkultur, auch als Ausrichter verschiedenster Veranstaltungen. Seit 2008 gibt es beispielsweise die Fußballbuch-Lesereihe „Kaltblütig verwandelt“ und ein Jahr später startete die Gesprächsreihe „Weißt du noch, damals ...!?“, die sich regelmäßig mit der Fußballhistorie beschäftigt.

Bereits seit 2006 wird der inzwischen renommierte Deutsche Fußball-Kulturpreis in unterschiedlichen Kategorien verliehen. Dabei wird das Fußballbuch des Jahres gekürt sowie der Fußball-Bildungspreis Lernanstoß und der Fanpreis vergeben. Außerdem gibt es den nach dem „Kicker“-Gründer benannten Walther-Bensemann-Preis, mit dem eine Person der Zeitgeschichte ausgezeichnet wird, die Besonderes im Sinne der Völkerverständigung für den Fußball geleistet hat.

Und natürlich wird auch der Fußballspruch des Jahres gewählt. Gewinner war zum Beispiel im Jahr 2014 der ehemalige Club-Trainer Gertjan Verbeek mit folgendem Ausspruch: „Ich hoffe, dass ich 90 Jahre alt werde. Dann kann ich sagen, ich hätte 100 werden können. Aber ich habe in Nürnberg gearbeitet.“

Während die Filmbranche also lediglich ihren „Oscar“ hat und nach Los Angeles muss, hat die Fußballkultur ihren „Max“ und darf aufregenderweise nach Nürnberg. Dort wird die Figur eines Fußballspielers, benannt nach Max Morlock, jedes Jahr im Oktober im Rahmen einer Gala vergeben.

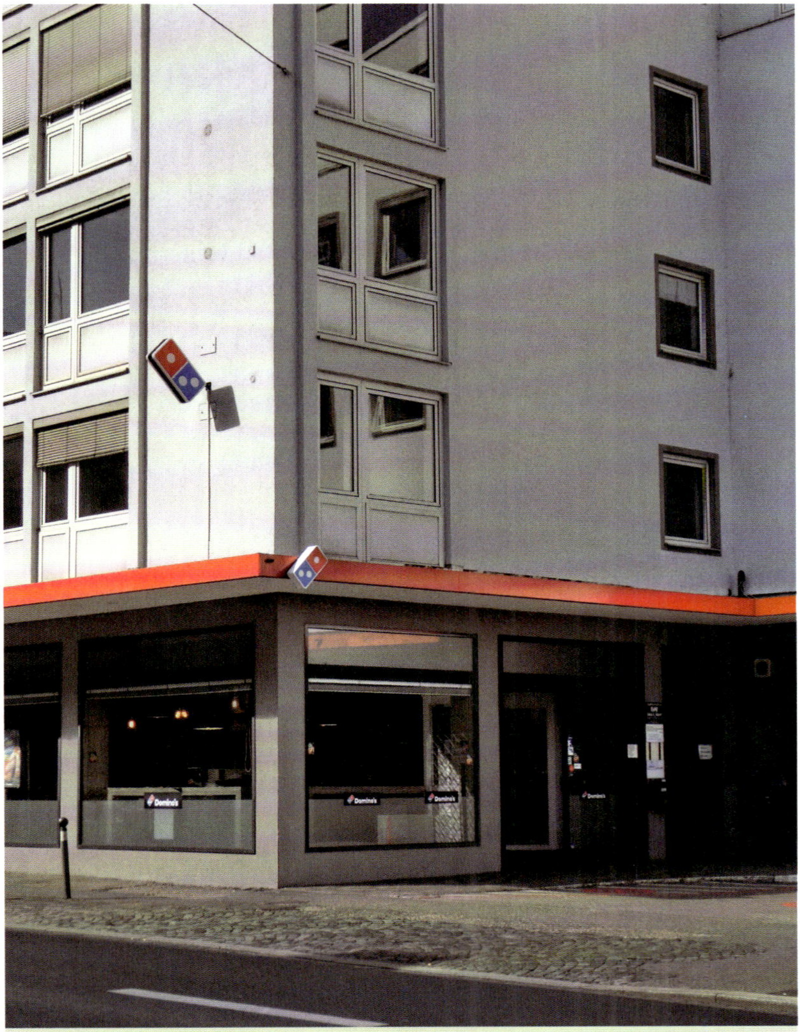

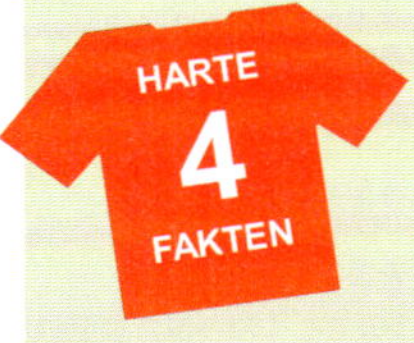

Adresse: Gleißbühlstraße 12-14, 90402 Nürnberg

Gründung: 2004

Verleihung Fußball-Kulturpreis: seit 2006

Träger: Amt für Kultur und Freizeit, Stadt Nürnberg

Deutschherrnwiese

Wo alles begann

Einst war dieses Gelände im Westen der Nürnberger Altstadt im Besitz des Deutschen Ordens, auch Deutschherrnorden genannt. Dieser gab der unmittelbar an der Pegnitz gelegenen Wiese ihren Namen.

Nachdem dort um 1830 ein Exerzierplatz eingerichtet worden war, wurde die Deutschherrnwiese ab Ende des 19. Jahrhunderts als Sportplatz genutzt, seit zirka 1888 auch von ein paar fußballbegeisterten Nürnberger Schülern. 18 von ihnen gründeten schließlich am 4. Mai 1900 den 1. FC Nürnberg in der nahegelegenen Gaststätte „Zur Burenhütte", die heute leider nicht mehr existiert.

Nach einem Probespiel gegen Mitarbeiter der Schuckertwerke Nürnberg, von denen die Mannschaft übrigens ihr erstes Regelheft erhalten hatte, kam es am 29. September 1901 zum ersten Wettstreit des 1. FC Nürnberg gegen einen anderen Fußballverein. Es war ein 2:0-Auswärtserfolg beim 1. FC Bamberg.

Das am 20. Oktober 1901 stattfindende Rückspiel war zugleich das erste Heimspiel der Nürnberger. Es fand auf der Deutschherrnwiese statt und endete mit einem klaren und triumphalen 5:1-Sieg über die Gäste aus Bamberg.

Im Sommer 1905 verließ der 1. FC Nürnberg dann seine erste Heimspielstätte, da der Stadtrat eine Einzäunung des Spielfelds untersagt hatte. Diese war wichtig, denn ohne Zaun gestaltete es sich schwierig, Eintrittsgelder zu verlangen – und Geld hat der FCN seit jeher nötig. Der Club zog daraufhin zunächst an die Ziegelgasse im Nürnberger Stadtteil Steinbühl.

Die Deutschherrnwiese war in späteren Jahren noch zeitweise Heimat des Nürnberger Volksfests, doch nach und nach wurde immer mehr Fläche zur Bebauung freigegeben. Inzwischen ist das Areal nahezu komplett bebaut.

An die große Deutschherrnwiese erinnert nur noch die hier verlaufende Deutschherrnstraße, in der sich einst auch das Club-Gründungslokal befand und an der nun beispielsweise die Wilhelm-Löhe-Schule und das Finanzgericht Nürnberg liegen. Ach ja, die verbliebene städtische Sportanlage Deutschherrnwiese ist heute übrigens eingezäunt.

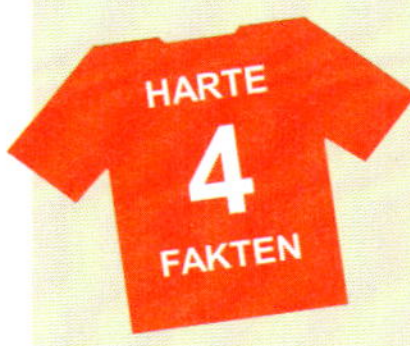

Adresse: Deutschherrnstraße 50, 90429 Nürnberg

Nutzung als Fußballplatz: ab zirka 1888

Nutzung durch den 1. FC Nürnberg: 1900 bis 1905

Eigentümer: Stadt Nürnberg

Hans-Kalb-Straße

Lautstark

Hans Kalb, Jahrgang 1899, war nicht nur mindestens „der beste deutsche Fußballer seiner Zeit", wie es Sepp Herberger formulierte, sondern auch Zahnarzt. Nachdem er sein Studium 1932 mit der Promotion abgeschlossen hatte, eröffnete Dr. Hans Kalb in Nürnberg seine Praxis.

Als man jedoch die Straße zwischen Club-Gelände und Stadion nach ihm benannte, ließ man den Doktor weg. Die Verantwortlichen haben sich wohl auch gedacht: Titel sind unwichtig, außer im Fußball. Und davon errang Hans Kalb etliche. Zwischen 1920 und 1927 gewann Kalb mit dem FCN sage und schreibe fünf Deutsche Meisterschaften.

Dabei organisierte er nicht nur die Abwehr der Club-Elf, sondern war auch Initiator des berühmt-berüchtigten Flachpass-Spiels des FCN in den Zwanzigern. Hans Kalb war ein Spieler mit größter Übersicht, höchstem taktischen Verständnis und verfügte zudem auch über eine immense Schusskraft. Von „Kanonenschüssen" war damals die Rede und der bekannte Spruch „Club ohne Kalb – halb" zeigt, wie wichtig er für die Mannschaft eingeschätzt wurde.

Hans Kalb war nicht nur Kapitän des 1. FC Nürnberg, sondern auch der deutschen Nationalmannschaft. Wobei seine internationale Karriere bereits während der Olympischen Spiele 1928 endete, als er sich im Spiel gegen Uruguay, zwar wohl zu Recht, aber zu oft und zu vehement, beim Schiedsrichter beschwerte. Das führte letztlich nicht nur zum Platzverweis, sondern auch zum Aus in der Nationalelf. Für sein lautstarkes Auftreten auf dem Feld war Kalb eben auch berühmt und berüchtigt.

Beim 1. FC Nürnberg zog Hans Kalb noch bis 1933, in insgesamt stolzen 681 Spielen, lautstark über den Fußballplatz. Er blieb dem FCN auch danach verbunden, war 1936 Trainer der Club-Meistermannschaft, verstarb jedoch bereits 1945.

Rund dreißig Jahre nach seinem Tod benannte man 1975 schließlich die Straße nach ihm, durch die nun bei Heimspielen die Club-Fans lautstark ziehen. Quasi in bester Kalb-Manier geht es durch die Hans-Kalb-Straße von der S-Bahn-Station zum Stadion und zurück.

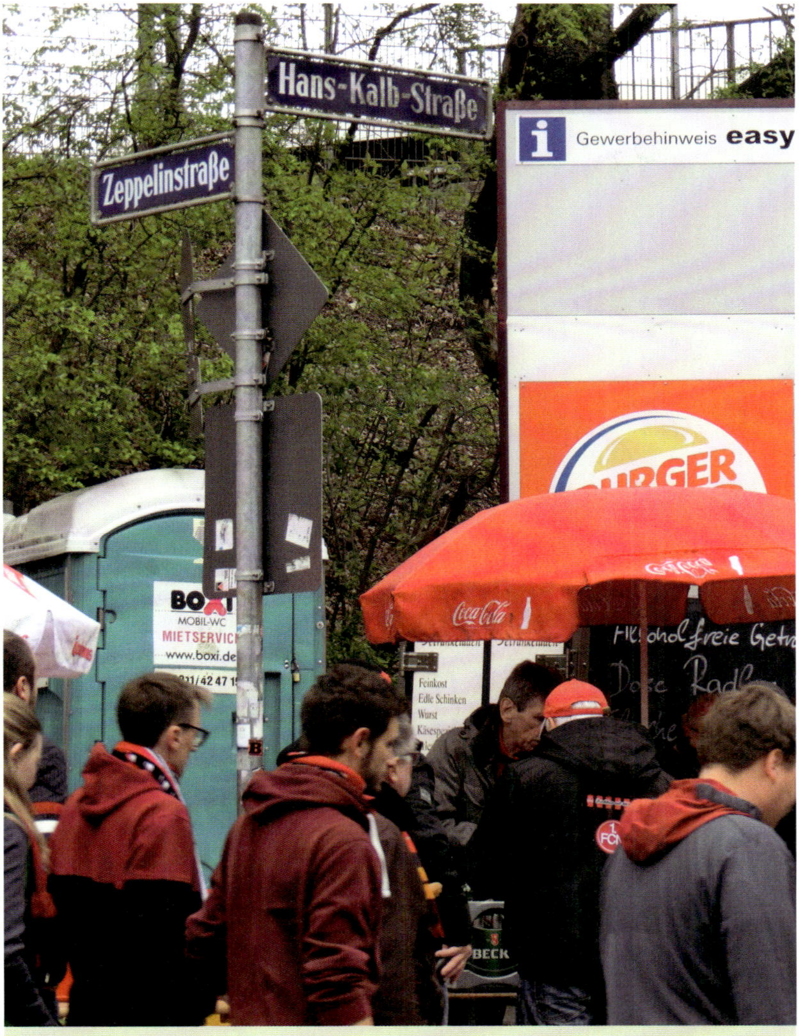

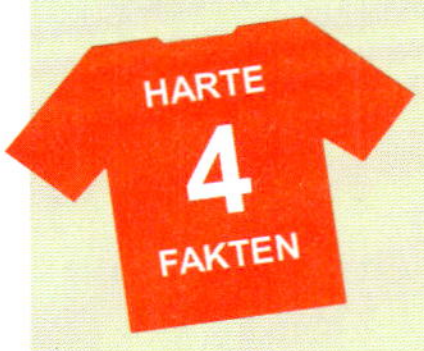

Adresse: Hans-Kalb-Straße, 90471 Nürnberg

Benannt nach Hans Kalb: 1975

Lage: zwischen Club-Gelände und Stadion

S-Bahn-Linien: S2 und S3

Heinz-Wenzel-Sportfeld

Vom ATSB-Vizemeister zum Integrationsmeister

Die SG Nürnberg Fürth 1883 ging 1998 aus der Verschmelzung der Vereine FSV Gostenhof 1883 und ESV Nürnberg-West Fürth hervor. Beide wiederum hatten selbst etliche Ursprungsvereine, der ESV West unter anderem den TuS Nürnberg-West.

Der TuS nahm einst am Spielbetrieb des Arbeiter-Turn- und Sportbundes, kurz ATSB, teil. Und das sehr erfolgreich. So setzten sich die Wester 1925 als Nürnberger Kreismeister auch in Süddeutschland durch und schafften es bis ins Halbfinale um die Deutsche ATSB-Meisterschaft.

1927 war der TuS erneut in Nürnberg und Süddeutschland siegreich und erreichte sogar das ATSB-Meisterschaftsendspiel. Dieses ging allerdings mit 1:4 gegen den Dresdner SV 10 verloren.

1933, mit der Machtergreifung der Nationalsozialisten, wurde der TuS Nürnberg-West aufgelöst und verboten. Ehemalige TuS-Mitglieder gründeten dann nach dem Zweiten Weltkrieg den TSV Nürnberg-West, der später zum ESV Nürnberg-West Fürth wurde.

Die Nachfolger des Deutschen ATSB-Vizemeisters von 1927 spielen heute an der Regelsbacher Straße im Nürnberger Westen. Dort hat die SG 1883 das Eisenbahnergelände gekauft und eine schmucke Sportanlage geschaffen. Das Heinz-Wenzel-Sportfeld, benannt nach dem 1. Vorsitzenden während des Auf- und Ausbaus des Fusionsvereins, verfügt sogar über ein paar Stehstufen, von denen ein kleiner Abschnitt überdacht ist.

Um Deutsche Meisterschaften spielt der Verein aber heute nicht mehr. Doch er spielt quasi den Doppelpass mit einem neunfachen Meister. Denn gemeinsam mit dem 1. FC Nürnberg startete die SG 1883 im Dezember 2015 das Projekt „Willkommen im Fußball“ und ist damit so etwas wie ein Integrationsmeister.

Dahinter steckt folgender Gedanke: „Fußball als eine wichtige Säule der Integration und als Möglichkeit zur Verarbeitung von belastenden Flucht-Erlebnissen.“ Und so sind bei den entsprechenden Trainingseinheiten auf dem Gelände der SG 1883, teilweise geleitet von Trainern der FCN-Jugend, „alle interessierten Geflüchteten jederzeit willkommen“.

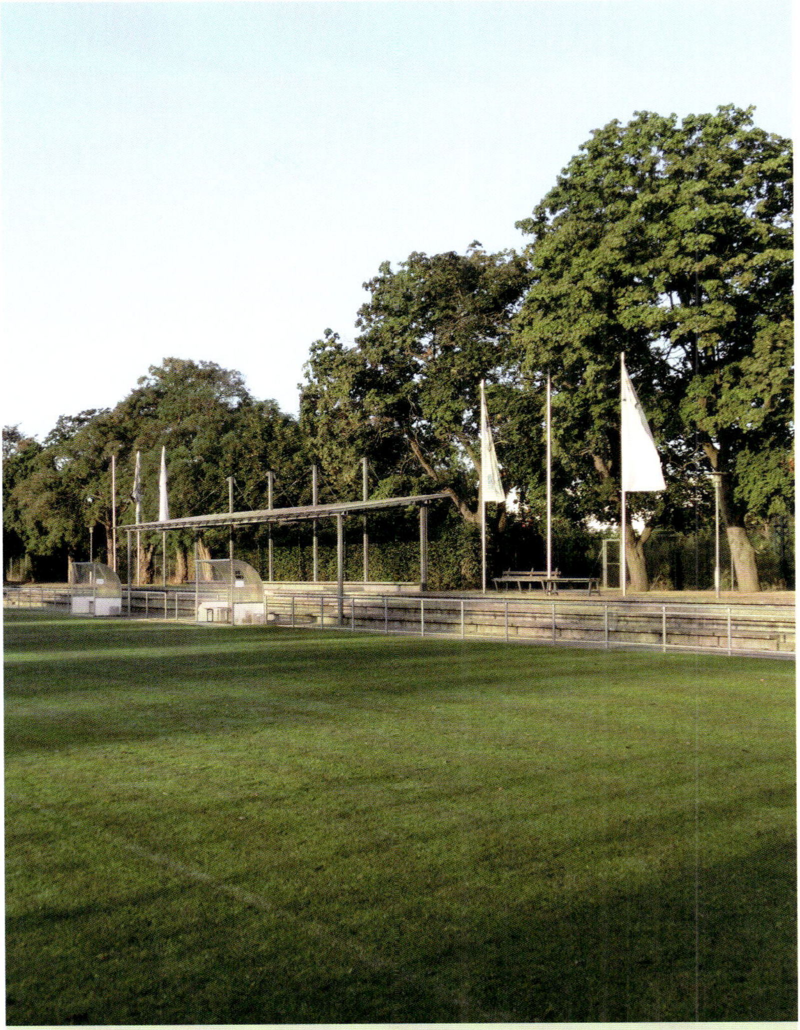

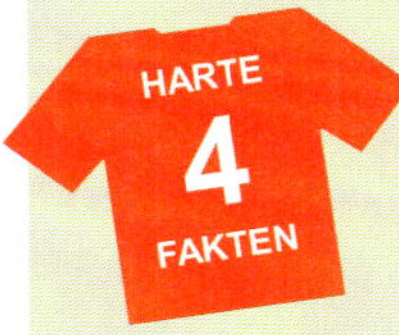

Adresse: Regelsbacher Straße 56, 90431 Nürnberg

Erbaut: 1998

Zuschauerkapazität: 3.000

Verein: SG Nürnberg Fürth 1883

Kicker-Redaktionsgebäude

Zentralorgan des deutschen Fußballs

Dass das größte Fußballmagazin als Hauptsitz die Stadt des größten Fußballvereins wählte, war irgendwie naheliegend. Gut, der Kicker konnte sich erst ab den dreißiger Jahren als Nummer 1 etablieren, während der 1. FC Nürnberg, nun ja, während der Club eben zu dem wurde, was er ist.

Gegründet worden ist der Kicker allerdings 1920 in Konstanz. Gründer, Verleger, Redakteur und Korrespondent in Personalunion war Walther Bensemann, der die druckfrischen Ausgaben sogar höchstpersönlich per Schubkarren zum Bahnhof und zur Post gebracht haben soll.

Nach einer Wanderschaft durch Süddeutschland wurden Bensemann und der Kicker schließlich 1926 in Nürnberg heimisch. Der Fußballpionier kam in die Fußballhochburg.

Die benachbarte SpVgg Fürth war gerade Deutscher Meister geworden, der Club schickte sich an, das Kleeblatt 1927 wieder abzulösen und seinen Vorsprung als Rekordmeister auszubauen.

Walther Bensemann gelang es in Nürnberg, den Kicker zu einem auch international angesehenen Fachblatt auszubauen. Dennoch verließ er schon 1933 Stadt und Magazin.

Walther Bensemann, jüdischer Abstammung, war von den zwischenzeitlich regierenden nationalsozialistischen Machthabern nicht erwünscht. Der Kicker-Gründer und auch Mitbegründer des Deutschen Fußball-Bundes musste in die Schweiz emigrieren, wo er 1934 verstarb.

Kriegsbedingt wurde der Kicker 1944 eingestellt, jedoch bereits 1946 vom Nürnberger Olympia-Verlag wiederbelebt. Das Magazin, heute eines der ältesten noch erscheinenden in Deutschland, wurde zum „Zentralorgan des deutschen Fußballs“, vergibt in jeder Saison die „Torjägerkanone“, ehrt den „Fußballer des Jahres“, bringt das kultige „Sonderheft“ samt „Stecktabelle“ heraus und betreibt das Internetportal „Kicker online“.

Sogar journalistische Ausflüge in Randsportarten, also alle außer Fußball, gibt es beim Kicker. Aber überwiegend geht es eben doch ums Kicken, wie es der Fallrückzieher der „Kicker-Statue“ vor dem Redaktionsgebäude in der Badstraße auch vermuten lässt.

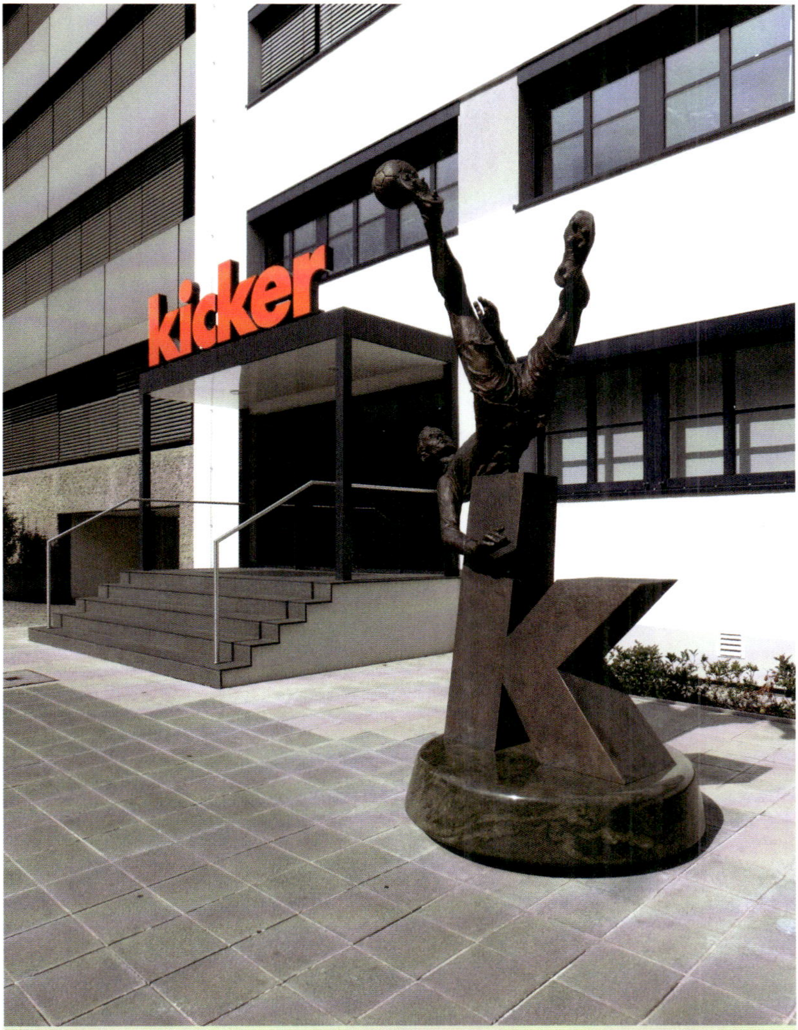

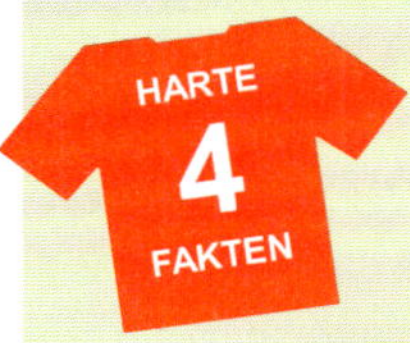

Adresse: Badstraße 4 – 6, 90402 Nürnberg

Gegründet: 1920

Auflage: montags ca. 140.000, donnerstags ca. 130.000

Reichweite: rund 3.000.000 Leser

Lotto-Toto-Laden Flachenecker

Ein Gewinn

Einen Lotto-Toto-Laden betreten viele wohl mit der Hoffnung auf einen großen Geldgewinn. Doch wird diese eher selten erfüllt. In Nürnberg hingegen kann allein schon der Besuch eines solchen Geschäfts, wie dem von Gustl Flachenecker, den eigentlichen Gewinn darstellen. Denn hinter dem Ladentisch steht ein waschechter Meisterspieler des 1. FC Nürnberg, mit dem man stets ein paar Takte über den Herzblutclub wechseln kann.

Es waren auch nicht zuletzt diese Annahmestellen, die für die familiäre Prägung der Beziehung von Fans und Spielern sowie für die tiefe Verwurzelung des FCN in der Region sorgten. Zeitweise war es fast schon Gewohnheit, dass Club-Spieler einen solchen Laden führten um ihre Existenz zu sichern.

Pionier diesbezüglich war Seppl Schmitt, der gemeinsam mit seinem Bruder Fritz früh die staatliche Genehmigung zur Durchführung von Fußballwetten erhielt. In der ersten Toto-Saison der Bundesrepublik zählte er dann auch gleich zu den großen Gewinnern. Als Trainer führte Seppl Schmitt den 1. FC Nürnberg 1948 zum Meistertitel.

Zumindest was den Lotto-Toto-Laden angeht, taten es ihm viele Meisterspieler gleich, wie Albrecht, Brungs, Ferschl, Herbolsheimer, Hilpert, Leupold, Heinz Müller, Reisch, Hans Uebelein oder Julius Uebelein. Auch Nandl Wenauer betrieb einen. Ihm selbst glückte sogar einst im wahren Leben so etwas wie ein Sechser im Lotto. Oder besser noch als das: Am 24. Juni 1961 wurde er an ein und demselben Tag Vater eines Sohnes und Meister mit dem Club.

Ja selbst Max Morlock nahm Tippscheine entgegen. Und als er 1950 einen sehr lukrativen Wechsel nach Italien ausschlug, verwies er auch auf sein erst im Vorjahr eröffnetes Lotto-Toto-Geschäft. Darin stand der Weltmeister von 1954 fast täglich bis zu seinem Tod im Jahr 1994.

Inzwischen haben sich viele ladenbetreibende Club-Legenden zur Ruhe gesetzt oder sind verstorben. Aber Gustl Flachenecker sieht man noch heute beinahe jeden Tag hinter dem Tresen seines in vielerlei Hinsicht gewinnbringenden Ladens.

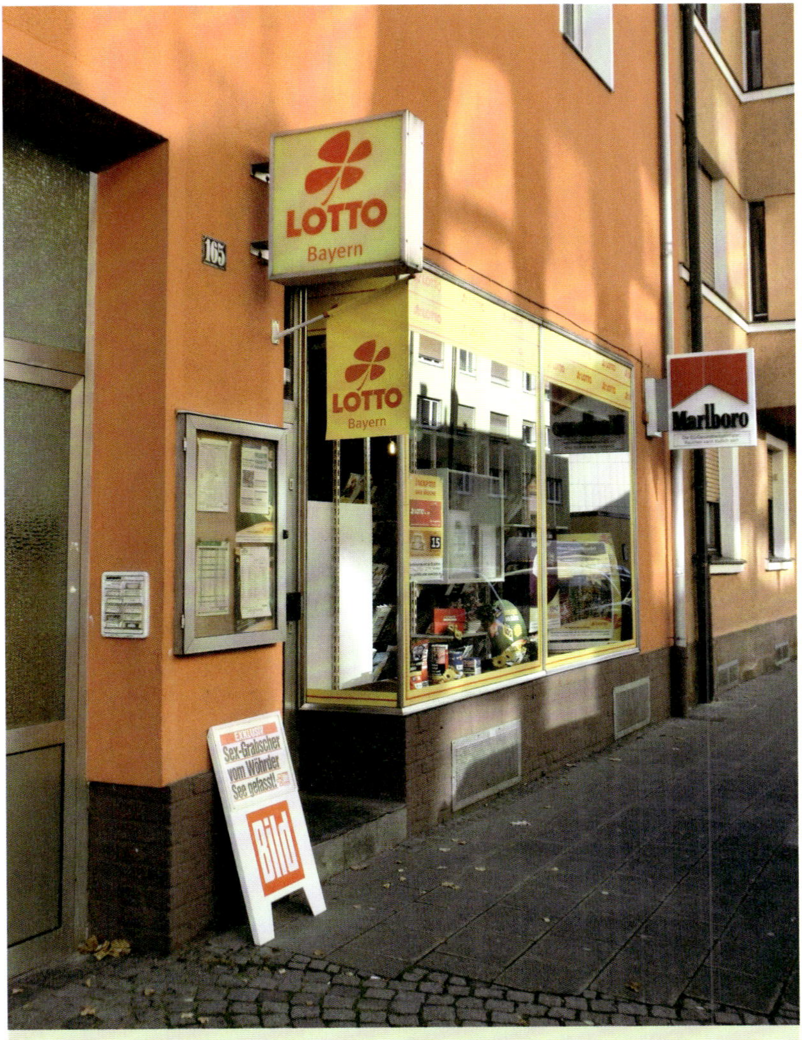

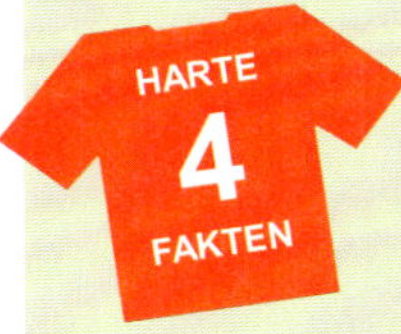

Adresse: Rothenburger Straße 165, 90439 Nürnberg

Inhaber: Gustav „Gustl“ Flachenecker

Flacheneckers Titel: Meister 1961, Pokalsieger 1962

Vergleichbare Institution: Rudi Sturz, Lorenzkirche

MAN-Werk

Mannschaften bewegen? Nürnberg kann!

Die Wurzeln des Weltkonzerns MAN, ehemals Maschinenfabrik Augsburg-Nürnberg, reichen bis in das Jahr 1758 zurück. Bis zur Gründung einer Nutzfahrzeugsparte sollte es da aber freilich noch dauern.

Am 21. Juni 1915 wurden schließlich die Lastwagenwerke MAN-Saurer, wie es damals noch hieß, in das Handelsregister der Stadt Nürnberg eingetragen. Wenig später verließ dann der erste Lastwagen, und bald auch schon der erste Bus, die Fabrik.

Waren Busse damals noch schlichte Fahrzeuge, die der bloßen Beförderung vieler Personen dienten, kommen sie heute eher als Luxusgefährte daher. Zumindest wenn es sich um Mannschaftsbusse von Profifußballteams handelt. Da wird dann auch mal die Standardbestuhlung mit 54 Sitzen durch nur 36 Sessel ersetzt, um die Beinfreiheit zu erhöhen. Jeder dieser Sessel hat natürlich eine Beinauflage, damit die erschöpften Stars die Beine hochlegen können. Und daneben gibt es sogar elektrisch versenkbare Karteltische, die auf Wunsch als Massagebank genutzt werden können.

Das Ganze wird meist angetrieben von einem fränkischen Herz mit bis zu 500 PS. Denn das internationale MAN-Kompetenzzentrum für Entwicklung, Produktion und Vertrieb von Dieselmotoren ist in Nürnberg. Damit fahren dann unter anderem die MAN-Buspartner Borussia Dortmund, Bayern München oder Paris St. Germain. Und mit der Marke Neoplan bewegt MAN beispielsweise den FC Schalke 04 oder den Club.

Dessen Mannschaftbus musste wiederum im Juli 2015 einen berühmt-berüchtigten Stopp einlegen. „Es gibt nichts, was es nicht gibt, zumindest beim 1. FC Nürnberg. Nach dem 3:6 am Montagabend beim SC Freiburg musste der Mannschaftsbus des Club auf der Rückfahrt auf einer Raststätte halten", berichtete der „Sportinformationsdienst". „Gut 250 Personen umringten den Bus, erst nach 40 Minuten ging die Fahrt weiter", hieß es ferner über die nächtliche Unterredung, zu der enttäuschte Fans die Mannschaft bewegten, wobei die Gespräche laut Agentur-Bericht „friedlich in ruhigem und besonnenen Ton geführt worden" sind. So ruhig eben, wie ein MAN-Motor läuft.

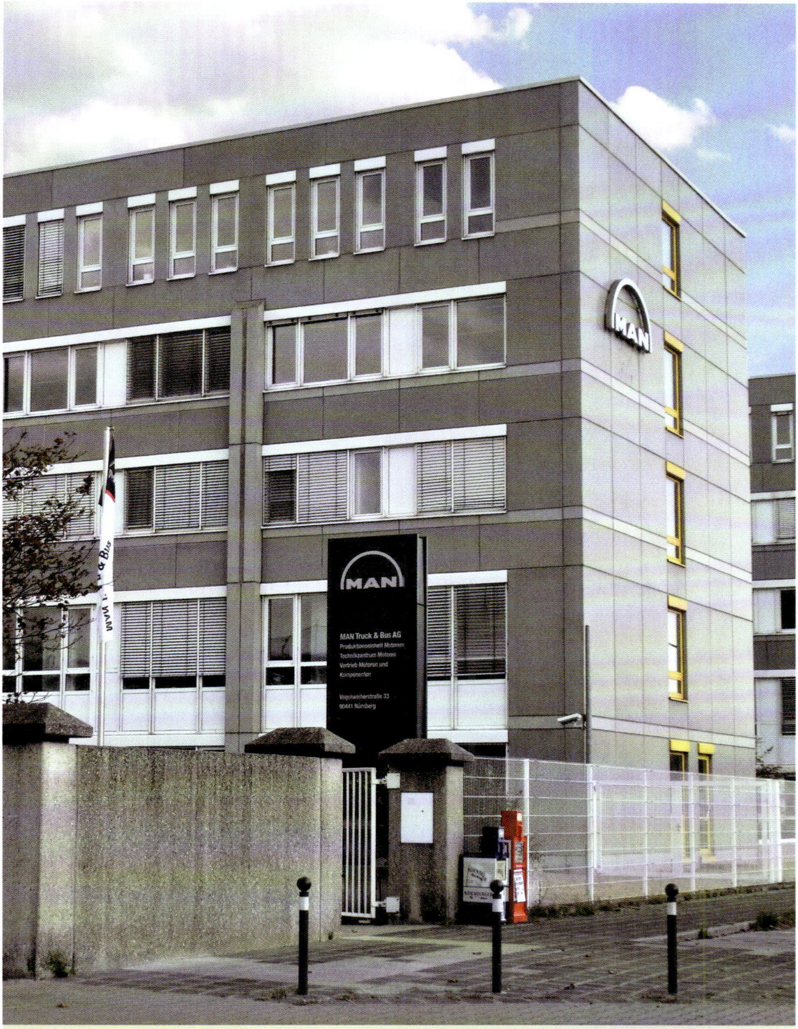

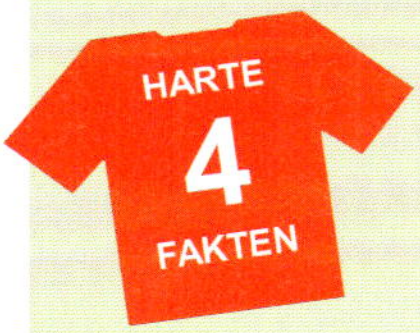

Adresse: Vogelweiherstraße 33, 90441 Nürnberg

Konzerngründung: 1758

Gründung Nutzfahrzeugsparte: 1915

Konzernmitarbeiter weltweit: ca. 54.000

Nürnberg 067

Max-Morlock-Platz

Das schönste Denkmal, das ein Mensch bekommen kann

Sein nicht schönstes, aber vielleicht wichtigstes Tor erzielte Max Morlock in einem Schweizer Stadion. Es war der 1:2-Anschlusstreffer im Finale von Bern 1954, in dessen Folge Deutschland mit 3:2 gegen Ungarn gewann und erstmals Weltmeister wurde.

Doch natürlich war es nicht nur dieses Tor, das Morlock quasi zu einem Nürnberger Stadtheiligen machte. In 26 Länderspielen erzielte er fantastische 21 Treffer. Mit dem Club wurde er 1948 und 1961 Deutscher Meister, bestritt insgesamt 900 Spiele für den 1. FC Nürnberg, dessen Trikot er ein Vierteljahrhundert trug. Wie kein zweiter prägte Max Morlock in dieser Zeit die fußballerischen Geschicke des Vereins in der Gau-, Ober- und Bundesliga. Zudem ist er auch der einzige Fußballer, der in jeder dieser drei höchsten Spielklassen aktiv war.

Für all dies hat er reichlich Auszeichnungen erhalten, wurde beispielsweise 1961 zu Deutschlands Fußballer des Jahres gewählt. Bereits 1995, nicht mal ein Jahr nach seinem Tod, wurde der Platz vor dem Stadion nach Morlock benannt. Auch steht seit 2008 ein fanfinanziertes Denkmal in Lebensgröße im Norden des Achtecks.

Diese Ehrungen drücken die Bedeutung des Weltklassefußballers Max Morlock für den Club, für Nürnberg und für den Fußball aus. Sie sind aber auch eine Würdigung seiner Persönlichkeit und dessen, dass er stets ein Inbegriff in Sachen Bescheidenheit und Bodenständigkeit war. Und selbst bei jüngeren Menschen, die ihn gar nicht mehr erleben durften, ist seine Beliebtheit ungebrochen.

So wird Morlock nicht nur das schöne Denkmal hinter der Nordkurve gerecht, der Platzname oder die 2017 erfolgte Umbenennung des einst vom deutschen Architekten Otto Ernst Schweizer entworfenen Stadions, sondern allen voran auch der Satz eines phonetisch gleich klingenden Philosophen namens Schweitzer. Der Friedensnobelpreisträger Albert Schweitzer, auch Arzt und Theologe, sagte nämlich einmal: „Das schönste Denkmal, das ein Mensch bekommen kann, steht in den Herzen seiner Mitmenschen."

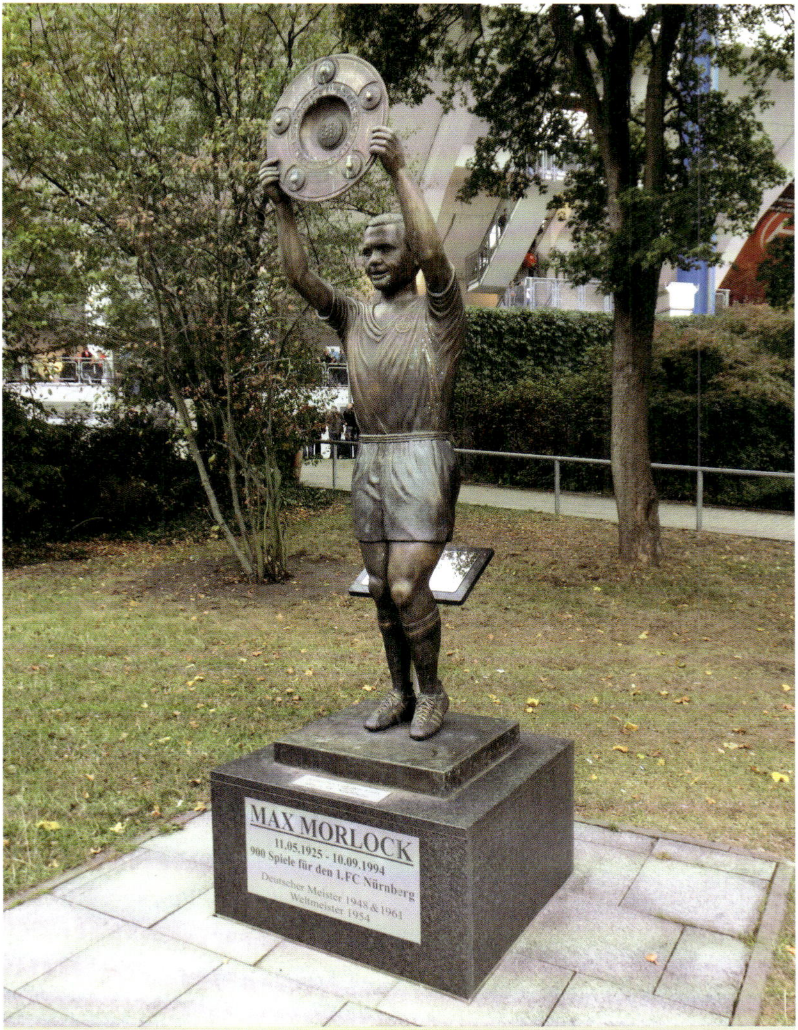

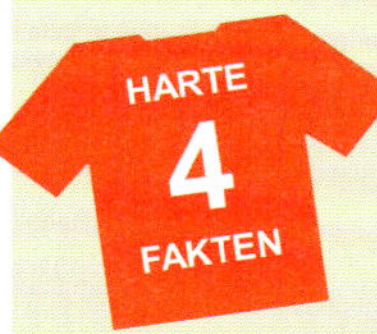

Adresse: Max-Morlock-Platz, 90471 Nürnberg

Morlocks Lebensdaten: 11. 5. 1925 – 10. 9. 1994

Umbenennung Platz: 1995

Errichtung Denkmal: 2008

Nürnberg 068

Max-Morlock-Stadion

Das Achteck

Das Stadion Nürnberg wurde 1928 eingeweiht und war nicht nur ein Stadion, sondern ein 49 Hektar großer Volks- und Sportpark. Im Zentrum stand freilich die „Hauptkampfbahn" mit der imposanten Achteckform und einer großen Sitzplatztribüne.

Die gesamte Anlage war ein für die damalige Zeit herausragender Sportpark, mit dem sich Nürnberg auch als Austragungsort für die Olympischen Spiele 1936 bewarb. Nachdem aber Berlin die von den Nationalsozialisten bevorzugte Bewerberstadt war, zog man die Kandidatur zurück. Schlecht wären Nürnbergs Chancen aber wohl nicht gewesen, wurde doch das Stadion Nürnberg im Rahmen der Olympischen Spiele 1928 in Amsterdam sogar mit Olympischem Gold in der Sparte „Kunstwettbewerb: Architektur" ausgezeichnet.

Der Volks- und Sportpark musste dann bald großteils weichen, da in diesem Teil der Stadt das Reichsparteitagsgelände gebaut wurde. Auch die damals 40.000 Zuschauer fassende „Hauptkampfbahn" erfuhr dabei erste bauliche Veränderungen.

Nach dem Zweiten Weltkrieg beschlagnahmte das US-Militär das Stadion. Und erst als es wieder freigegeben wurde, zog ab den Sechzigern dauerhaft der Fußball ein. Bis dahin war dies nämlich nur gelegentlich der Fall, beispielsweise bei Länderspielen. Der Wechsel des ruhmreichen 1. FC Nürnberg vom legendären Zabo in die nun Städtisches Stadion genannte Spielstätte führte auch zu einigen Umbauten. Ab 1965 bot es knapp 65.000 Plätze, wobei der Zuschauerrekord bei 75.000 liegt. Erreicht wurde dieser im Jahr 1971, als der Club nur zweitklassig war, und nur deshalb, weil das Publikum auch auf der Laufbahn Platz nahm.

Solche Zuschauermassen sind seit dem großen Umbau 1991 und der „Versitzplatzung" nicht mehr möglich. Dafür wurde das Stadion damals komplett überdacht und auf den Namen Frankenstadion getauft. Zur WM 2006 wurde dann noch mal renoviert und das Spielfeld 1,5 Meter tiefer gelegt. Heute hat es 50.000 Plätze, noch immer die einmalige Achteckform und nach einigen Wirrungen den würdevollen Namen Max-Morlock-Stadion.

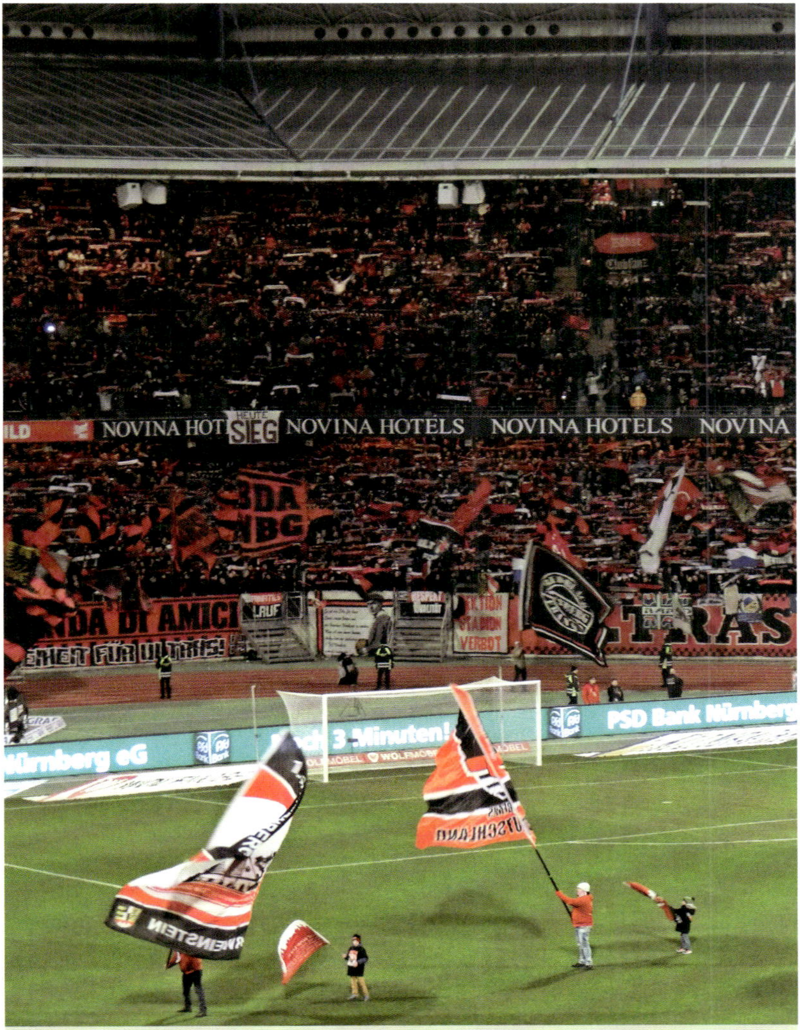

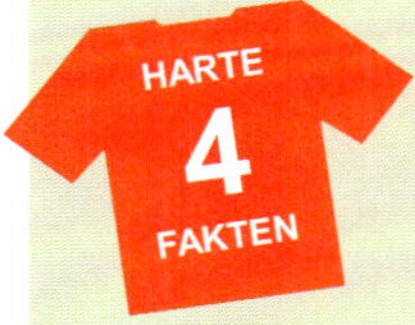

Adresse: Max-Morlock-Platz 1, 90471 Nürnberg

Erbaut: 1928

Zuschauerkapazität: 50.000

Verein: 1. FC Nürnberg

Sebaldusklause

Stuhlfauths „Gifthüttn"

Die legendäre Sebaldusklause stand einst im Schulgäßchen, an der Südseite der Sebalduskirche, auf die man zwischen 2014 und 2016 wegen der Baustelle der neuen IHK-Zentrale einen einmaligen Blick von der Waaggasse hatte.

Die im Zweiten Weltkrieg zerstörte und anschließend leider nicht wieder aufgebaute Sebaldusklause war ein kleines hübsches Fachwerkhaus, vermutlich aus dem 14. Jahrhundert, mit einem laubumringten Vorbau. Im Volksmund nannte man das Gasthaus auch scherzhaft „Gifthüttn", wegen der Mengen an Alkoholischem, die stets flossen.

Dort konnte man so manche Berühmtheit aus Kunst, Politik und Sport treffen, wie „Kicker"-Gründer Walther Bensemann oder den englischen Topstürmer Dixie Dean. Zudem hatte das Lokal ab den Zwanzigern den größten Star sogar als Wirt: Heiner Stuhlfauth.

Denn fünf gewonnene Endspiele um die Deutsche Meisterschaft ohne Gegentor ließen den Weltklassetorhüter schon zu Lebzeiten zu einer Legende werden. Zudem war der Torwart des 1. FC Nürnberg einst auch Rekordnationalspieler und zeitweise Kapitän der Nationalelf.

Stuhlfauths Berühmtheit wird hinsichtlich der Gästezahlen natürlich auch sehr förderlich gewesen sein. Und so saß der Mann, der mit seiner fränkischen Bierruhe verblüffte, oft lange höchstpersönlich im Schankraum. Eine Anekdote erzählt, dass er selbst bei einem wichtigen Spiel noch eine halbe Stunde vor Anpfiff in seiner „Gifthüttn" hockte. Dann erst sprang er aufs Motorrad, brauste zum Zabo, betrat in allerletzter Minute die Kabine und sagte trocken, dass er nun da sei: „Dou bin i".

Er spielte 1928 sogar im Film „Die Elf Teufel" mit. Nicht nur das, auch die Tatsache, dass Stuhlfauths Name größer als der aller anderen Mitwirkenden auf dem Filmplakat stand, ist ein deutliches Indiz für seinen Stellenwert.

Und so verwundert es dann auch wenig, dass er noch 1956, über 20 Jahre nach seinem Karriereende und nur zwei Jahre nach Deutschlands erstem WM-Titel, in einer „Kicker"-Umfrage zum populärsten deutschen Fußballer gewählt wurde.

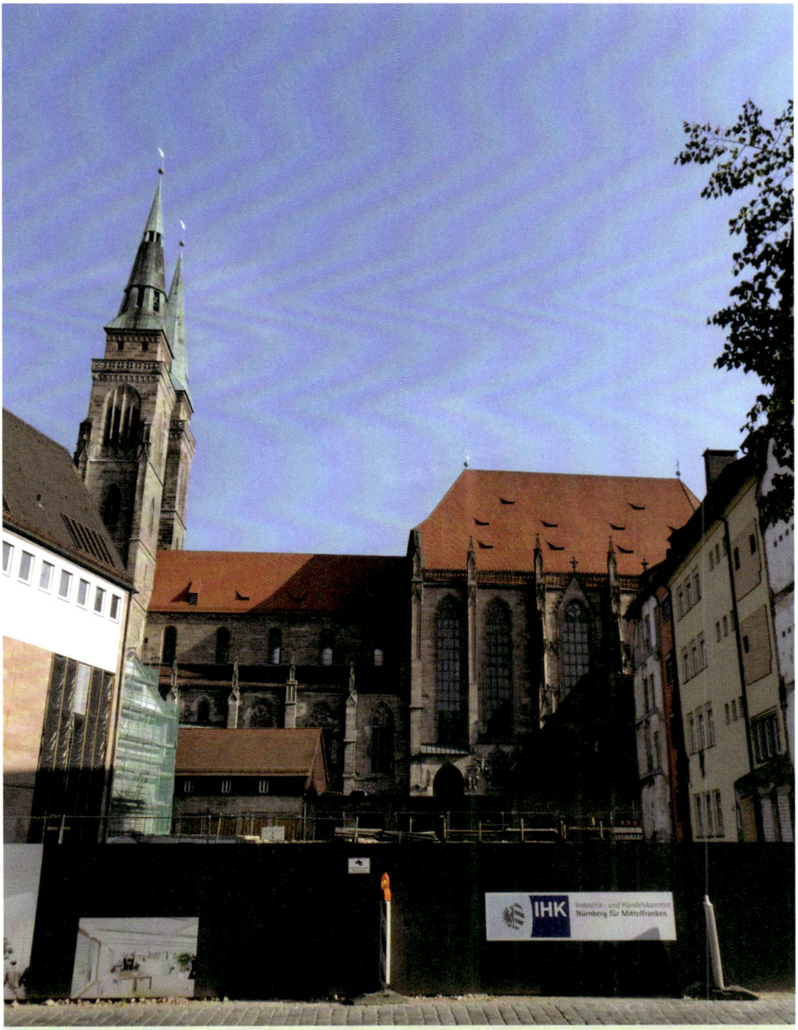

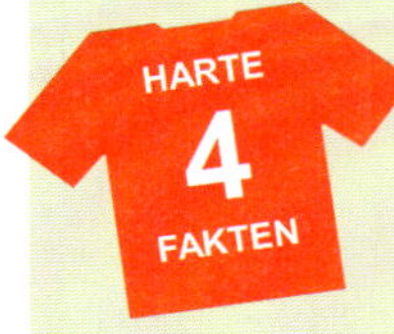

Adresse: Schulgäßchen, 90403 Nürnberg

Berühmtester Wirt: Heiner Stuhlfauth

Stuhlfauths Lebensdaten: 11. 1. 1896 – 12. 9. 1966

Motto: „Ein guter Torwart wirft sich nicht."

Silbersee

Der Wahn vom größten Stadion der Welt

Idyllisch wirkt er, der Silbersee. Doch die Warnschilder stehen dort nicht ohne Grund. Totenköpfe weisen auf Badeverbot und Lebensgefahr hin, denn seit dem Zweiten Weltkrieg sind in diesem Gewässer schon zirka fünfzig Menschen ums Leben gekommen.

Auch wenn die Gegend nicht so aussieht, am benachbarten Silberbuck wurde jahrzehntelang Schutt und Müll entsorgt. Da die Schadstoffe in das Grundwasser und damit in den Silbersee ausgewaschen werden, wurde dieser eine toxisch stark belastete Wasserfläche. An manchen Stellen weist der Geruch von faulen Eiern deutlich auf austretenden Schwefelwasserstoff hin.

Belastet ist das Areal noch in anderer Hinsicht. Denn an dieser Stelle sollte einst das Deutsche Stadion entstehen, ein gigantomanisches Bauwerk der Nationalsozialisten. Eine Arena in Hufeisenform mit einer Fassadenhöhe von knapp 90 Metern und Platz für gewaltige 400.000 Zuschauer.

1937 wurde mit den Arbeiten begonnen. Albert Speer war damit beauftragt, nichts Geringeres als das größte Stadion der Welt zu bauen. Freilich nicht als reine Fußballarena. Hitler soll darauf beharrt haben, dass die Olympischen Spiele, die 1940 in Tokio geplant waren, in der Folge für alle Zeiten im Deutschen Stadion in Nürnberg stattfinden.

Um die Sichtverhältnisse und die Akustik für dieses Unterfangen zu testen, wurden im Hirschbachtal bei Hersbruck sogar Versuchstribünen errichtet. Da ein dortiger Hang am Stockbühl in etwa den gleichen Steigungswinkel wie die einst geplanten Stadiontribünen hat, errichtete man ebenda ein 1:1-Teilmodell. Dabei entstand rund ein Zehntel des Deutschen Stadions mit rund 42.000 Plätzen.

Während man die Hirschbachtaler Überreste noch heute sehen kann, versanken die Nürnberger Anfänge des Bauvorhabens im Silbersee. Aufgrund des Kriegsausbruchs kam das Deutschen Stadion nicht wesentlich über die Baugrube hinaus.

Die notwendige Grundwasserhaltung mittels Pumpenanlagen wurde noch bis 1945 aufrechterhalten. Danach füllte sich die Grube mit Wasser. Der Silbersee entstand.

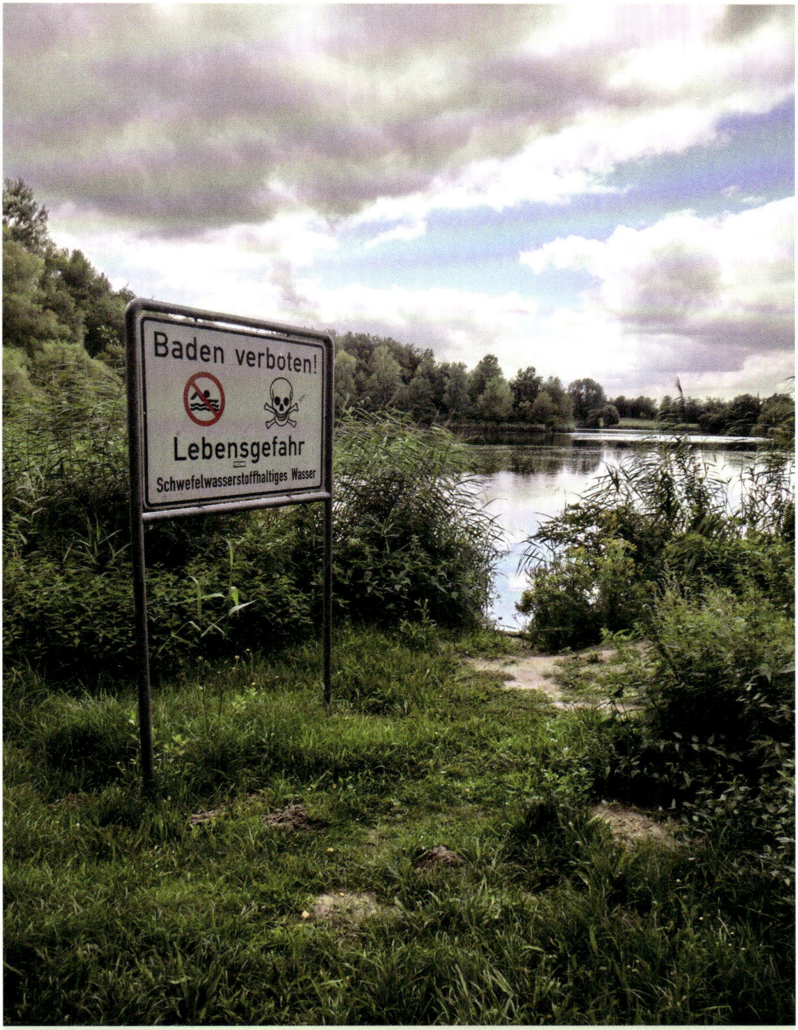

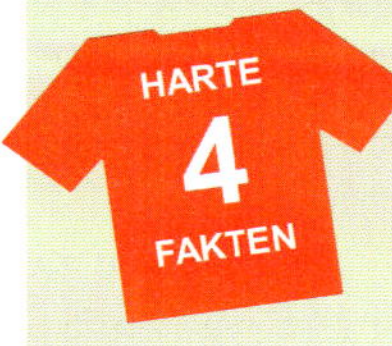

Adresse: Große Straße, 90471 Nürnberg

Grundsteinlegung Deutsches Stadion: 9. 9. 1937

Geplante Kapazität: 400.000

Architekt: Albert Speer

Spielwarenfabrik Bing

Ein Mitarbeiter namens Hirsch

Als im späten 19. Jahrhundert in Nürnberg die große Zeit der industriellen Spielwarenfabrikation begann, war die Firma Bing mit von der Partie. 1895 erfolgte die Umwandlung in eine Aktiengesellschaft und zu Beginn des 20. Jahrhunderts wurde auf einem Areal an der Stephanstraße mit der Errichtung einer neuen Fabrik begonnen. Deren Endausbau war 1916 nach sukzessiven Erweiterungen erreicht.

In dieser erfolgreichen Zeit, als sich das Unternehmen selbst als „größte Spielwarenfabrik der Welt" bezeichnete, trat Julius Hirsch seine Stelle bei Bing an. Hirsch war nicht nur gelernter Kaufmann, sondern auch ein hochgeschätzter Fußballer, der 1910 mit dem Karlsruher FV Meister geworden war und 1912 am Olympischen Fußballturnier teilnahm.

Warum der Nationalspieler 1913 nach Franken wechselte ist unklar. War es der Liebe wegen, war es die berufliche Verbesserung, die lockte, oder der Ruf seines ehemaligen Karlsruher Trainers William Townley?

Townley trainierte inzwischen die SpVgg Fürth und dieser schloss sich auch Julius Hirsch an. Prompt führte „Juller", wie er auch genannt wurde, das Kleeblatt 1914 als Kapitän zur Meisterschaft.

Während des Ersten Weltkriegs diente er als Soldat und war danach wieder bis 1919 bei der Nürnberger Spielwarenfabrik Bing tätig. Anschließend kehrte er nach Karlsruhe zurück.

Der zweifache Deutsche Meister, siebenmalige Nationalspieler und mit dem Eisernen Kreuz II. Klasse ausgezeichnete Frontsoldat wurde später wegen seiner jüdischen Abstammung von den Nationalsozialisten verfolgt und 1943 in das Konzentrationslager Auschwitz-Birkenau deportiert. Dort verliert sich seine Spur. 1950 wurde er mit Datum vom 8. Mai 1945 für tot erklärt.

2005 rief der DFB in Erinnerung an Julius Hirsch einen nach ihm benannten Preis ins Leben, mit dem jährlich Personen und Organisationen geehrt werden, die sich in besonderer Weise für Freiheit, Toleranz und Menschlichkeit einsetzen. Und in Fürth wurde 2014 eine neue Turnhalle nach dem Meisterspieler und ehemaligen Bing-Mitarbeiter benannt.

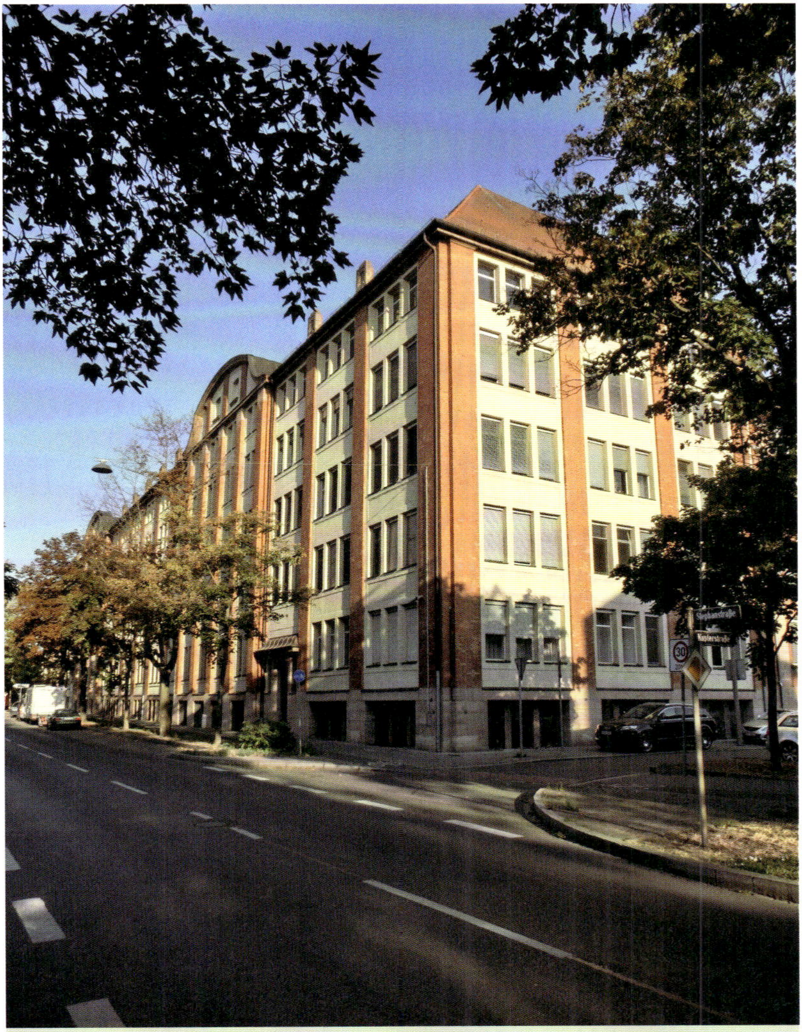

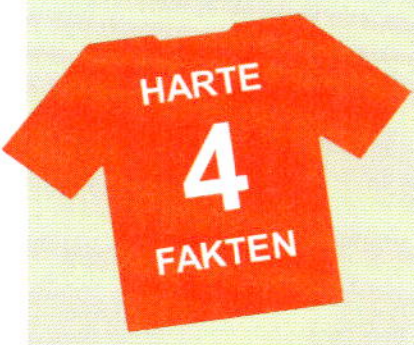

Adresse: Stephanstraße 49, 90478 Nürnberg

Geburtstag des ehem. Mitarbeiters Hirsch: 7. April 1892

Konkurs der Firma Bing: 1932

Heutige Gebäudenutzung: Diehl-Hauptverwaltung

Sportgerätefabrik Berg

Der Weltmeisterball und mehr

Der Ursprung der Firma Kaspar Berg, Spezialfabrik für Sport- und Turngeräte, geht auf das Jahr 1861 zurück. Anfangs noch Eisengießerei und ansässig im Nürnberger Stadtteil St. Peter, befasste sich das Unternehmen zunächst mit der Herstellung von Stalleinrichtungen, Eisenkonstruktionen und mit Brückenbau.

Ab 1911 führte Wilhelm Berg die Firma, die um 1900 in den Stadtteil Mögeldorf übergesiedelt war, und erkannte die Chancen der einsetzenden Sportbewegung.

In der Folge zeichnete beispielswiese die Prüfungskommission bei den Olympischen Spielen 1928 in Amsterdam „unter all den vielen Marken die Berg-Geräte als die besten der Welt" aus. Und 1936 wurde der vielleicht legendärste Boxkampf aller Zeiten mit Boxhandschuhen aus Nürnberg-Mögeldorf ausgetragen – der Jahrhundertkampf zwischen Max Schmeling und Joe Louis.

Doch auch im Fußball war Berg nach dem Zweiten Weltkrieg sehr aktiv. So wurden beispielsweise Fußballtore aus Alu in Nürnberg hergestellt und natürlich die berühmten Fußbälle. Handgefertigt, auf der Innenseite mit einer Zugkraft von 50 Pfund genäht, in einem Spezialbad wasserfest gemacht und mindestens 396 Gramm schwer.

Mit einem dieser Bälle wurde Deutschland 1954 auch erstmals Fußball-Weltmeister. Es war der von der FIFA in Auftrag gegebene Berg-Superball, der beim „Wunder von Bern" im Einsatz war. Passenderweise erzielte dann auch ein Nürnberger mit dem gelblichen Ball aus Nürnberg Deutschlands erstes Tor in einem WM-Finale: Max Morlock.

In den achtziger Jahren brachte dann der schärfer werdende Wettbewerb mit den Großkonzernen das mittelständische Unternehmen Berg in Bedrängnis. Dies führte 1987 zur Übernahme durch die oberbayerische Fritzmeier-Gruppe, die nur fünf Jahre später die Produktion einstellte. Europas älteste Sportartikelfirma erlosch. Sport Berg verschwand, wie der hohe Kamin mit dem markanten Schriftzeichen, der das Fabrikgelände in Mögeldorf einst überragte.

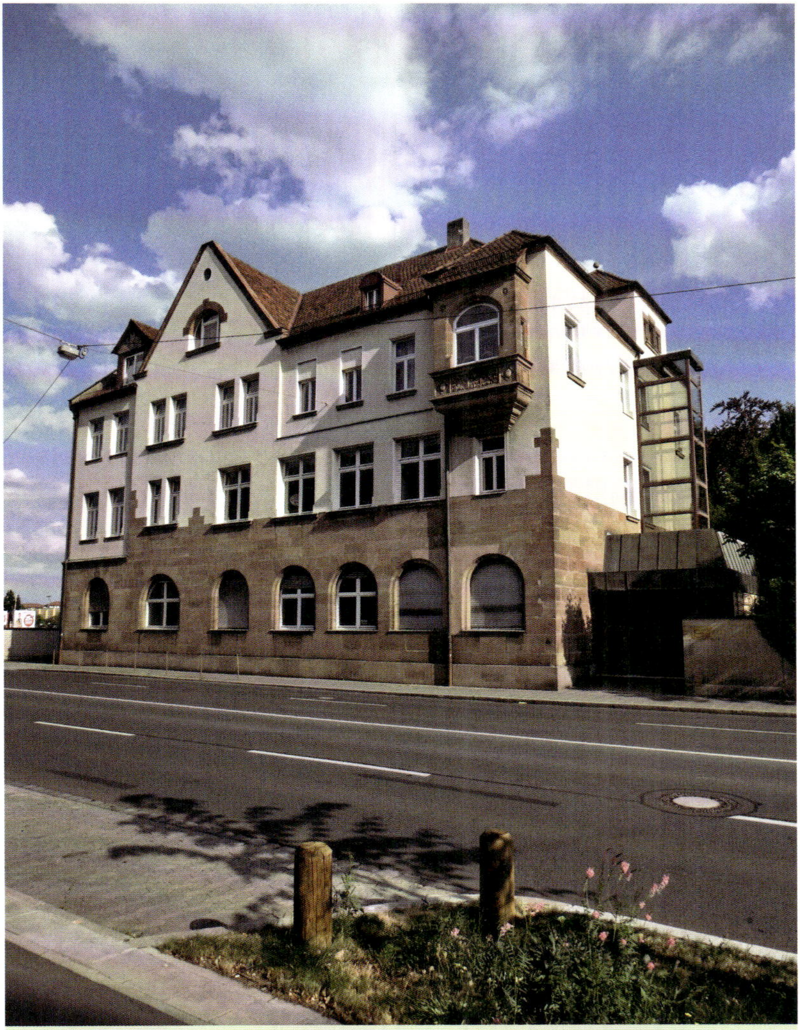

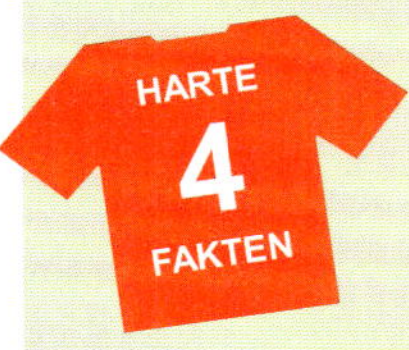

Adresse: Laufamholzstraße 70, 90482 Nürnberg

Gründung: 1861

Erloschen: 1992

Bekanntestes Produkt: Berg-Superball zur WM 1954

Sportplatz Dientzenhoferstraße

Zwei Meisterschaften und eine Zwangsauflösung

In der Zeit zwischen dem Ersten und dem Zweiten Weltkrieg war der Deutsche Fußball-Bund nicht der einzige Verband, der Fußballmeisterschaften durchführte. Auch die Deutsche Turnerschaft, der katholische Sportverband Deutsche Jugendkraft und der sozialistische Arbeiter-Turn- und Sportbund, kurz ATSB, krönten einen Deutschen Fußballmeister.

Allerdings erlangte keiner dieser Verbände die Bedeutung des bürgerlichen DFB. Auch der ATSB nicht, obwohl der Sportverband der Arbeiterbewegung zweifelsohne der ernsthafteste Konkurrent war und sogar eine eigene Nationalmannschaft aufstellte. Doch selbst der Arbeiter-Turn- und Sportbund kam im Jahr 1931 lediglich auf 140.000 Mitglieder, während der DFB damals schon 1,5 Millionen hatte.

Einer der erfolgreichsten Arbeiterfußballvereine war der TuS Nürnberg-Ost. Gegründet 1897 als TV Jobst-Erlenstegen, errangen die Oster 1930 ihren ersten Deutschen ATSB-Meistertitel durch einen 6:1-Endspielsieg gegen den Bahrenfelder SV aus Hamburg. Ein Jahr später erreichte der TuS das Halbfinale und 1932 folgte der zweite Titelgewinn. Diesmal besiegten die Oster die FT Cottbus 93 mit 4:1. Es war zugleich einer der letzten großen Auftritte des Arbeitervereins. Denn nach der Machtergreifung durch die Nationalsozialisten 1933 begann die politische Zerschlagung des ATSB. Die meisten Vereine wurden zwangsaufgelöst, so auch der TuS Nürnberg-Ost.

Nach dem Zweiten Weltkrieg gründeten dann ehemalige Mitglieder zusammen mit dem TSV Südost Nürnberg die Sportvereinigung Nürnberg-Ost. 1964 erfolgte der Kauf des Geländes an der Dientzenhoferstraße und schließlich 2001 die Fusion mit dem benachbarten Sportbund Morgenrot-Mögeldorf zur Sportvereinigung Mögeldorf.

Dieser Großverein hat seitdem an einer beachtlichen Sportanlage gearbeitet. Der „sportliche Erlebnispark", wie ihn der Verein selbst bezeichnet, erstreckt sich auf 71.000 Quadratmeter. Dort verfügen die Mögeldorfer nicht nur über acht Fußballplätze, sondern sogar über eine moderne vereinseigene Mehrzweckhalle.

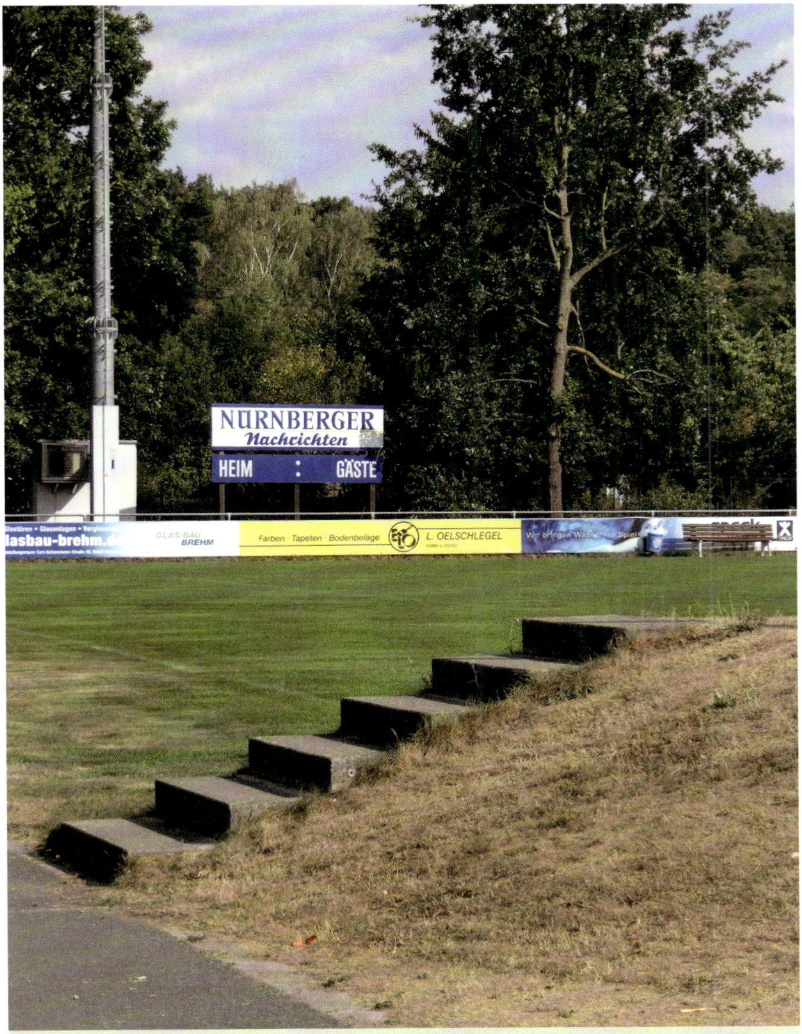

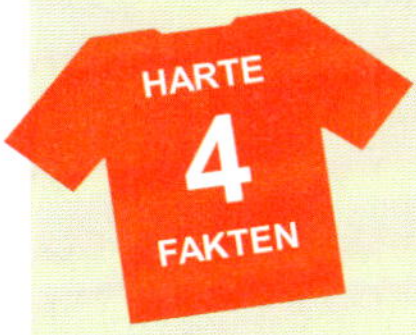

Adresse: Dientzenhoferstraße 26, 90480 Nürnberg

Erbaut: 1964

Zuschauerkapazität: 3.000

Verein: SpVgg Mögeldorf

Nürnberg 074

Sportplatz Wacholderweg

Katholischer Rekordmeister

Im Jahr 1920 wurde im unterfränkischen Würzburg der katholische Sportverband Deutsche Jugendkraft gegründet. „Jugendkraft“, das steht für die Summe der positiven, kraftvollen und kreativen Eigenschaften der Jugendzeit, die auch in allen anderen Lebensabschnitten zur Geltung kommen sollen. Nicht nur in Deutschland war dies um die vorletzte Jahrhundertwende ein häufig und gern verwendeter Begriff. Prominentes Beispiel ist „Juventus“ in Italien.

Der abgekürzt DJK genannte Sportverband führte in unregelmäßigen Abständen sogar eigene Fußballmeisterschaften durch. Und wie damals auch bei den anderen Verbänden, dem DFB, der Turnerschaft oder dem Arbeiter-Turn- und Sportbund, stachen hier Franken hervor und unterstrichen den ausgezeichneten Ruf der Fußallhochburg Nürnberg-Fürth. Es war die DJK Sparta Nürnberg, die 1927 erstmals Meister wurde und sich im Endspiel in Köln gegen die DJK TuS 08 Homberg-Hochheide mit 6:1 durchsetzte. Dass dies keinesfalls eine Nebensächlichkeit war, drückt alleine schon die Zuschauerzahl von 40.000 aus.

1932 folgte dann der nächste Titel für die Spartaner. Im Finale in Dortmund wurde die DJK Adler Essen-Frintrop vor 35.000 Zuschauern mit 5:2 besiegt. Mit ihrer zweiten Meisterschaft zog Sparta zudem mit der DJK Essen-Katernberg gleich, wurde auch zum Rekordmeister und blieb es. Denn es war die letzte DJK-Fußballmeisterschaft.

Während der Zeit des Nationalsozialismus wurden nämlich ab 1933 die ersten DJK-Ortsvereine aufgelöst und der katholische Sportverband 1935 im Rahmen der Gleichschaltung der Sportorganisationen verboten.

Doch sowohl der DJK-Verband, als auch die DJK Sparta, wurden nach dem Zweiten Weltkrieg wiedergegründet. Heute zählt der katholische Sportverband rund 500.000 Mitglieder in zirka 1.100 Vereinen, die nun in die Landes- und Fachsportverbände integriert sind.

Die Spartaner, die zwischenzeitlich mit der DJK Noris fusionierten, spielen heutzutage also nicht mehr in Großstadien um Deutsche Meisterschaften, sondern am Wacholderweg um Punkte in der A-Klasse.

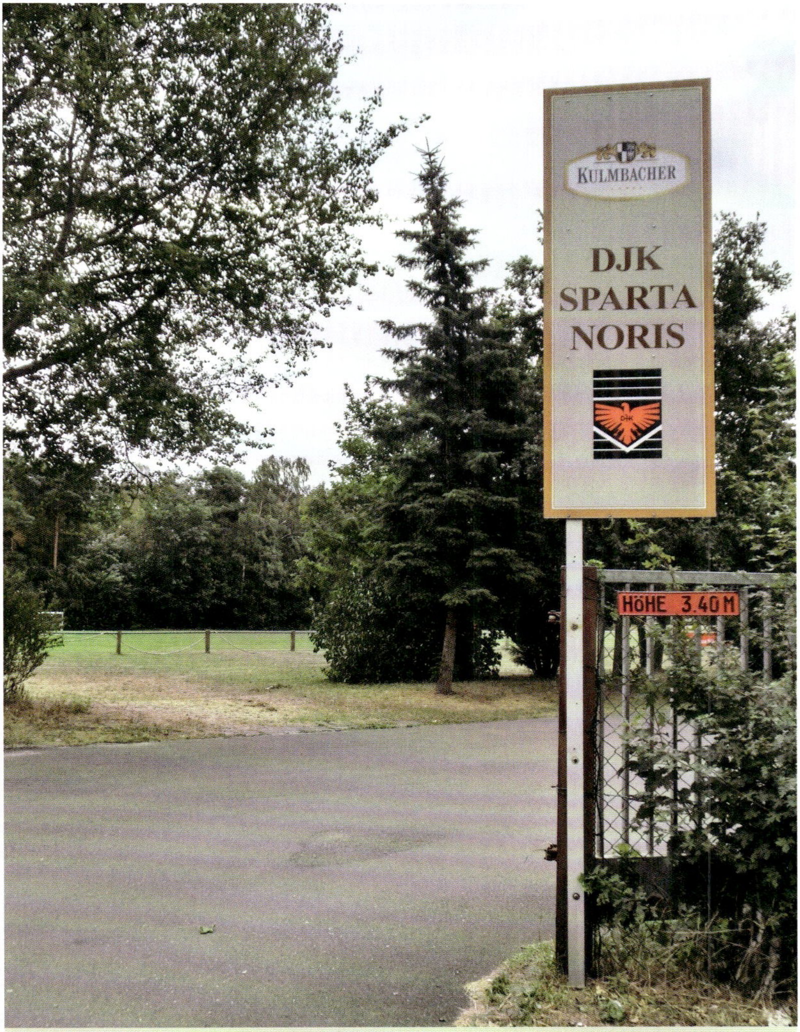

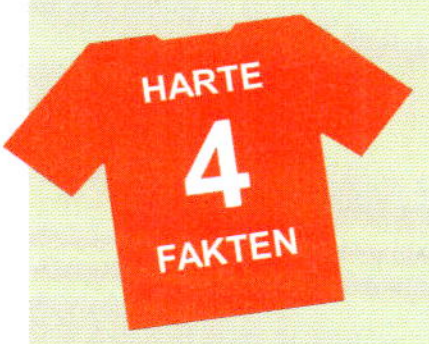

Adresse: Wacholderweg 60, 90441 Nürnberg

Erbaut: 1951

Zuschauerkapazität: 3.000

Verein: DJK Sparta Noris Nürnberg

Staatstheater

Ein Stück gegen das Vergessen

„Wir spielen miteinander, wir töten uns nicht. Wir sterben für den Club, aber weil wir für ihn weiterleben. Wer für das Vaterland stirbt, liegt unter der Erde. Wer für den Club stirbt, läuft auf ihr und lässt den Feind laufen, der nur ein Gegner ist, dem man nach dem Spiel die Hand gibt, selbst wenn er aus Fürth kommt. Wir geben uns die Hände, wir sind keine Handlanger des Hasses." Ein Zitat aus dem Theaterstück „Linke Läufer (Erster sein)" von Albert Ostermaier.

Uraufgeführt wurde es 2016 am Staatstheater Nürnberg, in der sogenannten „Blue Box" im Schauspielhaus. Dabei hat Ostermaier „die Spur des fast Vergessenen aufgenommen. Der Nürnberger Sozialwissenschaftler Bernd Siegler sicherte sie bei der Recherche über die Club-Historie, die begeisterungsfähige Fangruppe ‚Ultras' holte 2012 im Stadion mit einer Massen-Choreografie zu Konrads Ehren die Erinnerung aus der Aktenlage auf den Rasen zurück", so der Feuilletonist Dieter Stoll.

Es geht also um Konrad, Jenö Konrad, der dem von ihm „so empathisch verehrten Verein" einst folgende Worte widmete: „Der Club war der erste. Und muss der erste werden." Der angesehene Trainer jüdischen Glaubens war 1930 aus Wien zum 1. FC Nürnberg gekommen und galt als Hoffnungsträger. 1932 führte er den Club ins Halbfinale um die Deutsche Meisterschaft, verließ dann jedoch den Verein zu dessen Bedauern wegen einer antisemitischen Hass- und Hetzkampagne der nationalsozialistischen Zeitung „Der Stürmer".

Jenö Konrads charmante Tochter Evelyn sagte Jahrzehnte später, „es gab zwei Gründe, warum wir nach Wien zurück sind: Vati wollte dem 1. FCN nicht schaden und zudem hatten wir es nicht nötig, diese scheußlichen Angriffe zu dulden." Es folgte eine Odyssee quer durch Europa, ehe sich die Familie in New York eine neue Existenz aufbaute.

Im Theaterstück hält Konrad eine ergreifende Abschiedsrede in der Club-Mannschaftskabine, ein großer, pathetischer Monolog in Halbzeitlänge. Die zweite Halbzeit ist ein grandioser Redezweikampf mit einem SA-Mann namens „Stürmer".

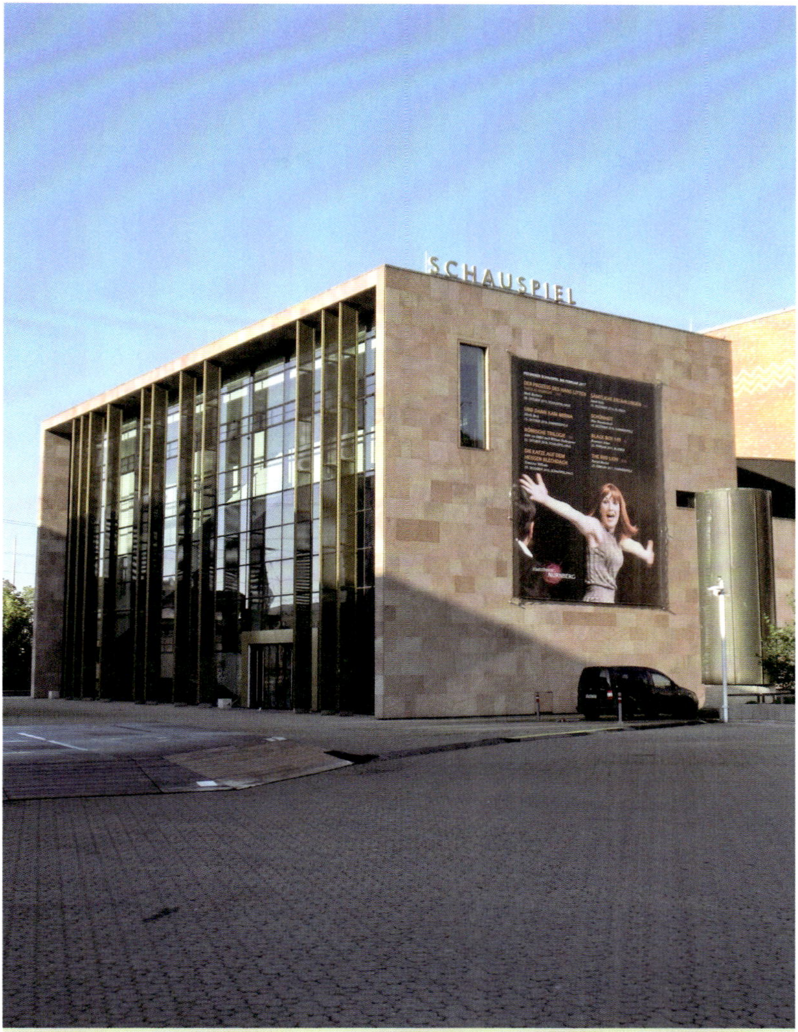

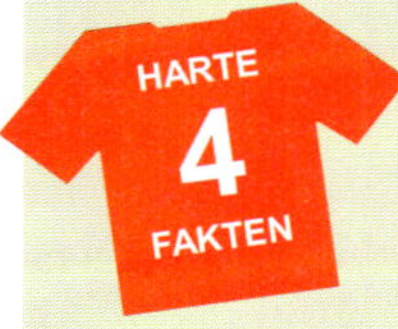

Adresse: Richard-Wagner-Platz 2–10, 90443 Nürnberg

Eröffnung: 1905 (Opernhaus), 1959 (Schauspielhaus)

Uraufführung „Linke Läufer (Erster sein)": 9. 6. 2016

Jenö Konrads Lebensdaten: 13. 8. 1894–15. 7. 1978

Valznerweiher

Legenden- und skandalumwittert

In der Valznerweiherstraße, unweit des namensgebenden Gewässers, dem nach dem Patrizier Herdegen Valzner benannten Weiher, befindet sich die Sportanlage des 1. FC Nürnberg. Dort wo einst die „KdF-Stadt“ der nationalsozialistischen Freizeitorganisation „Kraft durch Freude“ stand, baute der Club ab 1966 sein neues Trainingsgelände. Unter den Sportplätzen befinden sich noch heute die betonierten Keller der ehemaligen Bauten.

Die Einweihung der neuen Anlage erfolgte am 31. Oktober 1968, just zu Beginn der Saison, in der der FCN als amtierender Meister abstieg. Während also in der alten Heimat, dem legendären Sportpark Zabo, neun Meisterschaften und drei Pokalsiege gefeiert werden konnten, misslang am Valznerweiher quasi gleich der Trainingsauftakt.

„Neues vom Valznerweiher“, wie es in den Medien oft heißt, gab es seither mehr als genug zu berichten. Die Spielerrevolte von 1984, als letztlich doch Trainer Heinz Höher blieb. Oder die dubiosen Eigentore von Vlado Kasalo im Abstiegskampf 1991, als gegen den Spieler wegen Wettbetrugs ermittelt wurde.

Oder der Skandal um die „Schwarze Kasse“, infolgedessen der ehemalige Schatzmeister Ingo Böbel 1994 wegen Steuerhinterziehung verurteilt wurde. Oder die zu großzügigen Schiedsrichtergeschenke. Oder die Rekordschulden. Oder noch so vieles mehr.

Auch herrschten am Valznerweiher illustre Präsidenten mit ihrem Stab. Einer davon, Gerd Schmelzer, verwirklichte sich sogar mit dem Bau eines Hotels. Dazu wurde 1988 ein Teil des Vereinsgeländes per Erbpacht an eine Hotelkette abgetreten.

Die stattliche Restfläche ist immer noch das Zuhause der Fußballer. Aber nicht nur, denn auch die auf Bestreben von Ex-Präsident Michael A. Roth 1995 eigenständig gewordenen Abteilungen Boxen, Handball, Roll- und Eissport, Schwimmen, Ski und Tennis haben hier ihre Heimat.

Und natürlich die Fußballfrauen des FCN, deren größter Erfolg der Bundesligaaufstieg 1999 war und für die einst auch die spätere Welt- und Europameisterin Nadine Angerer das Tor hütete.

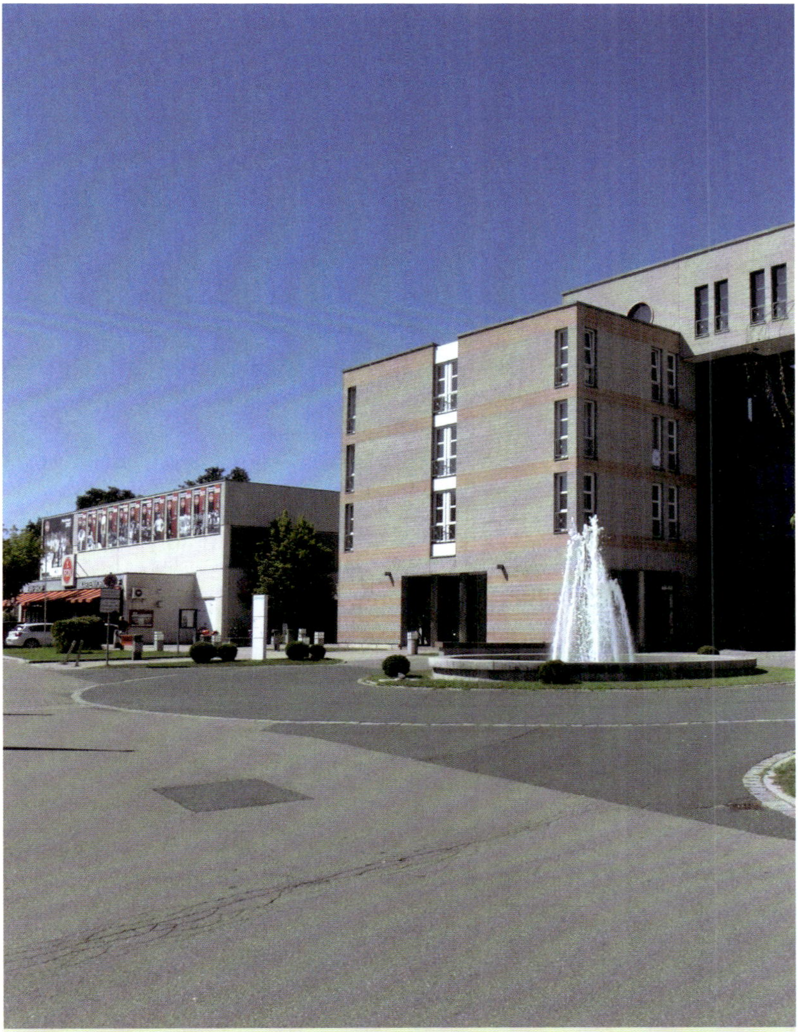

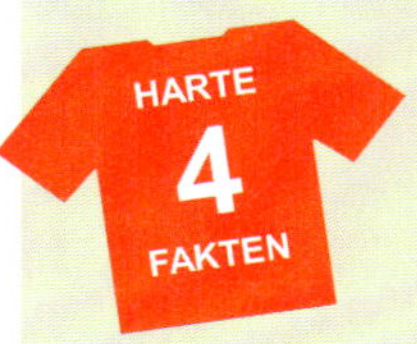

Adresse: Valznerweiherstraße 200, 90480 Nürnberg

Einweihung: 1968

Größe: rund 185.000 m^2

Verein: 1. FC Nürnberg

Verlagsgebäude Nürnberger Presse

Von Hoffnung und Erfüllung

Gegründet wurde der Verlag Nürnberger Presse 1945 von Joseph E. Drexel als Herausgeber der „Nürnberger Nachrichten". Und zwar in Zirndorf, da sich im durch Weltkriegsbomben zerstörten Nürnberg keine Druckerei fand.

Der Zweite Weltkrieg war auch daran schuld, dass Hans Fiederer nach Kriegsende als Redakteur bei den „Nürnberger Nachrichten" begann. Denn die hoffnungsvolle Fußballerkarriere des Fürthers, der zwischen 1939 und 1941 sechs Länderspiele bestritt und dabei drei Tore schoss, endete bereits 1942 jäh.

Fiederer war Mitglied der Pariser Soldatenelf, die zur Hebung der Moral der Wehrmachtssoldaten spielte. Als während des Mannschaftstrainings am 5. August 1942 die Résistance ein Attentat mit Handgranaten verübte, verlor der gerade einmal 22-jährige sein rechtes Bein.

Die Pariser Soldatenelf, der unter anderem auch Fritz Walter und Ernst Willimowski angehörten, spielte weiter und im November 1942 sogar um die sogenannte Meisterschaft des Westens. Gegner war eine andere Soldatenelf: Burgstern Noris, die hauptsächlich aus Spielern fränkischer Vereine bestand.

Das Endspiel vor 40.000 Zuschauern im Prinzenparkstadion von Paris gewann dann die Pariser Soldatenelf gegen die Mannschaft um die Club-Brüder Hans und Julius Uebelein.

Hans Fiederer startete schließlich im Nachkriegsdeutschland eine erfüllte Karriere als Sportredakteur. Bereits 1946 wurde er in die Redaktion des Magazins „Sport", das später wieder „Kicker" hieß, geholt, wo er ab 1949 für viele Jahrzehnte als Chefredakteur tätig war.

Im gleichen Jahr zog der Verlag Nürnberger Presse in die Marienstraße nach Nürnberg und entwickelte in der Folge die „Nürnberger Nachrichten" zu einer der größten Regionalzeitungen Deutschlands.

Ab 1961 beteiligte sich der Verlag zudem an der „Nürnberger Zeitung", eine der ältesten deutschen Tageszeitungen. Beide Blätter sind redaktionell getrennt, verfügen selbstverständlich auch über eigenständige Sportteile und beherrschen heute den fränkischen Pressemarkt.

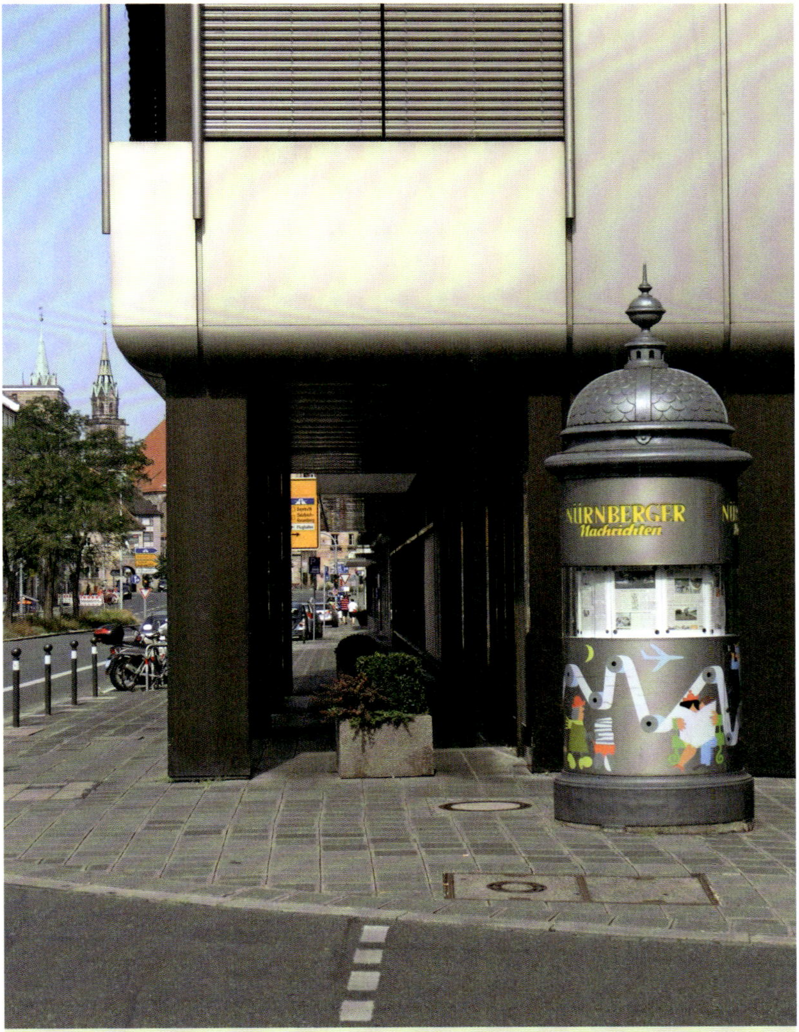

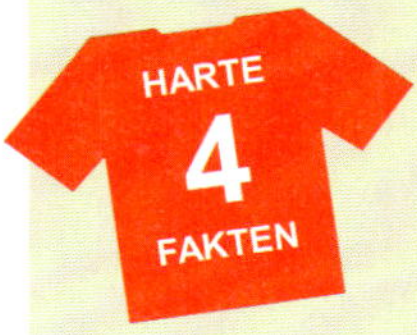

Adresse: Marienstraße 9–11, 90402 Nürnberg

Gründung „Nürnberger Nachrichten": 1945

Gründung „Nürnberger Zeitung": 1804

Hans Fiederers Lebensdaten: 21. 1. 1920 – 15. 12. 1980

Zabo

Heimat des bedeutendsten Vereins

Im Jahr 1913 zog der 1. FC Nürnberg vom Stadtteil Schweinau vor die Tore der Stadt nach Zerzabelshof. Dort hatte der Club ein 13 Tagwerk großes Grundstück erworben und errichtete eine erstklassige Sportanlage – nicht nur für die Fußballabteilung.

Zudem sparte sich der FCN durch den schlicht Zabo genannten Sportpark Zerzabelshof in den Anfangsjahren auch die Lustbarkeitssteuer. Denn anders als Nürnberg erhob der erst 1923 eingemeindete Ort eine solche nicht.

Eine Lustbarkeits- oder Vergnügungssteuer bei Club-Spielen zu verlangen, kam in neuerer Zeit vermutlich eher selten jemanden in den Sinn. Und folgende Formulierung, die der FCN bei der Beantragung eines städtischen Zuschusses für sein 1925 fertiggestelltes Schwimmbad am Zabo wählte, klänge wohl heute in den Ohren mancher vermessen: „Es handelt sich beim 1. FC Nürnberg um einen eingetragenen Verein und zwar um den bedeutendsten in ganz Deutschland."

Doch das war damals durchaus zutreffend, womöglich sogar noch untertrieben. Denn der Club dominierte dazumal die nationale und meist auch die internationale Konkurrenz.

Den großen Erfolgen der ersten Mannschaft war es dann auch zu verdanken, dass der Zabo stetig wuchs. Im Zweiten Weltkrieg schwer getroffen, fasste er nach dem Wiederaufbau 35.000 Zuschauer. Doch mit Einführung der Bundesliga 1963 entschloss sich der FCN, dauerhaft ins größere Städtische Stadion zu wechseln. Das gesamte Zabo-Gelände wurde verkauft und wenig später entstanden darauf Mehrfamilienhäuser.

Mit dem Abriss der Haupttribüne am 1. September 1966 ging dann unwiderruflich ein Sportpark verloren, der seines Gleichen suchte und allenfalls in kommunalen Sportanlagen fand. „Dass allerdings ein einzelner Sportverein einen vorbildlichen Sportpark schuf, ist die Ausnahme", wie der Stadionhistoriker Werner Skrentny schrieb. Und weiter, „so liegt es nahe, den leider verschwundenen ‚Zabo' des 1. FC Nürnberg als Großtat zu rühmen." Zumindest setzte ihm der fortwährend eingetragene Verein 2015 ein Denkmal.

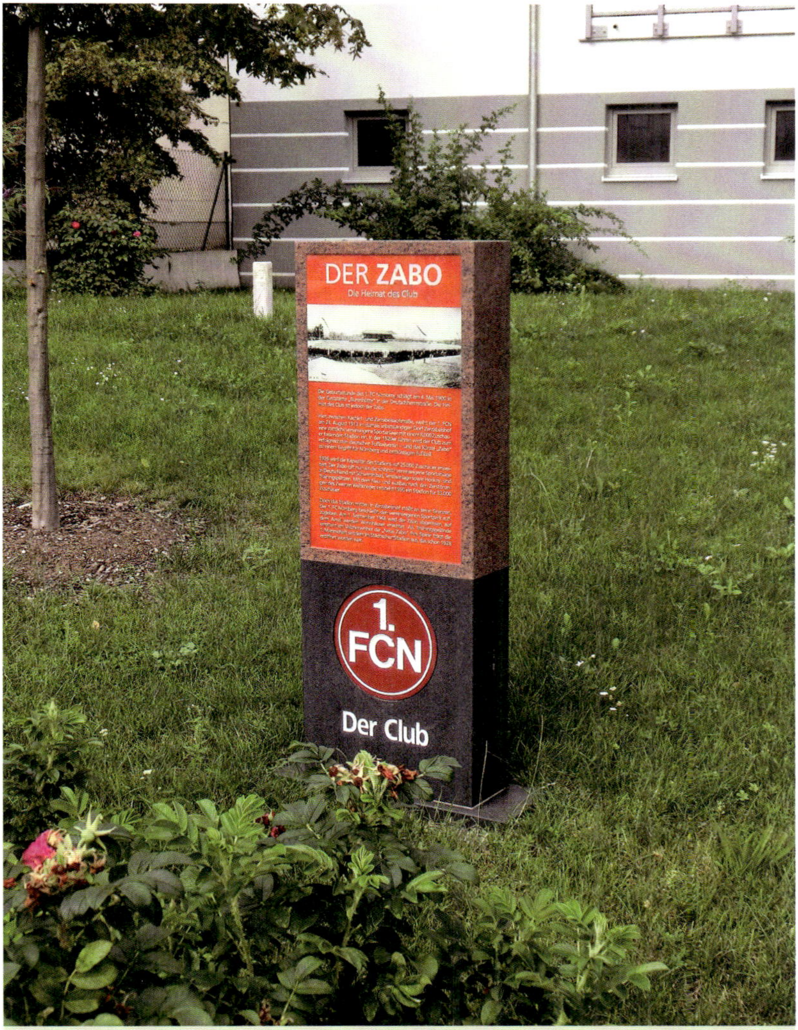

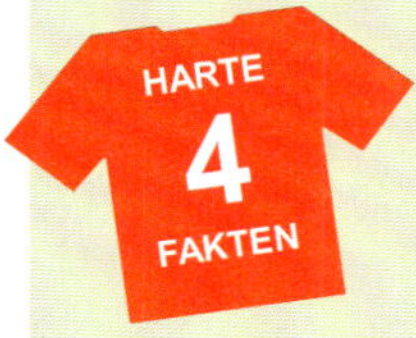

Adresse: Kachletstraße, 90480 Nürnberg

Zeitraum des Bestehens: 1913 bis 1966 (Stadion)

Zuschauerkapazität: 35.000

Verein: 1. FC Nürnberg

Ziegelgasse

Der Endspielort

Wer heute in Nürnberg die Ziegelgasse sucht, wird nicht fündig werden. Trägt diese doch seit dem Zweiten Weltkrieg den Namen Karl-Bröger-Straße, benannt nach dem Nürnberger Arbeiterdichter und Politiker. Und wer nun in der Nähe des Karl-Bröger-Hauses und des Südstadtparks nach dem alten Club-Sportgelände Ausschau hält, wird lediglich auf eine dichte Bebauung blicken.

Doch hier befand sich einst die zweite Spielstätte des 1. FC Nürnberg. Ein 10.000 Quadratmeter großes Areal, das der FCN gepachtet hatte und auf dem für rund 14.000 Mark eine Holztribüne mit 300 Sitzplätzen, eine Umkleidekabine und ein Kassenhäuschen entstanden.

Natürlich war der Platz an der Ziegelgasse auch eingezäunt, sodass der 1. FC Nürnberg, anders als auf der zuvor genutzten Deutschherrnwiese, Eintrittsgeld verlangen konnte.

Positiv auf die rasche Deckung der Investitionskosten wirkte sich zudem aus, dass der Club ab 1905 am Ligabetrieb des Süddeutschen Fußball-Verbandes teilnahm, wo es regelmäßig Spiele gab. Zuvor war der 1. FC Nürnberg Mitglied im Nürnberg-Fürther Fußball-Bund.

Doch die zunehmende Popularität des FCN und des Fußballs zeigten bald auch die Grenzen des Platzes an der Ziegelgasse auf. Dennoch sah ihn der Deutsche Fußball-Bund als würdig und geeignet an, hier 1906 das Endspiel um die Deutsche Fußballmeisterschaft stattfinden zu lassen. Im Finale standen sich dabei der erste Deutsche Meister von 1903, der VfB Leipzig, und der 1. FC Pforzheim gegenüber – vor 1.100 Besuchern siegten die Leipziger mit 2:1.

Als dritter Endspielort der Deutschen Fußballmeisterschaft überhaupt und erste Finalstadt Süddeutschlands, war Nürnberg also bereits in den Anfangsjahren des Sports etabliert, eben Fußballheimat. 1908 war der Platz an der Ziegelgasse dann endgültig zu klein für den Club. Es folgte der Umzug in den Stadtteil Schweinau, wo auf einer von Erdwällen und einer überdachten Holztribüne umgebenen Anlage 6.000 Zuschauer Platz fanden. Doch auch das sollte bald nicht mehr ausreichen.

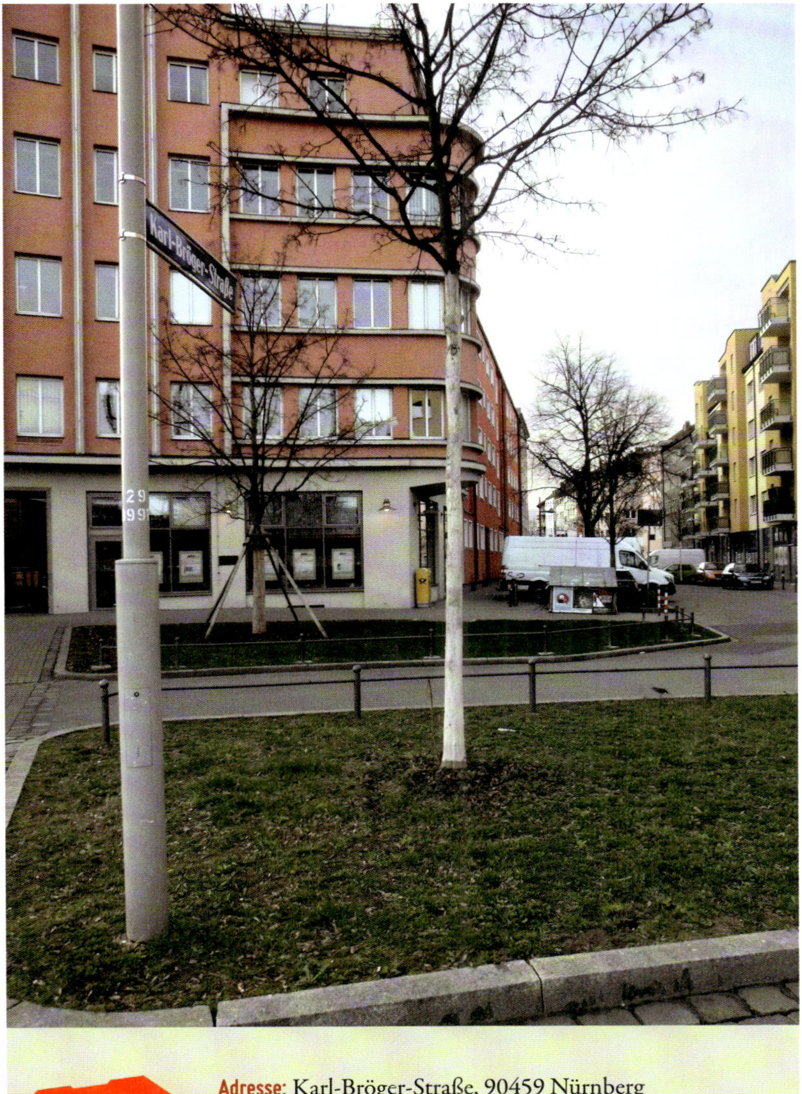

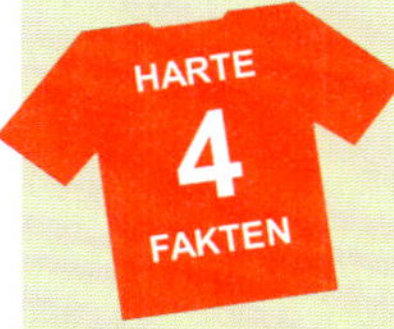

Adresse: Karl-Bröger-Straße, 90459 Nürnberg

Zeitraum des Bestehens: 1905 bis 1908

Zuschauerkapazität: 1.100

Verein: 1. FC Nürnberg

Nürnberg-Fürth 080

Stadtgrenze

Eine Grenze, die Welten trennt

Eigentlich ist die Stadtgrenze zwischen Nürnberg und Fürth eine kommunale Grenze, wie so viele andere auch. Aber eben nur eigentlich. Denn im kulturellen und gesellschaftlichen Bewusstsein der Einwohner beider Städte trennt sie Welten.

Es gibt viele Theorien, warum das so ist. Doch sicher spielte und spielt der Fußball dabei eine wichtige Rolle. Waren doch der 1. FC Nürnberg und die SpVgg Fürth die dominierenden Größen im Fußball der Zwanzigerjahre. Die Rivalität ist seither entsprechend groß und das Nürnberg-Fürther Fußballderby mit über 260 Austragungen das mit Abstand traditionsreichste in Deutschland.

Die gegenseitige Abneigung der Vereine dokumentiert auch eine Anekdote vom Länderspiel Deutschlands gegen die Niederlande im Jahr 1924. Ausschließlich Spieler des FCN und der Spielvereinigung bildeten damals die Nationalmannschaft. Nürnberger und Fürther reisten jedoch in unterschiedlichen Zugabteilen zum Spielort Amsterdam, saßen im Hotel separiert, und selbst den 1:0-Siegtreffer bejubelten sie in getrennten Gruppen.

Dabei könnte man meinen, dass Nürnberg und Fürth mehr verbindet als trennt. Die Nürnberger U-Bahn beispielsweise, die bei ihrer Fahrt zur Fürther Hardhöhe auch den Bahnhof Stadtgrenze passiert. Unweit davon ist die Höfener Straße, die sowohl zu Nürnberg gehört, ungerade Hausnummern, als auch zu Fürth, gerade Hausnummern. Die Grenzlinie ist übrigens der Gehsteig auf der Fürther Seite.

Obwohl die Städte bereits seit 1899 direkt aneinander grenzen, sind sie sich fußballerisch doch so fern. Ein Wechsel über die Stadtgrenze war und ist ein Ding der Unmöglichkeit.

Vorgekommen ist es dennoch. So verlor der Fürther Spieler Hans Sutor mit dem Kleeblatt das Meisterschaftsendspiel 1920 gegen Nürnberg und wurde quasi zu einem Wechsel gezwungen. Denn kurz danach ehelichte er ausgerechnet eine Nürnbergerin und wurde aus der Mannschaft geworfen. Da er ja quasi in die Stadt einheiratete, nahm ihn kurzerhand der Club auf, wo Sutor dann dreimal Meister wurde.

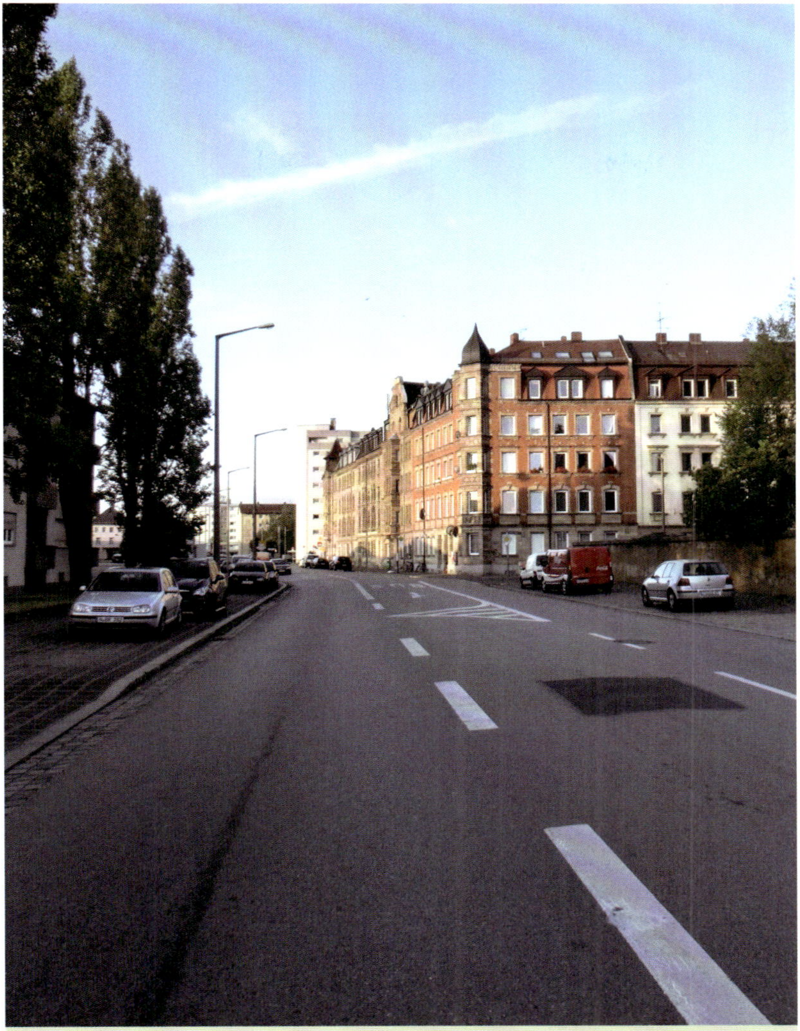

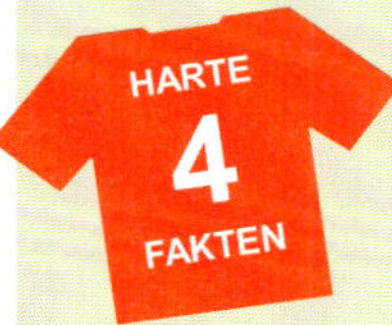

Nürnberger Adresse: Höfener Straße, 90431 Nürnberg

Fürther Adresse: Höfener Straße, 90763 Fürth

Grenzlinie: Gehsteig auf der Fürther Seite

U-Bahn-Station: Stadtgrenze

Röthenbach a. d. Pegnitz 081

Autozentrum Hammer

Dem Phantom nachgejagt

Peter Hammer, ein Autohändler aus Röthenbach, war gerade beruflich auf dem Weg in die Slowakei, als ihn Wolfgang Wolf wegen eines Autos anrief. 2003 war das, als Wolf Trainer beim 1. FC Nürnberg war und im Haus von Hammers Eltern wohnte. Am Ende des Telefonats soll der Club-Trainer zum Spaß gesagt haben, dass es in der Slowakei doch auch günstige und gute Fußballer geben müsse. Und auf Nachfrage formulierte er sein Anforderungsprofil: „Ein Mittelfeldspieler, der Tore machen kann."

In der Slovakei angekommen, fiel Hammers Augenmerk auf einen gewissen Marek Mintal. Der war in der slowakischen ersten Liga 2002 Torschützenkönig geworden und schickte sich an, das 2003 zu wiederholen. Also jagte der Autohändler der Telefonnummer von Mintals Berater nach und stellte den Kontakt zum FCN her.

Im Sommer 2003 wechselte der sehr gute Fußballer für relativ günstiges Geld nach Franken, schoss den Club 2003/04 zum Aufstieg in die 1. Bundesliga und wurde Zweitliga-Torschützenkönig.

Seine unauffällige Spielweise, verbunden mit der Tatsache, dass er plötzlich da steht, wo ein Torjäger stehen muss, brachte ihm den Beinamen „Phantom" ein. Als solches schlug Marek Mintal in der Folgesaison erneut zu und holte sich auch in Liga 1 die Torjägerkanone.

Wie in der Branche üblich, klopften daraufhin etliche Interessenten an, doch branchenunüblich war es für Mintal keine Frage, dass er beim 1. FC Nürnberg bleibt.

Das, seine Bodenständigkeit und Bescheidenheit brachten ihm viele Sympathien. Die Menschen nahmen auch großen Anteil an seinen zahlreichen und schweren Verletzungen. So beispielsweise als er im siegreichen Pokalfinale 2007 gegen den VfB Stuttgart das 1:1 für den Club beisteuerte und wenig später brutal aus dem Spiel getreten wurde.

Marek Mintal, der nach dem Abstieg 2008 in der folgenden Wiederaufstiegssaison nochmals Torschützenkönig der 2. Bundesliga wurde, ist in Nürnberg „unantastbar" und „Fußballgott" geworden. Doch ohne Peter Hammer wäre das „Phantom" wohl nie hier aufgetaucht.

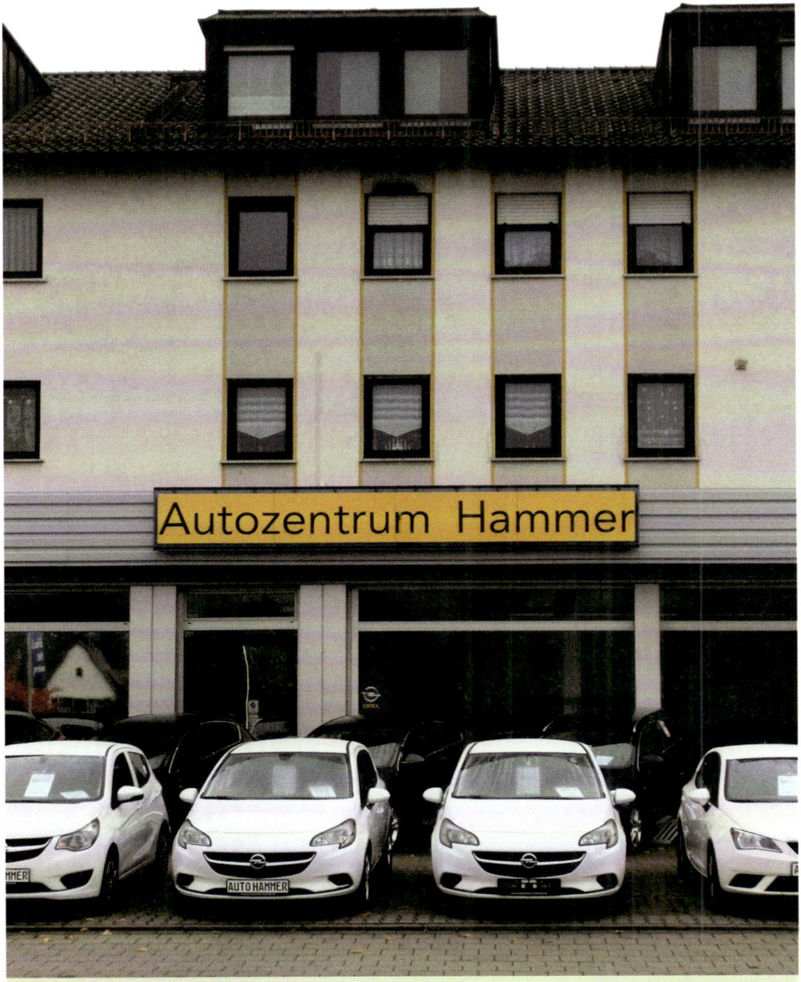

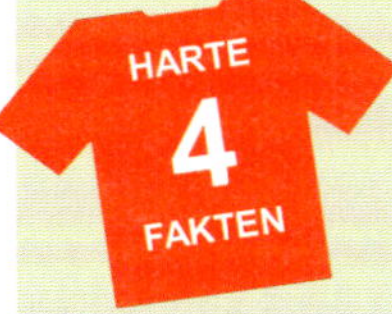

Adresse: Rückersdorfer Str. 40, 90552 Röthenbach a. d. Peg.

Firmengründung: 1935

Mintals Transfer zum 1. FC Nürnberg: 2003

Mintals Abschiedsspiel: 21.7.2012, 4:2 gegen Dortmund

Sportpark am Ostring

Alle Müllers oder was

Heini Müller ging schon als Jugendspieler „jedes zweite Wochenende in den Zabo, um sich von den Club-Spielern etwas abzuschauen. Mit seiner hohen Ballkunst avancierte Müller in seiner Heimatstadt schnell zum Publikumsliebling. ‚Hier in Roth war ich der König, ich habe viele Tore geschossen', erinnert er sich", wie im Buch „Legenden. Die besten Club-Spieler aller Zeiten" nachzulesen ist.

Und das wurde Heini Müller, eine Legende. Als einer der drei „Alten" führte der damals 26-jährige die „jungen Wilden" des FCN 1961 zur Meisterschaft. Acht Club-Eigengewächse waren dabei, als es im Finale in Hannover vor 82.000 Zuschauern gegen den klaren Favoriten Borussia Dortmund ging.

Müller beschrieb seine Gedanken vor der Partie wie folgt; „Alle meine Rother Kumpel sahen sich das Spiel in einer Gaststätte an. Ich dachte, hoffentlich bist du heute nicht der Schlechteste. Ich schoss ein Tor selbst und bereitete eines vor. Das war mein Tag. Jeder sagt, das wäre mein bestes Spiel gewesen." Am Ende siegte der FCN mit 3:0.

Nach seiner Fußballerkarriere eröffnete Heini Müller ein Gartenfachgeschäft in Roth. Dort wuchs auch sein Sohn Bernd auf, der später ebenfalls beim Club spielte, in der Amateurmannschaft, sowie mit der SpVgg Unterhaching in der 2. Bundesliga. Und auch dessen Sohn Jim-Patrick Müller versucht dem Opa nachzueifern und schaffte mit Jahn Regensburg sowie Dynamo Dresden jeweils den Aufstieg in die zweite Liga.

Hervorgegangen sind die Müllers alle aus dem TSV Roth, der 1973/74 auch eine Saison in der Bayernliga spielte. Um an alte Erfolge anzuknüpfen, aber vor allem um einen modernen Sportpark zu realisieren, fusionierte der TSV 2008 mit dem SC Roth zur TSG.

Denn dem TSV fehlten am angestammten Schleifweg die Platzressourcen für ein solches Vorhaben, der SC wiederum verfügte nicht über die Finanzressourcen zur Weiterentwicklung des Areals am Ostring. 2010 stellte dann der Fusionsverein den neuen Sportpark fertig. Und wer weiß, vielleicht beginnt dort mal die Karriere der nächsten Müller-Generation.

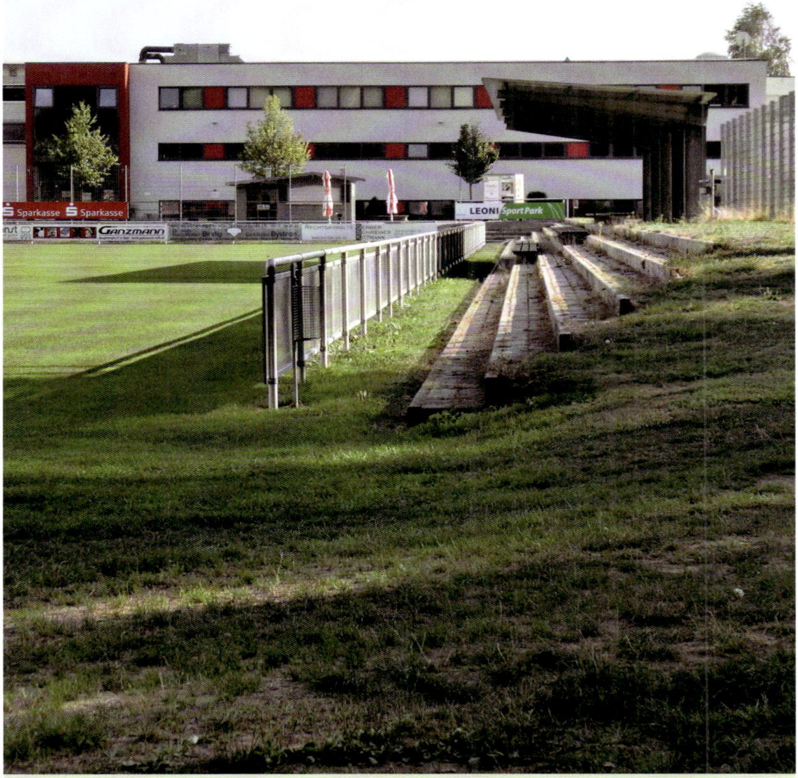

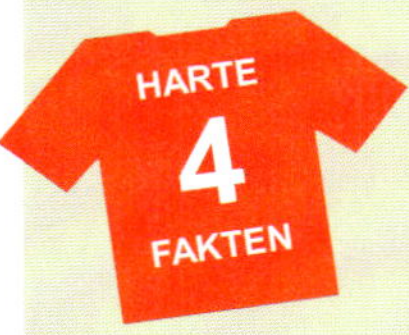

Adresse: Ostring 28, 91154 Roth

Erbaut: 2010

Zuschauerkapazität: 3.500

Verein: TSG Roth

Metzgerei Hollerbach

Das Gemetzger der Holleraxt

Bernd Hollerbach, Metzgersohn aus Rimpar und Amateur bei den Würzburger Kickers, unterschrieb in der Winterpause 1991 seinen ersten Profivertrag beim FC St. Pauli. Da war er bereits 22!

Doch früher ging nicht, teilte der pflicht- und traditionsbewusste Franke 2015 dem Magazin „11 Freunde" mit und verwies auf das Familienunternehmen: „Es war eigentlich vorgesehen, dass ich in den Betrieb einsteige. Deswegen habe ich erst meine Metzger-Lehre gemacht. Danach war ich noch bei der Bundeswehr."

Über Kaiserslautern gelangte der knochenharte Linksverteidiger dann 1996 zum HSV, wo es Hollerbach so gut gefiel, dass er bis zu seinem Spielerkarriereende 2004 blieb. Doch auch „Die Welt" stellte 2000 fest: „Zwar wirkt er auf Distanz wie ein typisch Hamburger Szenegänger, bei näherem Hinsehen aber kommt ein ganz anderer Typus zum Vorschein. Da handelt es sich um einen natürlichen, lebenslustigen Menschen, der seine Wurzeln nicht verleugnet und mit Begeisterung vom Elternhaus in Unterfranken erzählt." Sein Werdegang habe ihn geformt, urteilte das Blatt, und weiter: „Es ist diese gelungene Kombination von stabiler Physis und starker Psyche, die aus einem Sportler eine Persönlichkeit werden lässt."

Auch die Fußballerkollegen schätzten Bernd Hollerbach, selbst wenn er wiederholt über den Platz metzgerte und Gegner fällte. Das brachte ihm dann nicht nur in beinahe jeder Saison rekordverdächtige zehn Gelbe Karten ein, sondern auch den Spitznamen „Holleraxt".

2014 wurde der langjährige „Co" von Felix Magath Cheftrainer in Würzburg. Prompt schaffte er den Durchmarsch von der Regionalliga in die 2. Bundesliga. Doch trotz vielversprechendem Start in die Zweitligasaison 2016/17 stiegen die Kickers am Ende ab – und Hollerbach trat konsequent zurück.

Zukunft ungewiss? Nun ja, bereits in der Hinrunde hatte er dem „Kicker" gesagt, dass er irgendwann in die heimische Metzgerei einsteigen werde: „Ich bin der einzige Sohn, und schon der Großvater wollte, dass ich einmal das Geschäft übernehme."

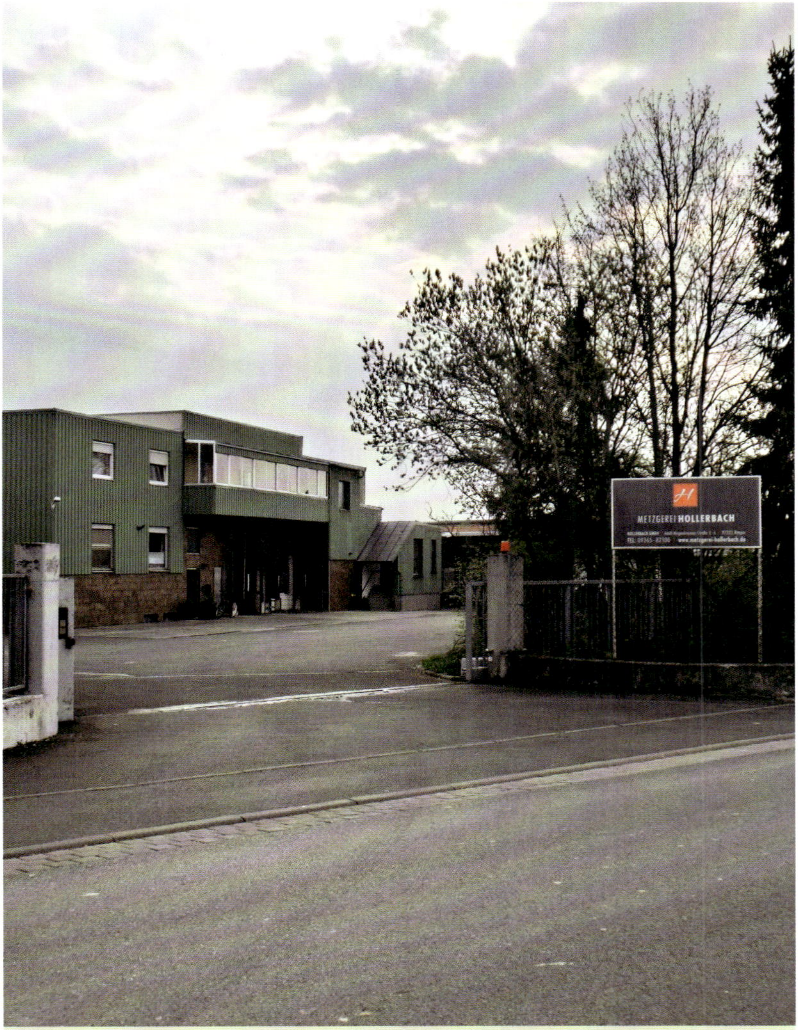

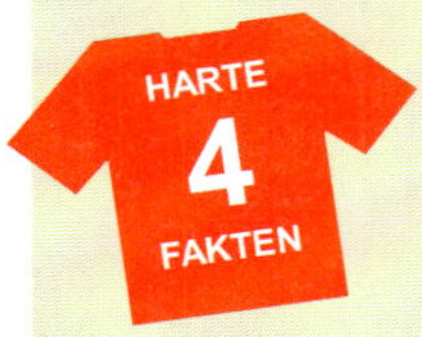

Adresse: Adolf-Wagenbrenner-Straße 2–6, 97222 Rimpar

Gegründet: 1939

Mitarbeiter: ca. 60

Metzgersohn: Bernd Hollerbach

Sandberg-Waldberg 084

Waldsportanlage

Das Hurra der DJK

Die idyllische Waldsportanlage in Waldberg hätte mehr als nur die Folgen des größten Spiels der DJK-Vereinsgeschichte verdient gehabt. Nachdem die Unterfranken lange unterklassig gespielt hatten, stiegen sie 1993 in die Landesliga auf und qualifizierten sich 1997 sogar für die 1. Hauptrunde des DFB-Pokals.

Doch da den Waldbergern just Bayern München zugelost wurde und 30.000 Kartenwünsche eingingen, beschlossen die Verantwortlichen mit Blick auf die Einnahmen, das Spiel lieber im großen, rund 190 Kilometer entfernten, Nürnberger Frankenstadion auszutragen.

Am 15. August 1997 war es so weit. 35.500 Zuschauer waren da. Es gab sogar eine CD: „DJK hurra, Waldberg ist da", textete der Vorsitzende. Doch für die Sensation reichte es nicht.

„Denn mehr als eine bessere Trainingseinheit war nicht nötig, um gegen die fünftklassigen Fußballer aus dem 630-Einwohner-Örtchen in der Rhön den höchsten Sieg in einem DFB-Pokalspiel seit 56 Jahren zu landen", beschrieb der „Kicker" das Bayern-Gastspiel.

„Das dann doch deftige 1:16 bremste die Ambitionen des Landesligisten nicht. Nun sollte es nach oben gehen. Ein Etat von 130.000 Mark stand zur Verfügung, Spieler aus der ganzen Region kamen für teures Geld. Denn alle wussten: Die DJK hat es ja", hieß es 2006 rückblickend über Waldberg in der „Welt" zum Thema „Das große Los bringt Unglück". Und weiter: „Es kam wie es kommen musste. Das Geld verschwand in den Taschen der Auswärtigen" und es wurde ungemütlich in dem kleinen Sandberger Ortsteil, dessen DJK sich bald vom Spielbetrieb zurückziehen musste.

Auf der Waldsportanlage wird Gott sei Dank weiter Fußball gespielt, aber auch von Zeit zu Zeit ein großer Sportlergottesdienst gefeiert. Da steht dann der Pfarrer im Tor, davor ist ein Altar aufgebaut. Und wenn schließlich über dem DJK-Sportheim weißer Rauch aufsteigt, beruhigt der Geistliche: „Es wurde kein Papst gewählt", es sei lediglich das Zeichen, dass die Bratwürste in Kürze fertig sind. Dann lädt er zum gemütlichen Beisammensein rund um den Grill ein.

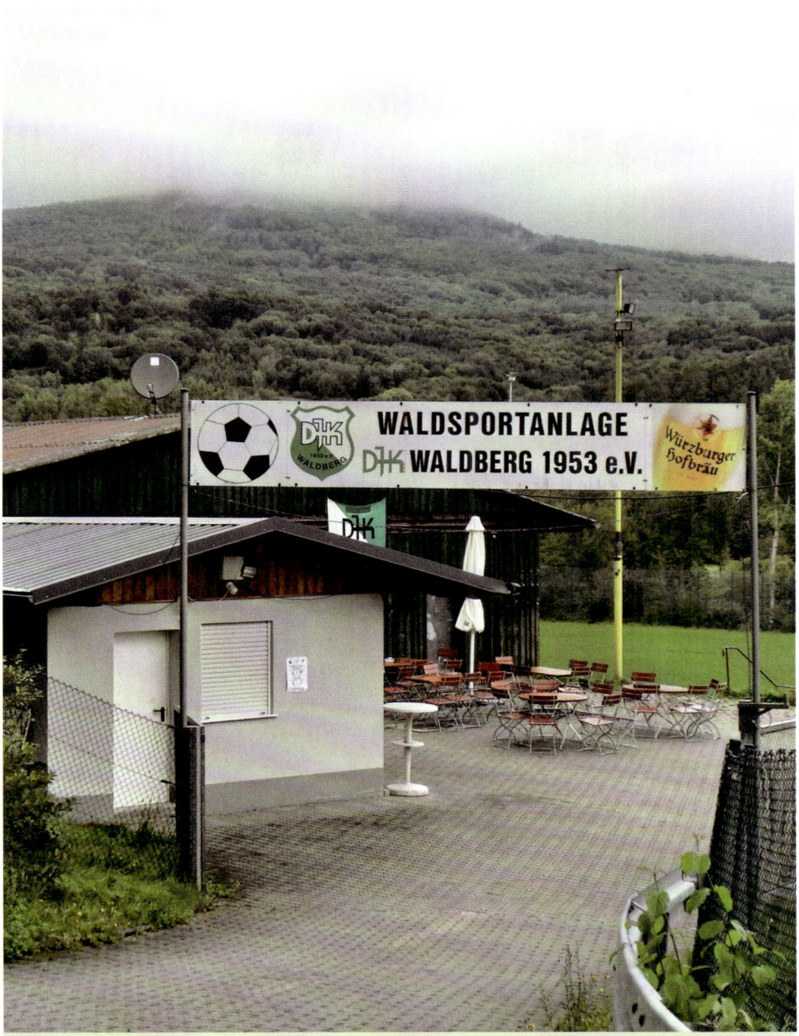

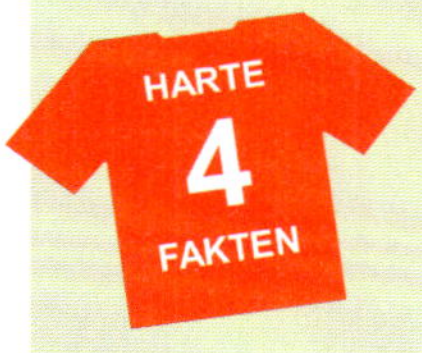

Adresse: Dr.-Bühner-Straße, 97657 Sandberg-Waldberg

Lage: nahe des Kreuzbergs (927,8 m, dritthöchster Rhönberg)

Zuschauerkapazität: 2.500

Verein: DJK Waldberg

Adidas-Werk

Maßarbeit

„Die Welt" bezeichnete das Scheinfelder Adidas-Werk einst als „Geheimlabor des Fußballs". Denn im strengbewachten Testcenter werden die neuen Bälle und Schuhe des Weltkonzerns erforscht.

Doch nicht nur an Neuentwicklungen wird gearbeitet, auch an der Zufriedenstellung der Fußballstars. In Scheinfeld, einer mittelfränkischen Kleinstadt mit rund 4.500 Einwohnern, wird ihnen nämlich ihr Arbeitswerkzeug maßgeschneidert.

„Made to measure" nennt sich die Maßschuhabteilung von Adidas. Und hier bleiben keine Wünsche offen, hier lebt der Geist von Adi Dassler weiter: Jedem Spieler der passende Schuh, lautete schon die Devise des Firmengründers.

Dazu ist es in erster Linie wichtig zu wissen, wo der Schuh drückt. Deshalb befinden sich Adidas-Mitarbeiter in ständigem Kontakt mit den Fußballern. Die Lösungen finden dann die Experten in Scheinfeld im Landkreis Neustadt/Aisch-Bad Windsheim.

Oberste Priorität haben also der Tragekomfort und die optimale Passform. Doch auch individuelles Design steht bei den Helden der Fußballwelt ganz hoch im Kurs. Mal sind es die Namen der Kinder, die die Scheinfelder auf die Schuhe sticken, wie einst schon bei David Beckham oder Michael Ballack, mal ist es das Vereinsmaskottchen, wie dazumal der Geißbock auf Lukas Podolskis Fußballschlappen.

Auch Stickereien mit religiösen Sprüchen wurden schon realisiert, beispielsweise für den brasilianischen Weltmeister Kaka. Weiterhin erfreuen sich Rückennummern, Flaggen und Unterschriften großer Beliebtheit. Manche, wie Superstar Lionel Messi, lassen ihre Edeltreter in Franken auch gleich mit einem individuellen Design versehen.

„Impossible is nothing", lautet ein Adidas-Slogan und zumindest in Scheinfeld scheint schuhtechnisch wirklich nichts unmöglich zu sein. Rund 1.000 Euro würden übrigens solche Maßschuhe kosten. Dank der zufriedenen Stars sind hingegen eher Schuhe mit Autogrammen, die ab und zu in die fränkische Maßschusterei geschickt werden.

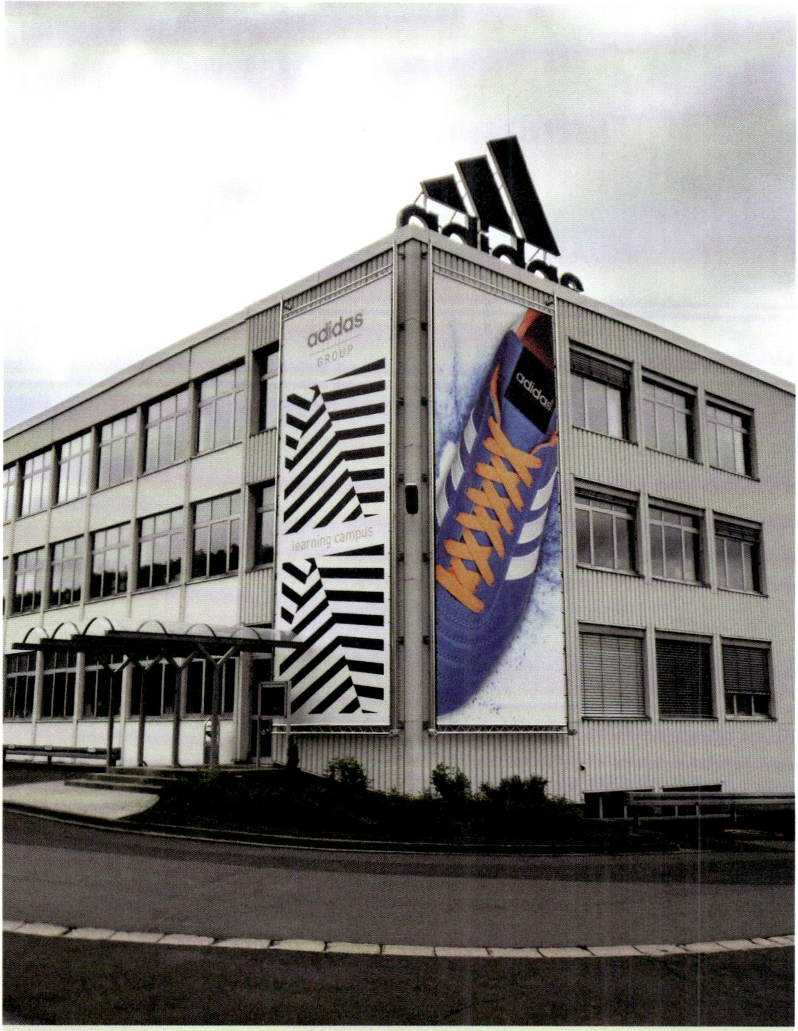

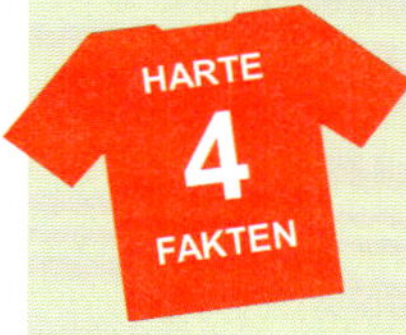

Adresse: Adi-Dassler-Straße 24, 91443 Scheinfeld

Werksgründung: 1959

Mitarbeiter Werk gesamt: ca. 100

Mitarbeiter Maßschuhabteilung: ca. 20

Sportpark Nördlinger Straße

Karrieresprung des Nie Ling Fung

Der im Jahr 2000 errichtete Sportpark des SC 04 Schwabach bietet 4.000 Stehplätze sowie 780 überdachte Sitzplätze auf einer filigran anmutenden Haupttribüne. Zwei Jahre nach dem Fußballplatz wurde damals der neue Funktionstrakt eingeweiht und 2003, nach komplettem Umzug, konnte schließlich das alte Vereinsgelände in der Wiesenstraße an die Stadt übergeben werden.

In dieser ambitionierten Schwabacher Zeit spielte auch Andreas Nägelein und verhalf 2002/03 zum Klassenerhalt in der Bayernliga. Um den nächsten Karrieresprung zu machen, wechselte er jedoch am Saisonende nach Schweinfurt in die nächsthöhere Spielklasse.

In der Folge wurde Nägelein aber zunächst nicht wirklich glücklich. Sein neuer Verein musste Ende 2004 Insolvenz anmelden, woraufhin er nach Feucht wechselte. Auch dort traten wirtschaftliche Probleme auf und führten am Saisonende zum Rückzug aus der Regionalliga. Und als Andreas Nägelein dann später bei Kickers Emden in der 3. Liga spielte, verabschiedeten sich auch diese aus lizenzrechtlichen Gründen in die Oberliga. Seit er also die Goldschlägerstadt Schwabach verlassen hatte, schien ihn das goldene Händchen in Sachen Vereinswechsel verlassen zu haben. So wagte Nägelein schließlich 2010 den Sprung nach China. Damit lag Andreas Hannes Ling Fung Nägelein dann goldrichtig. Und da seine Mutter aus Hongkong stammt, wo er selbst auch geboren wurde, schaffte er mit 32 Jahren als Nie Ling Fung 2013 sogar noch den Schritt in die Nationalmannschaft Hongkongs.

In Schwabach aber waren die goldenen Fußballzeiten erst einmal vorbei. Nachdem der Vorgängerverein TSV 04 Schwabach in den Fünfzigern und Sechzigern schon zeitweise in der Bayernliga spielte, gehörte auch der SC 04 Schwabach dieser von 1998 bis 2005 an. Danach folgte der zwischenzeitliche Absturz bis hinunter in die Bezirksliga.

Doch eine Geschichte wie die des Nie Ling Fung sollte Mut machen, dass es auch wieder aufwärts geht. Überhaupt, schon alleine die ansehnliche Haupttribüne hat höherklassigen Fußball verdient.

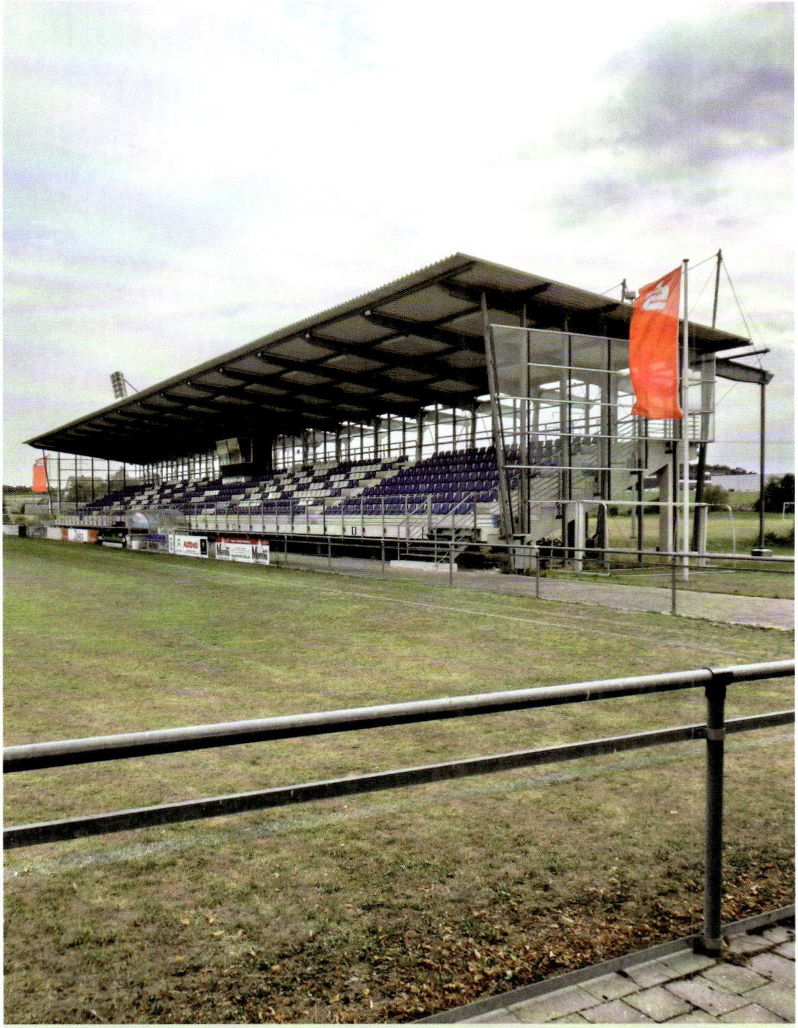

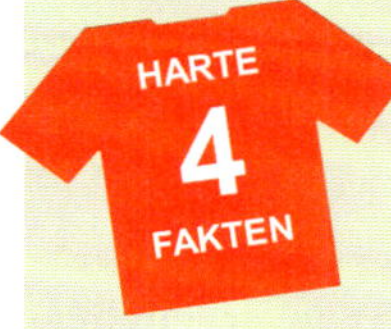

Adresse: Nördlinger Straße 48, 91126 Schwabach

Erbaut: 2000

Zuschauerkapazität: 4.780

Verein: SC 04 Schwabach

Ander-Kupfer-Platz

Kein anderer als der Ander

Andreas Kupfer, genannt Ander, war der erste Nachkriegskapitän der Deutschen Nationalmannschaft. Hart, vielleicht nicht herzlich, aber brillant, war der Schweinfurter Außenläufer.

„Ander Kupfer in Aktion zu sehen, war oft wahrer Genuss. Versiert in Abwehr und Vorwärtsdrang gleichermaßen, wusste er den Ball geradezu zu streicheln, und der gehorchte ihm. Großartige Kondition verschaffte dem Linksfüßer auf der rechten Seite viele Vorteile. Wer den Ander jedoch ‚Anderl' nannte, verkannte ihn gründlich: Ein ‚Anderl', so etwas Herziges halt, ist er wirklich nicht gewesen. Seine kompromisslose Härte galt als sprichwörtlich und viele Widersacher bekamen sie zu spüren", so nachzulesen im Buch „Als Morlock noch den Mondschein traf" über die Zeit der Oberliga Süd.

Kein anderer als der Ander führte dann 1950 die Nationalelf als Kapitän im ersten Spiel nach Weltkriegsende zum ersten Sieg. Es war ein 1:0 gegen die Schweiz und gleichzeitig Kupfers letztes Länderspiel. „Sein Stern in der Nationalmannschaft", so schrieb „Die Welt" 2001 rückblickend, war 1937 beim 8:0 gegen Dänemark in Breslau aufgegangen. Weiter hieß es: „Der Name ‚Breslau-Elf' steht für die erste deutsche Fußballmannschaft von Weltklasse. Und Kupfer wurde ein Jahr später in eine Weltauswahl berufen, die in London 0:3 gegen England verlor. Wo immer er auftauchte, hatte er sich in seiner wortkargen, trockenen mainfränkischen Art einen Satz zurechtgelegt: ‚Ich liebe meine Heimat, ich bin bodenständig.' Alles andere an Charaktereigenschaften sollte der Betrachter gnädigst seiner Spielweise als Läufer, also als Verbinder zwischen Abwehr- und Angriffsspiel, entnehmen, nicht seinen Worten."

Ander Kupfer arbeitete auf dem Bau, feierte mit dem 1. FC Schweinfurt 05 beachtliche Erfolge in der erstklassigen Gauliga, später in der Oberliga Süd, und nahm auch an der Fußball-Weltmeisterschaft in Frankreich 1938 teil.

Er war Ehrenspielführer der 05er und zu seinen Ehren trägt der Kassenvorplatz des Willy-Sachs-Stadions seit 2004 den Namen Ander-Kupfer-Platz.

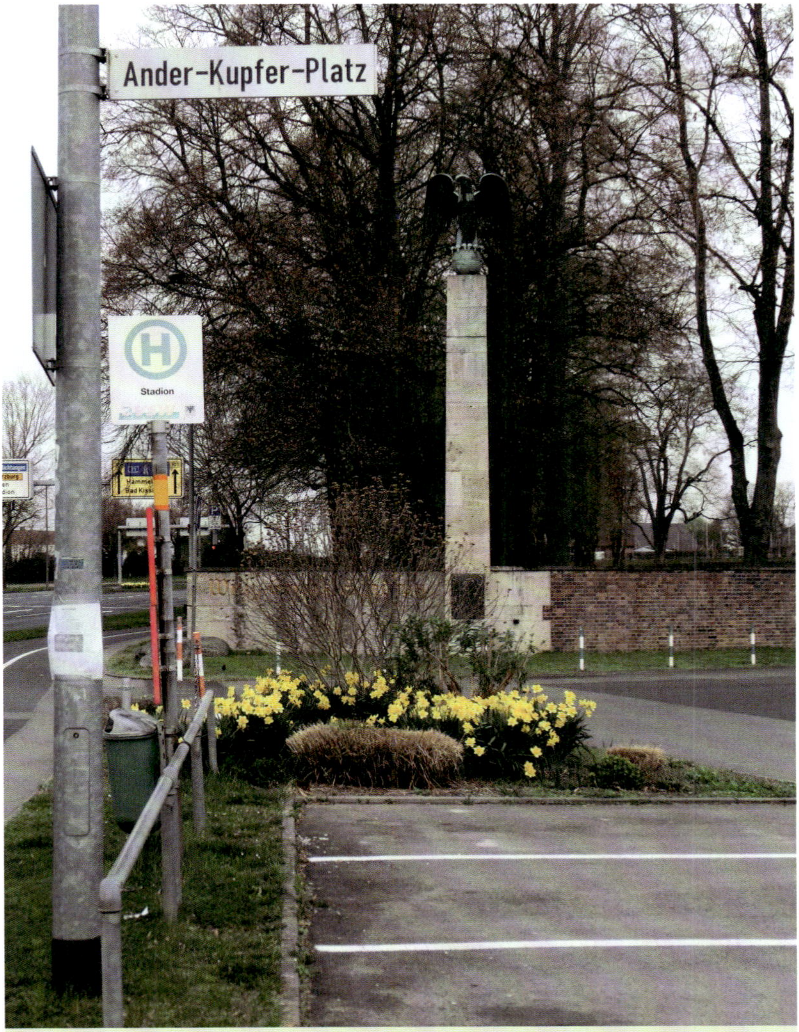

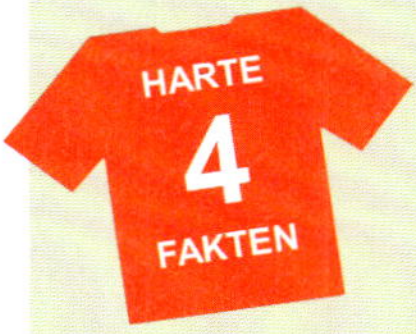

Adresse: Ander-Kupfer-Platz, 97424 Schweinfurt

Lage: am Willy-Sachs-Stadion

Kupfers Lebensdaten: 7. 5. 1914 – 30. 4. 2001

Kupfers Länderspiele: 44

Hauptwerk Fichtel & Sachs

Abteilungsleiter Albin Kitzinger

Die Schweinfurter Präzisions-Kugellagerwerke Fichtel & Sachs wurden 1895 von Karl Fichtel und Ernst Sachs gegründet. 1929 kaufte Ernst Sachs, der Erfinder der Freilaufnabe mit Rücktrittbremse, das Unternehmen komplett. Nachdem er nur drei Jahre später verstarb, übernahm sein Sohn Willy Sachs 1932 die Firma.

Dank der Unterstützung von Willy Sachs, wegen seiner Rolle im Nationalsozialismus umstrittener Mäzen und Stifter der nach ihm benannten Spielstätte des 1. FC Schweinfurt 05, konnte sich der Verein aus der vergleichsweise kleinen Industriestadt über viele Jahrzehnte in den höchsten Ligen des Landes halten.

Sogar Nationalspieler stellten die Schweinfurter einst. Einer davon war Albin Kitzinger, der noch dazu in ganz besonderer Weise mit Fichtel & Sachs verbunden war. Denn Kitzinger war nicht nur ein Außenläufer von Weltklasse, sondern auch Elektrotechniker. Und als solcher war er lange Jahre als Abteilungsleiter beim fränkischen Radnabenhersteller beschäftigt, ehe er mit 58 Jahren nach schwerer Krankheit starb.

Sowohl bei Fichtel & Sachs in Schweinfurt, wo einst mehr als 10.000 Beschäftigte tätig waren und dem Unternehmen bis in die achtziger Jahre eine weltmarktbeherrschende Stellung bei Fahrradnaben, Kleinmotoren, Kupplungen sowie Stoßdämpfern bescherten, als auch in der Nationalmannschaft machte Albin Kitzinger Karriere. 44-mal lief er zwischen 1935 und 1942 für Deutschland auf, war Mitglied der legendären „Breslau-Elf", nahm an der Weltmeisterschaft 1938 teil und wurde im gleichen Jahr auch in die sogenannte Weltauswahl berufen.

Seine gesamte Spielerkarriere verbrachte Kitzinger beim 1. FC Schweinfurt 05 und bestritt für den Verein insgesamt 826 Spiele. „Albin Kitzinger muss heilig gesprochen werden. Er hat Wunder bewirkt." Das sagte Campino, Sänger der „Toten Hosen", 2013 bei einem Konzert der Band im Willy-Sachs-Stadion. Nun, heilig gesprochen ist Kitzinger nicht, aber zumindest haben sie in Schweinfurt eine Straße im Nordosten der Stadt nach ihm benannt.

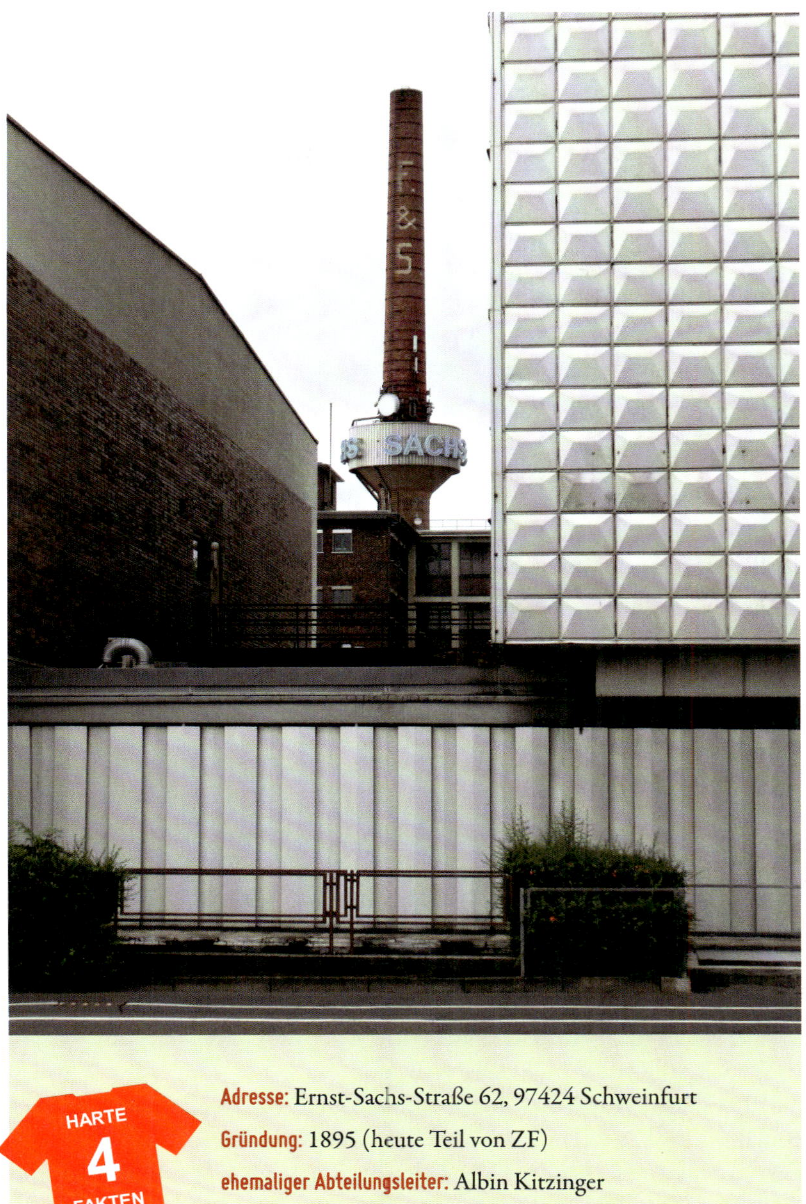

HARTE 4 FAKTEN

Adresse: Ernst-Sachs-Straße 62, 97424 Schweinfurt

Gründung: 1895 (heute Teil von ZF)

ehemaliger Abteilungsleiter: Albin Kitzinger

Kitzingers Lebensdaten: 1. 2. 1912 – 6. 8. 1970

Schweinfurt 089

Stadion am Hutrasen

Herzrasen am Hutrasen

Herzrasen, also ein schneller Herzschlag und starkes Herzklopfen bis zum Hals, hat oft Angst, Aufregung, Freude oder Stress als Ursache. Und von allem war was dabei, beim Verein für Rasensport.

Schon als die Schweinfurter Ende der Zwanziger am Hutrasen heimisch wurden, gab es gehörig Stress. Denn das Vereinsheim musste „zum Entsetzen aller wieder abgebrochen werden", da es im Hochwassergebiet des Saumains stand. Die folglich doppelten Kosten hätten den VfR 07 Schweinfurt beinahe in den Ruin getrieben.

Umso größer natürlich die Freude am Hutrasen über die beiden Aufstiege in die damals erstklassige Gauliga 1939 und 1942. Überhaupt waren die dreißiger und vierziger Jahre die große Zeit des Vereins.

Mit Robert Bernard stellte man sogar einen Deutschen Nationalspieler. Bernard brachte es auf zwei Einsätze im Nationaltrikot, einen davon bei Olympia 1936. Und auch der beim Lokalrivalen 1. FC Schweinfurt 05 legendär gewordene Ander Kupfer entstammte einst dem VfR.

Robert Bernard hielt seinem VfR 07 Schweinfurt lange die Treue. Und nicht nur bei ihm war wohl die Aufregung groß, als man 1940 die 2. Schlussrunde im Pokal erreicht hatte und es dort zum Kräftemessen mit Rapid Wien kam. Doch bei der Spitzenmannschaft aus dem damals „angeschlossenen" Österreich gingen die Schweinfurter mit 1:7 unter.

Später machte sich im Stadion am Hutrasen auch Angst breit. Das Vereinsheim zerstört, sportlich nach dem Krieg nicht mehr erstklassig. Entgegen dem Versprechen, dass jeder Verein wieder in der gleichen Klasse anfangen könne, wurde der VfR tiefer angesiedelt. Bernard wechselte daraufhin zum 1. FC Schweinfurt 05 in die Oberliga Süd.

1959 musste der VfR 07 Schweinfurt wegen des Baus des Main-Donau-Kanals zudem das Gelände am Hutrasen verlassen und konnte erst 1965 wieder zurückkehren. Mit dem Herzrasen im Stadion am Hutrasen war dann 2011 endgültig Schluss. Herzstillstand beim traditionsreichen VfR, der in jenem Jahr aus wirtschaftlichen Gründen Insolvenz anmelden musste und in der Folge aufgelöst wurde.

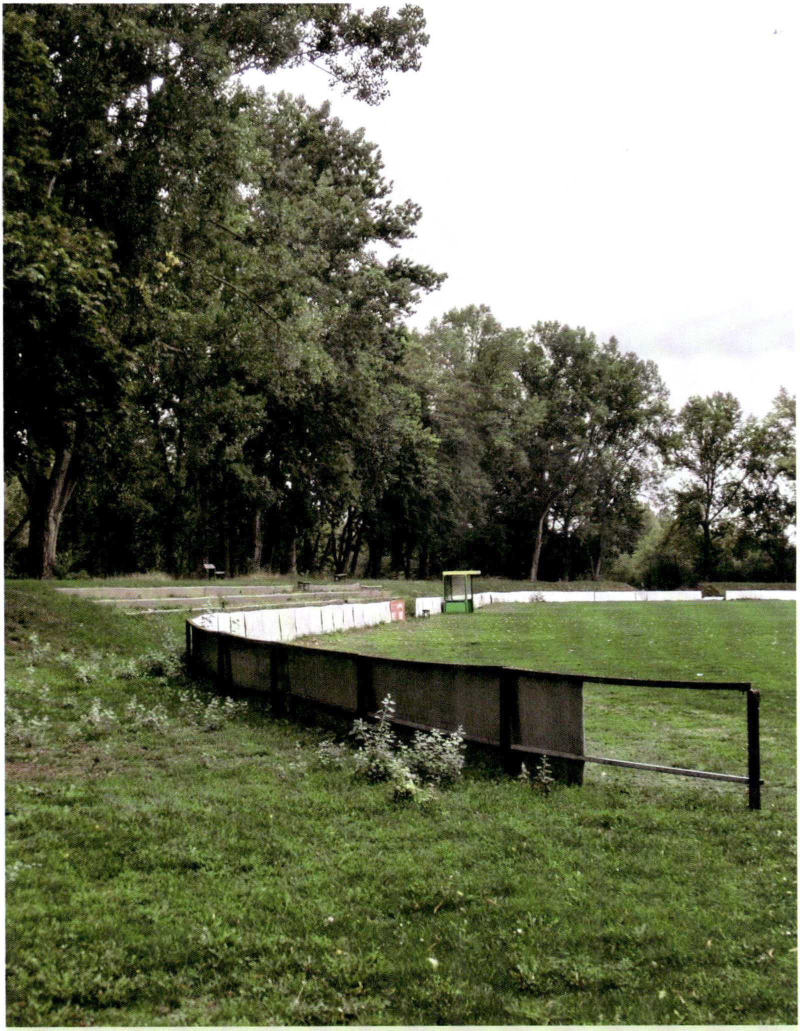

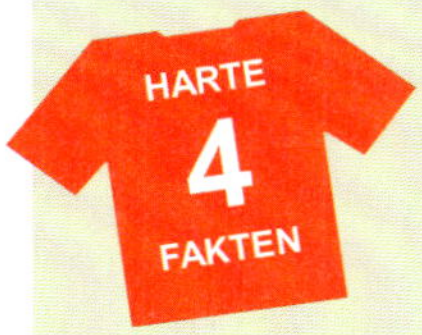

Adresse: Hutrasen, 97424 Schweinfurt

Erbaut: 1928

Zuschauerkapazität: 6.000

Verein: Türkiyemspor Schweinfurt (früher: VfR Schweinfurt)

Willy-Sachs-Stadion

Schnüdel

Das Willy-Sachs-Stadion hat seit seiner Eröffnung im Jahr 1936 schon einiges gesehen. Nationalsozialistische Propaganda und Aufmärsche der US-Armee, aber auch Faustball-Europameisterschaften und ein Konzert der Boygroup „Backstreet Boys". Allen voran aber Fußball, zeitweise sogar sehr erfolgreichen.

Denn das Stadion mit seiner überdachten Haupttribüne ist die Heimat des 1. FC Schweinfurt 05, der Schnüdel also, wie der Verein auch genannt wird. Unter Schnüdel versteht man im Unterfränkischen den verschließbaren Luftschlauchzipfel zum Aufblasen des Fußballs, den nach dem Aufpumpen eine geschnürte Stelle verbarg. Zunächst eine spöttische Bezeichnung, wurde daraus Schweinfurts Spitzname.

Und ausgerechnet ein Schweinfurter machte dem Schnüdel den Garaus: Fritz Stöcklein. Der Spenglermeister erfand 1920 das Rückschlagventil für luftgefüllte Bälle. Bis dahin führte die geschnürte Stelle wegen ihrer Härte und Unebenheit zu Verletzungen bei Spielern und beeinflusste die Flugeigenschaften des Balls.

Stöcklein meldete seine Erfindung sogar international als Patent an, doch der junge fränkische Tüftler war noch zu unerfahren, um seine Idee, die den Fußball revolutionierte, auch finanziell auszuwerten. Er verkaufte sein Patent an die Nürnberger Sportartikelfabrik Gutkind & Einstein, bei der er selbst drei Jahre gearbeitet hatte.

Was blieb, war der Schweinfurter Spitzname. Die Schnüdel selbst trugen ihn durchs Land, spielten bis 1963 über 30 Jahre stets erstklassig, waren 1939 sowie 1942 Gauligameister, und standen 1936 im Pokal-Halbfinale. Erst mit Einführung der Bundesliga wurden die 05er dann in die zweitklassige Regionalliga Süd eingereiht.

Dort errangen die Schnüdel 1966 die Meisterschaft, scheiterten jedoch in den Aufstiegsspielen zur Bundesliga. Bis 1976 verblieb der 1. FC Schweinfurt 05 in der Zweitklassigkeit, ehe er im Amateurbereich verschwand. Nur zweimal konnten die Schnüdel seither für jeweils ein Jahr in die 2. Bundesliga zurückkehren: 1990 und 2001.

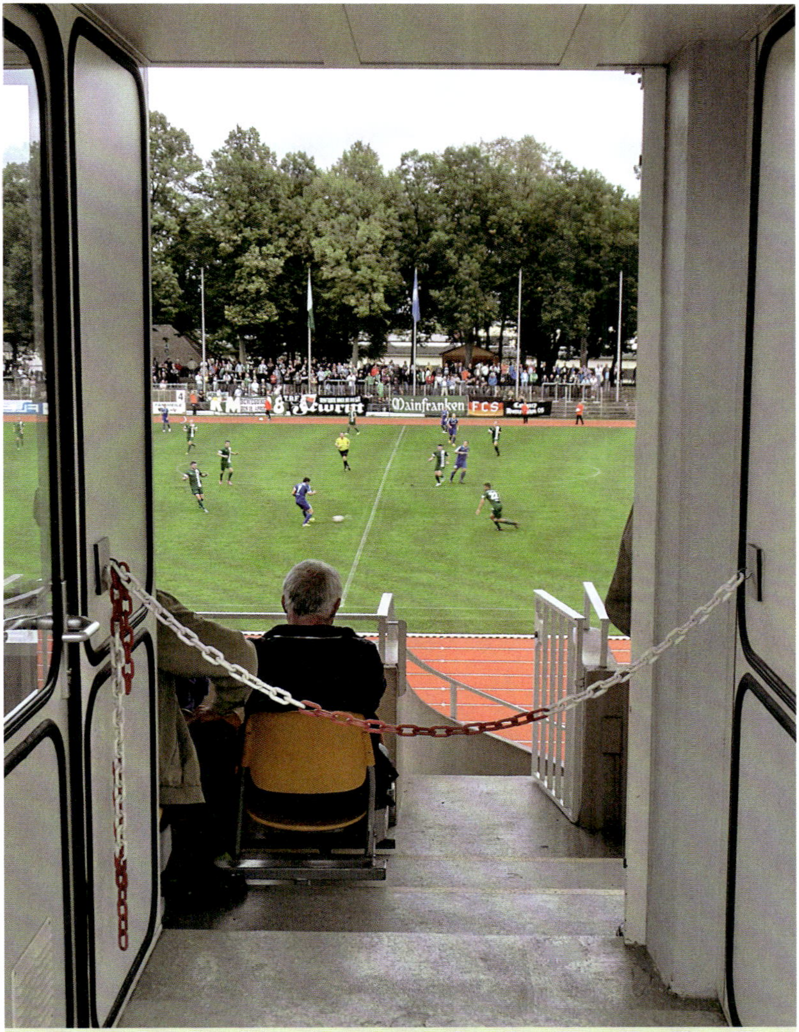

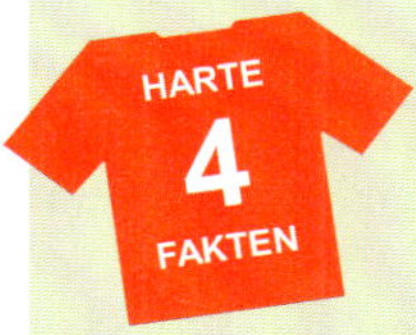

Adresse: Ander-Kupfer-Platz 2, 97424 Schweinfurt

Erbaut: 1936

Zuschauerkapazität: 16.500

Verein: 1. FC Schweinfurt 05

Stegaurach 091

Aurachtalsportanlage

In der Mitte der Ortschaft

Im kleinen Stegaurach ist man stolz auf seinen 1945 gegründet Fußballverein, denn „allein 35 Jahre lang zählte die Spielvereinigung zu den zehn bestplatzierten Mannschaften im Spielkreis Bamberg“, wie man sich noch heute gerne erzählt.

1996 stieg die SpVgg Stegaurach gar in die viertklassige Bayernliga auf und belegte in den Abschlusstabellen der Folgejahre auch hier stets einen Rang in den Top 10. Der Zuschauerschnitt lag schon mal bei respektablen 926 Besuchern pro Heimspiel.

In der Spielzeit 1999/2000 führten die Stegauracher die Bayernliga sogar zeitweise an und wurden am Ende Vizemeister – die Spielvereinigung war der Mittelpunkt der Ortschaft, mindestens. Dann folgte der Absturz. Abstieg als Tabellenletzter 2000/01. Letztlich lag es wie so oft am lieben Geld.

Zum 65. Jubiläum der Spielvereinigung im Jahr 2010 schrieb der Verein dann auch in seiner Chronik:

„In der Öffentlichkeit werden wiederholt die Schwierigkeiten im finanziellen Bereich besprochen, wobei vergessen wird, dass die Spielvereinigung Stegaurach hervorragende Sport- und Freizeitanlagen, in der Mitte der Ortschaft gelegen, zum allergrößten Teil als Eigentum mit einem Wert in Millionenhöhe, aufweisen kann. Das 1990 fertig gestellte, bewirtschaftete Vereinsheim ‚Aurachtalgaststätte‘ mit verschiedenen Nebenräumen, zwei Gymnastikräumen, entsprechenden Umkleidekabinen, WC, Duschen, Büroräumen und Kraftraum; außerdem die vereinseigene Aurachtalsportanlage mit zwei Rasenspielfeldern, drei Tennisplätzen und einem Rasenkleinspielfeld. Diese Anlage ergänzen eine Flutlichtanlage, eine überdachte Stehtribüne, Presse- und Medienkabine am Platz, Grill- und Zeltplatz für die Jugend, Getränke- und Grillstation mit sanitären Einrichtungen. Für all diese Anlagen steht ein vereinseigener Maschinenpark mit Kleinbus zur Verfügung. Zu erwähnen ist, dass diese teilweise nicht verschlossenen Sportanlagen auch der Allgemeinheit zur Verfügung stehen.“

Und so nimmt die SpVgg Stegaurach auch ohne höherklassigen Fußball ihren Platz in der Mitte der Ortschaft ein.

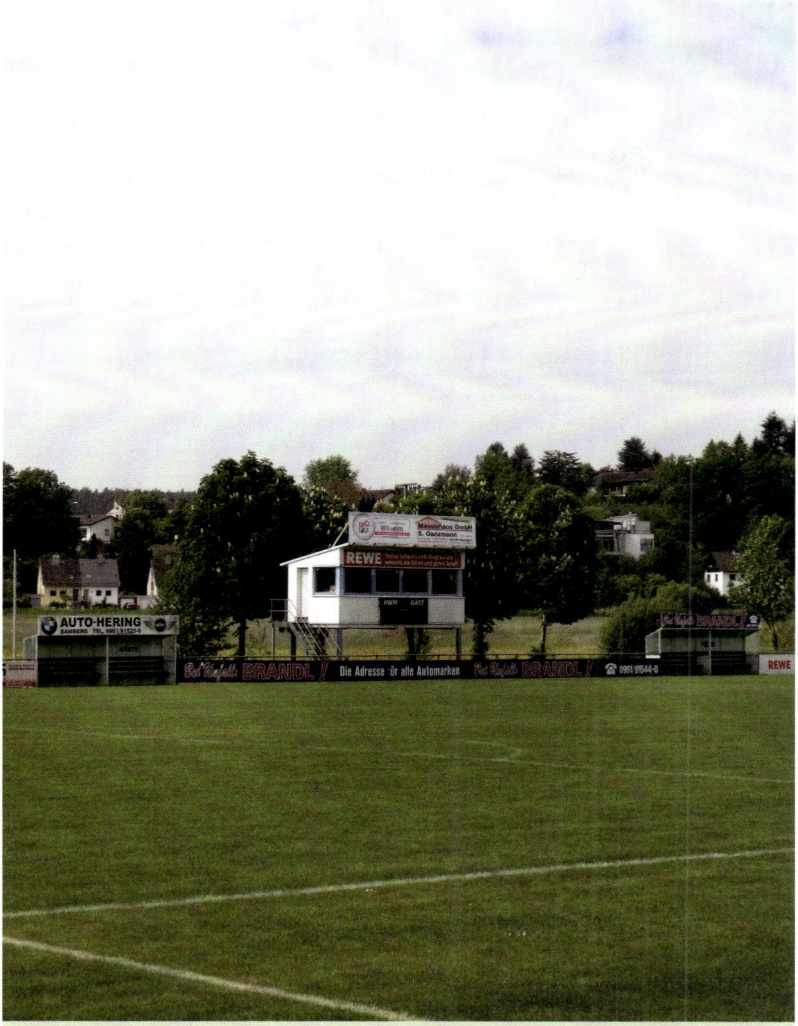

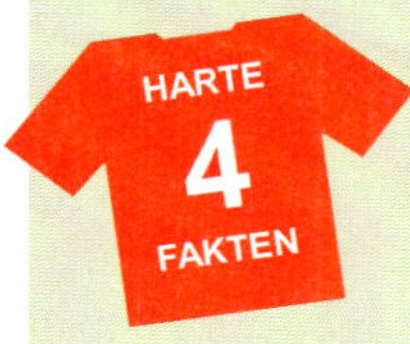

Adresse: Mühlendorfer Straße 11, 96135 Stegaurach

Erbaut: 1993

Zuschauerkapazität: 3.500

Verein: SpVgg Stegaurach

Möbelfabrik Wagner

Repräsentanten, die alle kannten

Oberfranken, speziell die Region um Coburg, ist traditionell eine Hochburg der Möbelbauer. Und so war auch in Untersiemau einer jener alteingesessenen Möbelfabrikanten beheimatet: die Firma Wagner. Diese leistete sich in ihren besten Zeiten sogar prominente Fußballer als Repräsentanten.

Einer davon war Jupp Posipal, der Abwehrrecke der Weltmeisterelf von 1954 und des Hamburger SV. Von 1955 bis 1993 war er als Generalvertreter für Norddeutschland im Dienste des oberfränkischen Möbelherstellers tätig und soll dabei bis zu 2.000 Kilometer pro Woche mit dem Auto zurückgelegt haben.

Der andere berühmte Repräsentant von Wagner war Fritz Walter, ebenfalls Nationalspieler und sogar Kapitän der „Helden von Bern". Ihn kannten nun wirklich alle im Wirtschaftswunderland. Und der Kaiserslauterer vermarktete seinen Ruhm wie kein anderer Weltmeister von 1954. Ein Profitum gab es damals hierzulande noch nicht, und so war Fritz Walter, neben seiner Tätigkeit für die Firma Wagner aus Untersiemau, auch mal Trainer des nahen VfL Neustadt bei Coburg. Zudem Adidas-Repräsentant, Kinoinhaber, Wäschereibetreiber, Rundfunkkommentator und Sportbuchautor.

Auch Wagner konnte sich lange sehr gut vermarkten. Doch Ende der neunziger Jahre ging es bergab, derart, dass 2001 der Gang zum Insolvenzgericht folgte. Der Traditionsbetrieb wurde dann vom oberfränkischen Polstermöbelspezialisten Wilca aus Weidhausen übernommen, der jedoch bereits zwei Jahre später ebenfalls Insolvenz anmelden musste.

Das Wagner-Areal in Untersiemau mit seinen rund 55.500 Quadratmetern wurde schließlich im Jahr 2011 von einem Projektentwickler aus der Zwangsverwaltung übernommen, mit dem Ziel, einen „Gewerbe- und Energiepark" zu realisieren. Dabei sollen „zwischen vielen Grünoasen auch Wohnungen, eine Kindertagesstätte sowie Freizeiteinrichtungen" Platz finden.

Und wer weiß, womöglich wächst dort irgendwann mal ein Fußballer heran, der in die Fußstapfen von Posipal oder Walter treten kann. Freilich nicht mehr als Wagner-Repräsentant, aber vielleicht ja sportlich.

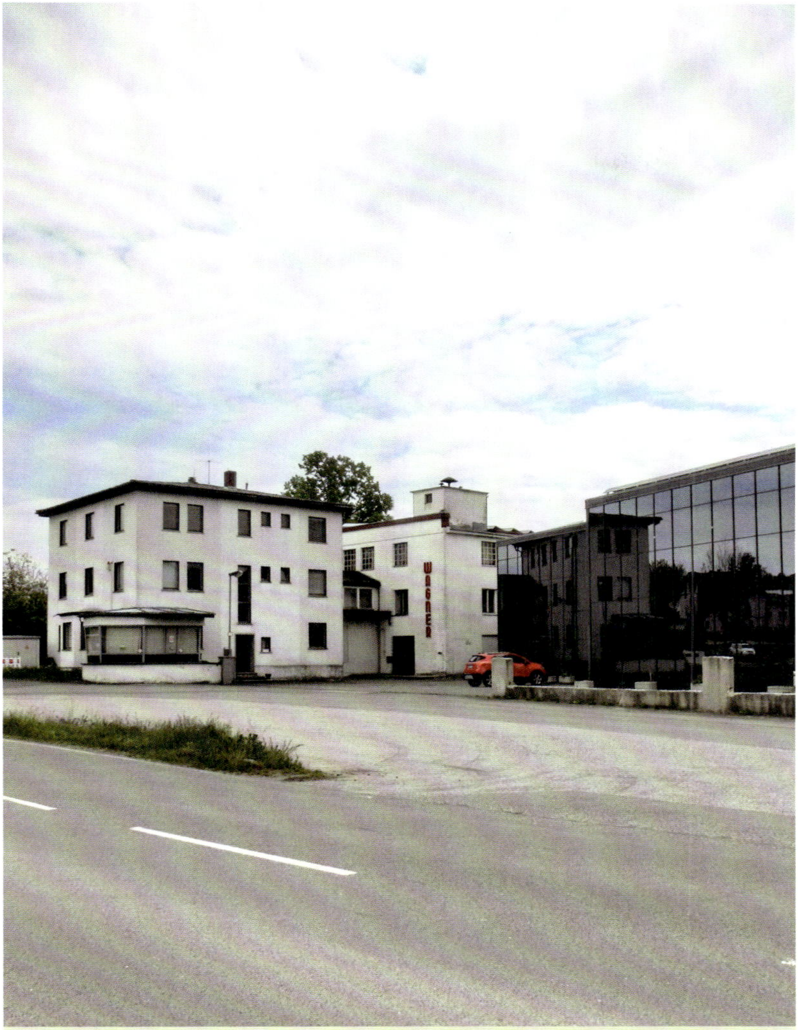

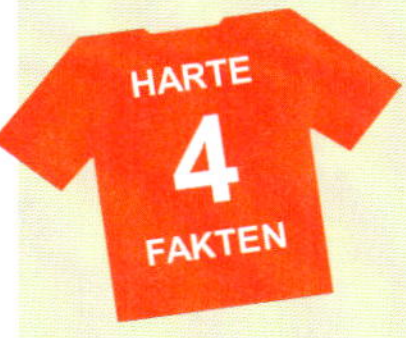

Adresse: Bahnhofstraße 17/19–23, 96253 Untersiemau

Umsatz 2000: 30 Millionen DM

Mitarbeiterzahl 2001: 175

Insolvenz: 2001

Vestenbergsgreuth 093

Stadion am Schwalbenberg

Heimat der Pokalhelden

„Der Name Vestenbergsgreuth ist eine Art Chiffre für fußballerische Sensationen", schrieb 2016 die „Süddeutsche Zeitung". Da lag der große Coup des kleinen Dorfvereins schon 22 Jahre zurück. Doch tatsächlich, kaum ein Bericht über die alljährlichen Erstrundenpartien von „David gegen Goliath" im DFB-Pokal, bei dem nicht der legendäre Jubel von Roland Stein zu sehen ist.

Der Vestenbergsgreuther Stürmer hatte damals das 1:0 gegen Bayern-Torwart Oliver Kahn, immerhin Deutschlands Nummer 2, geköpft. Am 14. August 1994 war das, in der 44. Spielminute. Und es sollte das einzige Tor des Abends bleiben. Der frischgebackene Regionalligist TSV Vestenbergsgreuth besiegte also den amtierenden Deutschen Meister FC Bayern München in Runde 1 – die Mutter aller Pokalsensationen.

Am Schwalbenberg, der Heimat des Vereins aus dem 1.500-Seelen-Teedorf, haben sie ihren Pokalhelden sogar einen Gedenkstein gewidmet. Dabei fand das Spiel gar nicht hier statt. Denn das Stadion am Schwalbenberg fasst nur 6.300 Zuschauer. Das Spiel gegen den FC Bayern wollten aber rund 25.000 sehen, sodass es ins Frankenstadion nach Nürnberg verlegt wurde.

In Runde 2 trat der TSV dann wieder in Vestenbergsgreuth an und gewann gegen den ehemaligen Bundesligisten FC Homburg mit 5:1. Und beinahe hätte der Schwalbenberg eine weitere Sensation gesehen, doch die Greuther scheiterten im Achtelfinale denkbar knapp nach Elfmeterschießen am späteren Finalisten VfL Wolfsburg.

Kräftig unterstützt von einem örtlichen Teehersteller, war es zuvor für den erst 1974 aus der Taufe gehobenen TSV sehr schnell nach oben gegangen. Bereits 1980 hatte man die Bezirksligameisterschaft gefeiert, 1987, also lediglich 13 Jahre nach Vereinsgründung, den Aufstieg in die damals noch drittklassige Bayernliga.

Die Vestenbergsgreuther etablierten sich dann auch in der Regionalliga Süd, hatten durchaus etwas Kultiges, fusionierten jedoch 1996 mit der finanziell angeschlagenen SpVgg Fürth. Seither muss diese die „Greuther" im Vereinsnamen mitführen.

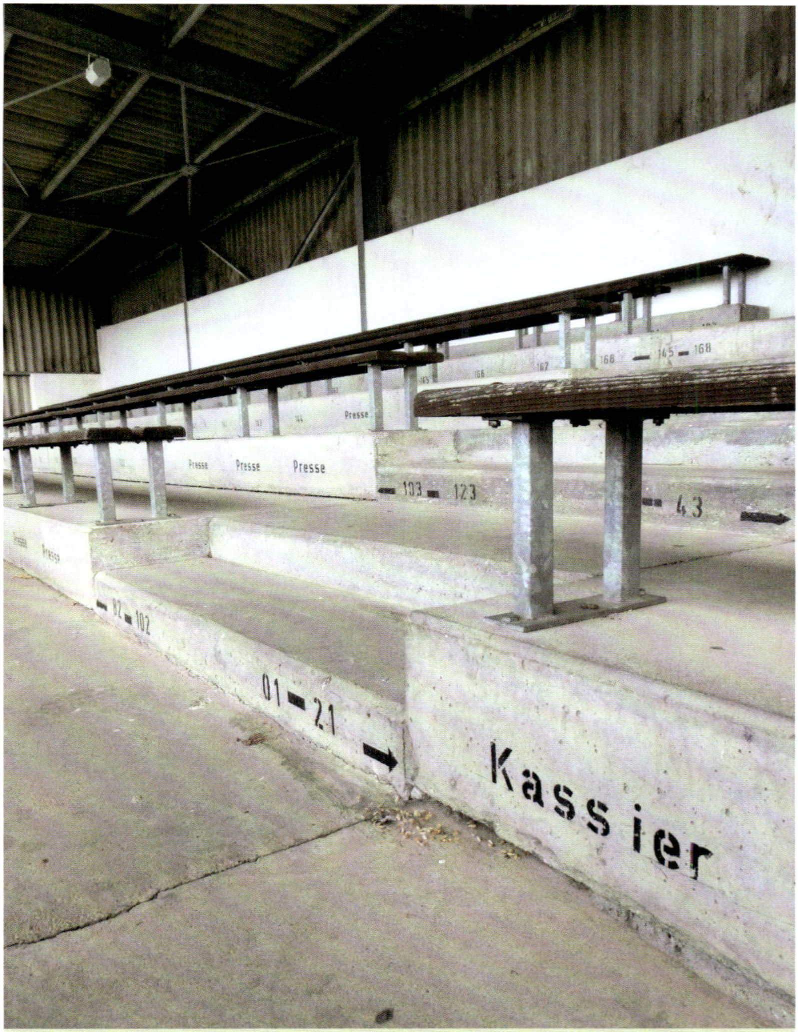

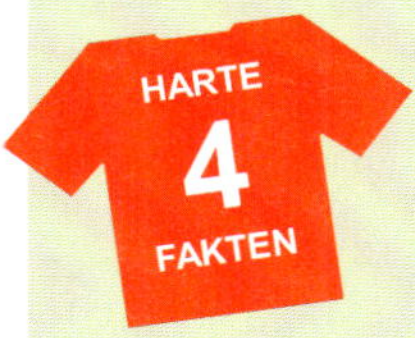

Adresse: Am Sportplatz 1, 91487 Vestenbergsgreuth

Erbaut: 1976 (Tribünenanlage 1981)

Zuschauerkapazität: 6.300

Verein: TSV Vestenbergsgreuth

Weismain 094

Waldstadion

Für einen Tag im April

Der 12. April 1997 ist vielleicht der größte Tag in der Sportgeschichte Weismains, einer Kleinstadt am Nordrand der Fränkischen Schweiz. Denn damals pilgerten sage und schreibe 17.000 Menschen in das örtliche Waldstadion. Anlass war ein Regionalligaspiel des SC Weismain. Freilich jedoch nicht irgendeines.

Die Weismainer waren 1995 erstmals in die Bayernliga aufgestiegen und schafften dort gleich den Durchmarsch in die drittklassige Regionalliga. Mit dem sportlichen Erfolg einher ging auch die Entwicklung des Waldstadions. Es wurde nach dem Zweiten Weltkrieg auf einer abfallenden Waldrodung als Sportplatz angelegt und bis 1996 zu einem Stadion mit 10.000 Plätzen ausgebaut.

Damit nicht genug. „Ein Fassungsvermögen von 10.000 aber war zu wenig, denn es nahte in der Regionalliga Süd das Spiel der Spiele aus Weismainer Sicht: Der 1. FC Nürnberg kam! So schloss man an die neun Betonstehstufen der Ostseite weitere 18 Reihen Sandsteinrohlinge als Stehränge an, stellte zudem eine Flutlichtanlage fertig. Am 12. April 1997 trat der Club in der 5.000-Einwohner-Gemeinde an, in der beim ‚Franken-Fußballfest' sensationelle 17.000 Zuschauer gezählt wurden!" So Werner Skrentny in seinem Werk „Das große Buch der deutschen Fußball-Stadien".

Durch die finanzielle Unterstützung eines örtlichen Bauunternehmers entstand letztlich ein beeindruckendes Naturstadion, bei dem also insgesamt 27 Stehränge den Waldhang emporklimmen. Es ist wohl nicht nur für den Fußballhistoriker Hardy Grüne „eines der atemberaubendsten Stadien des Landes".

Der SC Weismain verlor an jenem Tag im April vor ausverkauftem Haus mit 0:2 gegen den FCN, der am Ende der Saison aufstieg. Weismain verblieb insgesamt drei Jahre in der Regionalliga, stieg 1999 in die Bayernliga und aus dieser nur ein Jahr später in die Landesliga ab.

Der Verein bekam finanzielle Schwierigkeiten und 2002 folgte ein weiterer Abstieg des SC Weismain, der schließlich in der Saison 2003/04 Insolvenz anmelden musste.

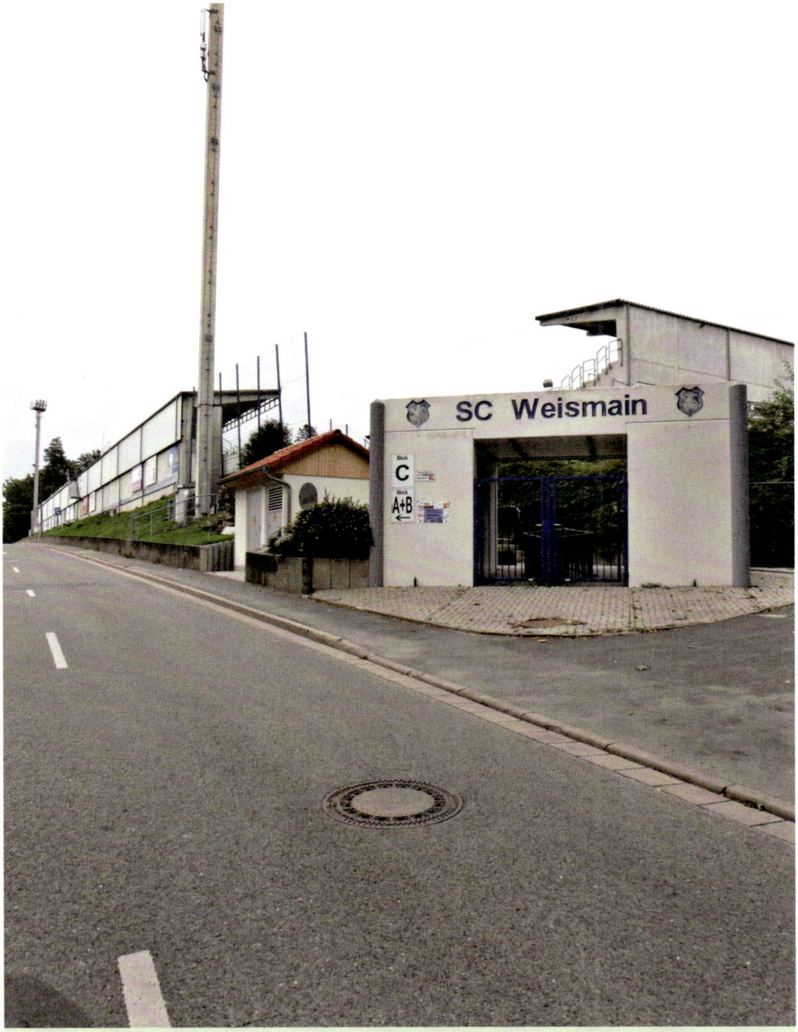

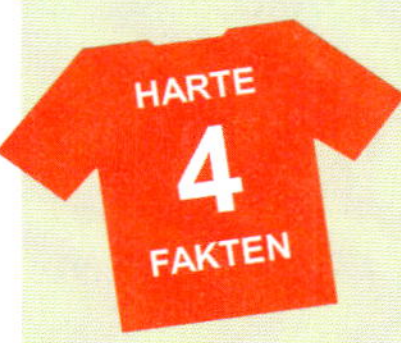

Adresse: Baiersdorfer Straße 12, 96260 Weismain

Erbaut: 1945/1968

Zuschauerkapazität: 17.000

Vereine: SCW Obermain (SC Weismain), SpVgg Bayreuth

Wilhermsdorf 095

Stahlrohrmöbelfabrik Stechert

Wenn sitzen, dann Stechert

Als die Firma Stechert im Weltmeisterjahr 1954 gegründet wurde, beschäftigte sich das Unternehmen mit der Herstellung von Türschlössern, Kinderwagen-Zierleisten und Möbelbeschlägen. Im Europameisterjahr 1972 erfolgte dann die Umstellung vom Metallwaren-Zulieferbetrieb auf die Produktion von Tischen und Stühlen.

1995 schließlich, als die Versitzplatzung in den Fußballstadien schon vorangeschritten war, stieg die Firma Stechert auch in das Sportstättenbestuhlungsgeschäft ein. Und zwar inzwischen weltweit und sehr erfolgreich, sodass der Slogan „Die Welt sitzt auf Stechert“ durchaus zutrifft. Obwohl ja speziell beim Fußball der ein oder andere lieber steht. Besonders wenn „Steht auf, wenn ihr Clubfans seid“ intoniert wird.

Gut, das Lied wird in vielen Abwandlungen gesungen und basiert auf „Go West“, einem Song der „Village People“ aus dem Jahr 1979. Mag sein, dass man uneins ist, von wem und wie das Lied in die Fußballstadien getragen wurde. Doch Fakt ist, es ist ein Nürnberger Lied! Denn „Go West“ ist laut Expertenmeinung im Kern ein Plagiat aus Kanon und Gigue in D-Dur des Barockkomponisten Johann Pachelbel. Und der kam aus Nürnberg. Ehre, wem Ehre gebührt. Also, „Steht auf, wenn ihr Clubfans seid“.

Abweichend davon lautet übrigens der Titel des Solostücks von Regisseur Tilman Seidel, das 2010 im Gostner Hoftheater in Nürnberg Premiere hatte, „Steht auf, wenn ihr Cluberer seid“.

Doch falls sie sitzen, die Clubfans oder Cluberer im Max-Morlock-Stadion, die Herthaner im Olympiastadion oder auch manch Fürther im Ronhof, dann tun sie es auf Sitzmöbeln aus Wilhermsdorf. Selbst bei der WM 2010 in Südafrika riss es die Fans von Stechert-Sitzen, beispielsweise im knapp 70.000 Zuschauer fassenden Moses Mabhida Stadium in Durban.

Für Brasilien lieferte Stechert dann passenderweise auch ein Modell namens „Copacabana“, ausgezeichnet mit dem „Red Dot Design Award“. Unter anderem für die Arena Pernambuco in Recife, wo Deutschland auf dem Weg zum WM-Titel 2014 in der Vorrunde im strömenden Regen die USA mit 1:0 besiegte.

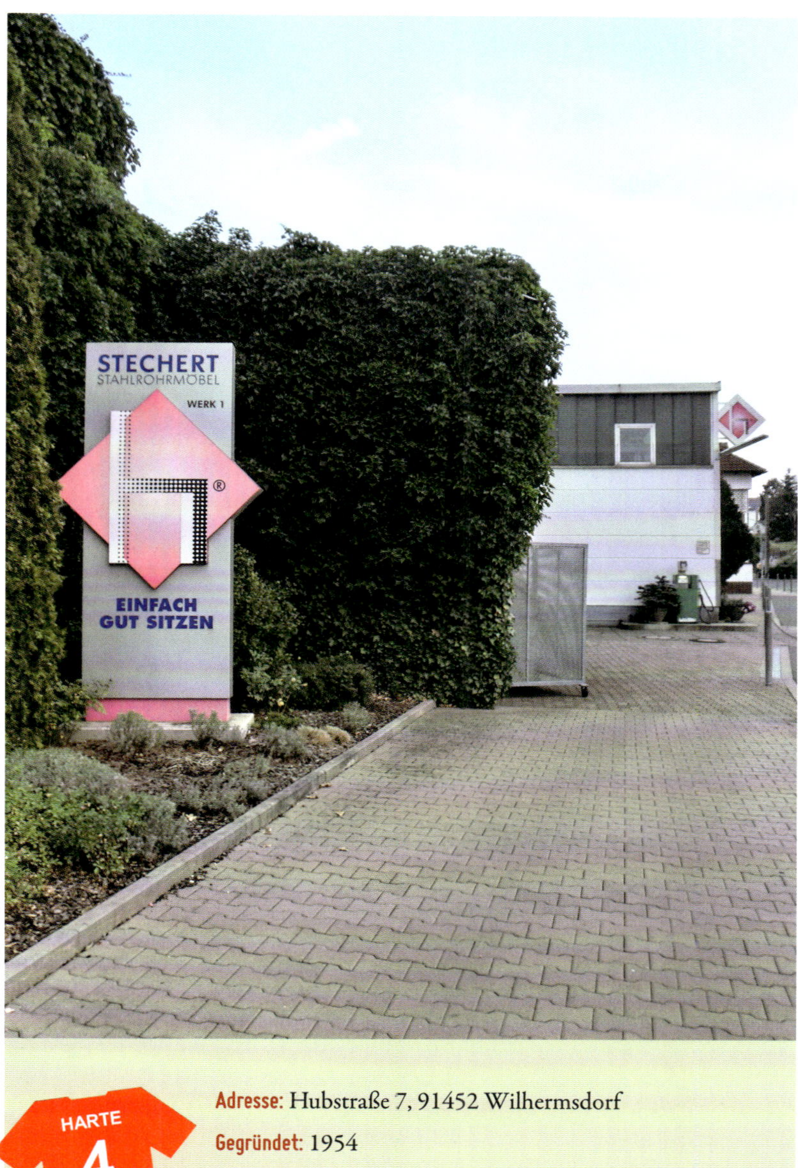

HARTE 4 FAKTEN

Adresse: Hubstraße 7, 91452 Wilhermsdorf

Gegründet: 1954

Sportstättenbestuhlung: seit 1995

Mitarbeiterzahl: ca. 230

Würzburg 096

Stadion am Dallenberg

Die Rechenprofis

Die 1907 gegründeten Kickers feierten ihre ersten größeren Erfolge an der Randersackerer Straße im Stadtteil Sanderau. So qualifizierten sie sich 1917 für das Ostkreis-Halbfinale der Süddeutschen Meisterschaft und spielten in den Dreißigern und Vierzigern zeitweise in der erstklassigen Gauliga.

Am Dallenberg wurden die Kickers ab 1967 heimisch, da die alte Heimspielstätte der wachsenden Stadt weichen musste. Das dort errichtete Stadion besaß anfänglich eine Haupttribüne mit 4.000 Plätzen, ansonsten umgaben Erdwälle das Spielfeld. Erst 1975 waren schließlich die Stehränge fertiggestellt.

In der Saison 1977/78 spielten die Würzburger Kickers dann für ein Jahr in der 2. Bundesliga Süd und erreichten im Stadtderby gegen den FV 04 eine Zuschauerzahl von 11.454, was einen Rekord für dieses Duell darstellt. Sportlich weit weniger rekordverdächtig, folgte jedoch am Ende der Spielzeit wieder direkt der Abstieg in die Bayernliga.

1983 ging es für die Kickers hinunter in die Landesliga, in der sie bis auf wenige Spielzeiten auch bis 2002 verblieben. Dann folgte sogar der Absturz in die Bezirksliga. Von dort war es ein langer Weg, bis die Würzburger 2012 in der Regionalliga angekommen waren.

Und nachdem sie sich dort etabliert hatten, wurde das Projekt „3x3 – In drei Jahren Dritte Liga“ unter dem Motto „Würzburg braucht Profis!“ ins Leben gerufen. Zudem wurde das Stadion am Dallenberg saniert und eine moderne Flutlichtanlage errichtet.

Das 3x3-Projekt „scheiterte“ jedoch im Positiven, denn bereits nach einem Jahr waren die Kickers in die 3. Liga aufgestiegen. Und da sich diese Rechnung so schnell erledigt hatte, startete man Anfang 2016 das Projekt „3x2 – Würzburg kann mehr!“, um es innerhalb von drei Jahren in die zweite Liga zu schaffen.

Doch auch diese Aufgabe lösten die Würzburger Rechenprofis bereits im ersten Jahr. Im Mai 2016 stiegen sie tatsächlich in die 2. Bundesliga auf. Nur ein Jahr später allerdings auch wieder ab – das hatten sie sich anders ausgerechnet.

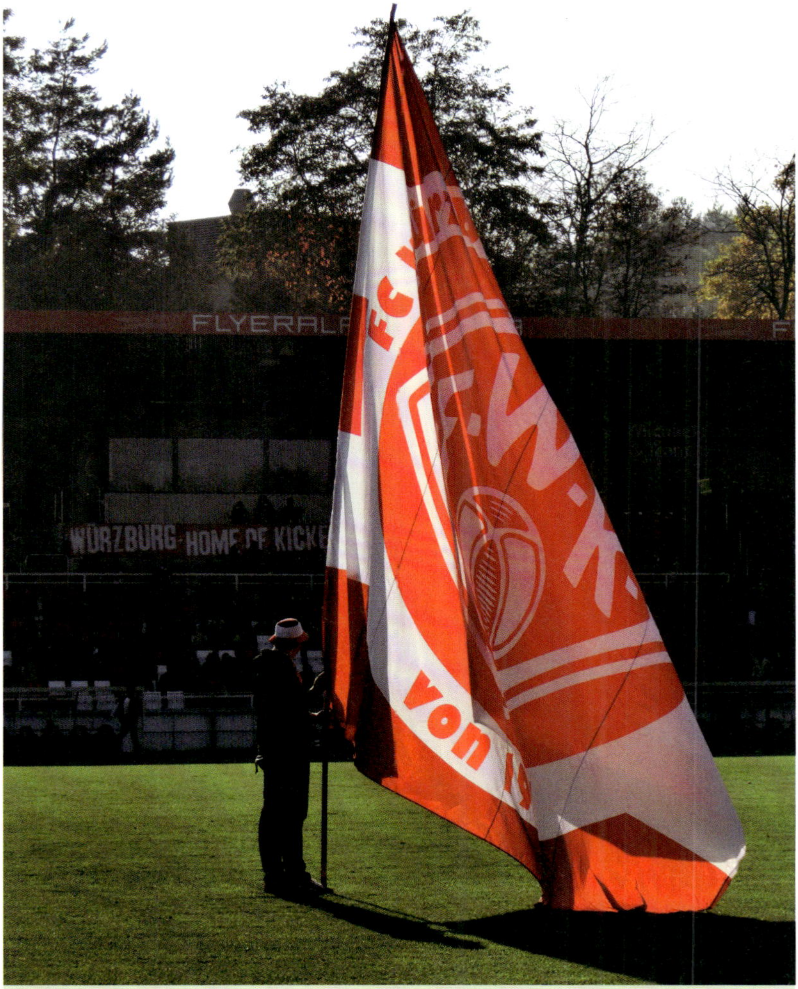

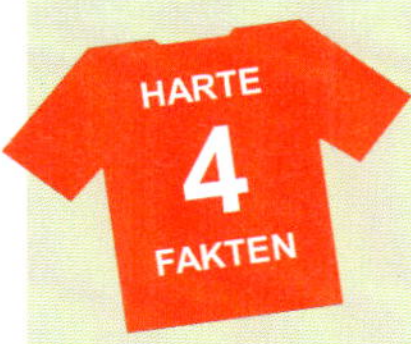

Adresse: Mittlerer Dallenbergweg 49, 97082 Würzburg

Erbaut: 1967

Zuschauerkapazität: 13.138

Verein: Würzburger Kickers

DJK-Stadion Frankfurter Straße

Konkursmasse

Die Frankfurter Straße war seit 1912 die Heimat des FV Würzburg 04 und erhielt 1925 eine Holztribüne mit 700 Sitzplätzen. Das Stadion wurde mehrmals umgebaut und als die Blauen aus dem Stadtteil Zellerau von 1976 bis 1980 in der 2. Bundesliga Süd spielten, fasste es etwas mehr als 15.000 Zuschauer.

Große Ziele hatten sie in den siebziger Jahren beim 1904 gegründeten Arbeiterverein, und mit Lothar „Emma" Emmerich sogar einen Ex-Nationalspieler in ihren Reihen. In den Zwanzigern stellten die Nullvierer übrigens mit Josef „Seppel" Müller sogar selbst einen Deutschen Nationalspieler. Bei Emmerich kamen zwar in seiner Würzburger Zeit keine weiteren A-Länderspiele mehr hinzu, aber er wurde in Diensten des FV 1977 Zweitliga-Torschützenkönig.

Nach jener Saison wechselte Lothar Emmerich zum Lokalrivalen Würzburger Kickers, die auch in die 2. Bundesliga Süd aufgestiegen waren. So erlebte das Stadion an der Frankfurter Straße in der Saison 1977/78 sogar ein Zweitliga-Stadtduell. Es sollte eines der letzten Derbys des „alten" FV gegen die Kickers sein.

Im Jahr 1980 stieg der ambitionierte FV Würzburg 04 aus der 2. Bundesliga ab und stand vor einem Scherbenhaufen. Mit 2,5 Millionen Mark Schulden mussten die Nullvierer 1981 Konkurs anmelden und verloren nicht nur ihr Stadion, sondern auch Spielklasse und Namen. Als Nachfolgeverein wurde im Mai 1981 der Würzburger FV gegründet, der ganz unten in der C-Klasse neu beginnen musste.

Aus der Konkursmasse erwarb die DJK Würzburg bei einer Versteigerung das Stadion an der Frankfurter Straße für eine Summe von 950.000 Mark. Die nun DJK-Stadion genannte Spielstätte wurde seitdem nach und nach rückgebaut. Mittlerweile sind drei Seiten des Stadions ebenerdig, es wurde lediglich eine kleine Sitzplatztribüne neu errichtet – und auf einem Teil des Geländes ein Supermarkt. Nun ja, bei der DJK ist eben nicht Fußball die Nummer 1, sondern die Basketballabteilung. Dort begann beispielsweise der gebürtige Würzburger Dirk Nowitzki seine Weltkarriere.

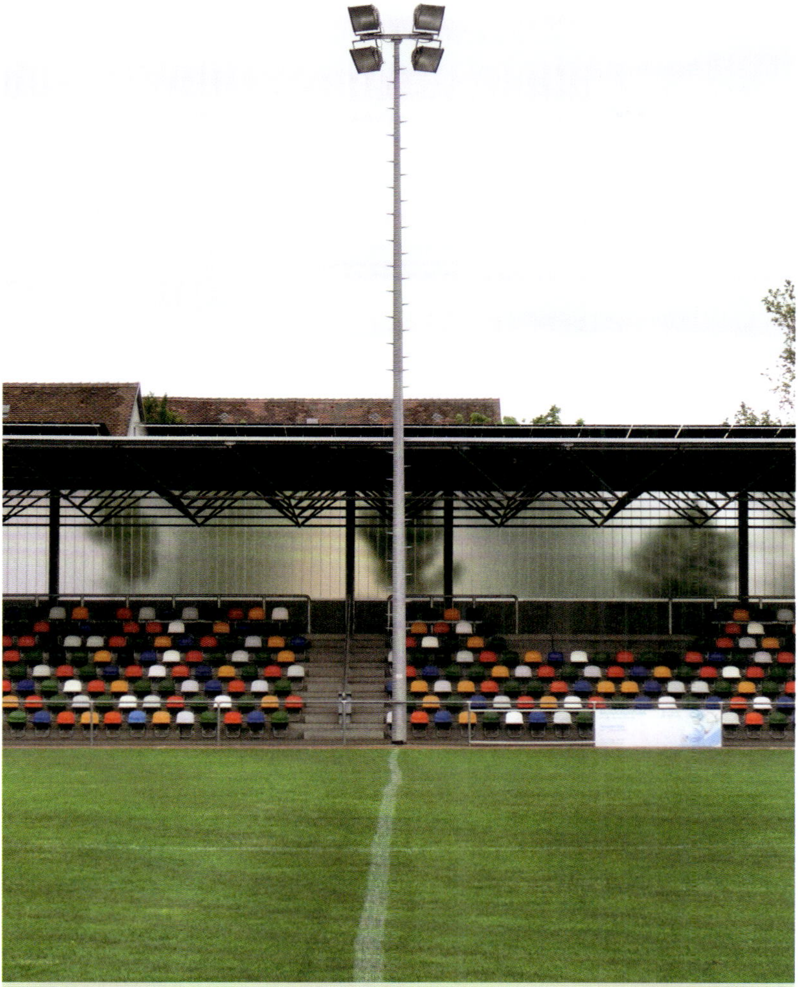

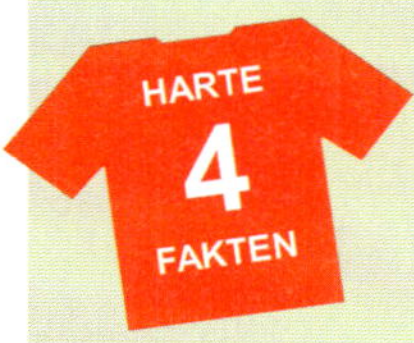

Adresse: Wredestraße 23, 97082 Würzburg

Erbaut: 1912

Zuschauerkapazität: 2.100

Verein: DJK Würzburg (früher: FV Würzburg 04)

Institut für Fankultur (JMU)

Mystisches, unantastbares, fast heiliges erforschen

Das Institut für Fankultur der Julius-Maximilians-Universität (JMU) Würzburg ist das erste seiner Art in Deutschland. Es wurde 2012 gegründet und arbeitet eng mit dem Institut für Sportwissenschaften zusammen. Doch nicht nur Sportwissenschaftler, auch Soziologen, Politologen, Psychologen und Kriminologen sollen helfen, die Fankultur „dechiffrieren, vermessen und beschreiben" zu können, wie es Institutsgründer und Fußballfan Harald Lange ausdrückte.

„Aber was soll das überhaupt sein, diese Fankultur?" Diese Frage stellte 2012 „Die Zeit". Denn: „Sie vereint, sie spaltet, sie provoziert: Fankultur ist Kampfbegriff, Totschlag-Argument und Herzensangelegenheit. Jeder Fußball-Anhänger versteht etwas anderes darunter, jeder kann hineininterpretieren, was er will. Insofern wartet auf Harald Lange eine kaum zu bewältigende Aufgabe. ‚Es ist illusorisch, Fankultur genau definieren zu wollen', sagt der Sportpädagogik-Professor der Universität Würzburg."

Das Institut zeigt aber, dass Wissenschaft und Fußball einander in Franken nicht fremd sind. Und es soll laut „Welt" auch „Großes schaffen: Eine Lanze für die oft vorverurteilten Fans brechen. ‚Einzelne Negativ-Vorfälle entscheiden derzeit darüber, welches Bild die Gesellschaft von Fans im Allgemeinen hat. Im Moment steht auf der Schublade: Ultras, Pyrotechnik und Gewalt. Das ist ungerecht', sagt Lange. Zudem verklärten Medien das Bild, ‚vielleicht verdrehen sie es sogar ein bisschen'. Er und seine Kollegen wollen ein auf Fakten basierendes, differenziertes Bild von den Vereinsanhängern zeichnen", so die Zeitung ebenfalls im Jahr 2012.

„Fankultur ist ein mystischer Begriff, der irgendwie unantastbar und fast heilig ist." Auch das sagte Harald Lange, der für seine Forschungsarbeit freilich einen Startpunkt hatte. Denn wie drückte es Daniela Wurbs als Geschäftsführerin von „Football Supporters Europe" einmal aus: „Der kleinste gemeinsame Nenner der Fankultur ist natürlich: Wir lieben Fußball und wir wollen unser Team supporten."

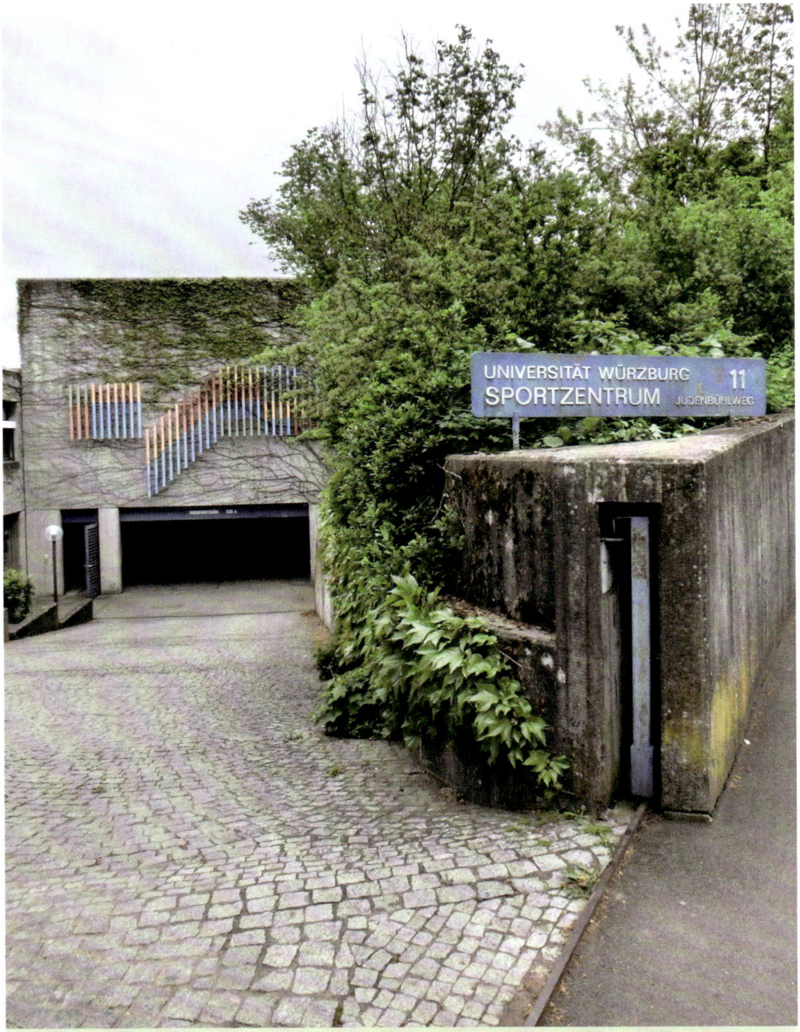

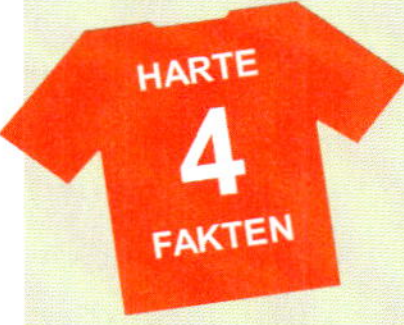

Adresse: Judenbühlweg 11, 97082 Würzburg

Universitätsgründung: 1402/1582

JMU-Studierende gesamt: ca. 29.000

JMU-Beschäftigte gesamt: ca. 4.100

Würzburg 099

Sportpark Herieden

Lorants Anfänge

Der SV Heidingsfeld war einst nahe des Mains beheimatet, unten am Wiesenweg. Doch dann ging es aufwärts. Zunächst sportlich, mit Werner Lorant als Spielertrainer 1985 in die damals drittklassige Bayernliga. 1993 auch mit dem Vereinsgelände, als man das hochwassergefährdete Areal verließ und den Sportpark samt überdachter Tribüne oben in den Herieden realisierte.

Nach dem zwischenzeitlichen Abstieg aus der Bayernliga 1988 erklomm man diese dann 1994 erneut. Also in dem Jahr, in dem der über Schweinfurt und Aschaffenburg nach München gezogene Lorant den TSV 1860 zurück in die 1. Bundesliga führte.

Seit seinen Traineranfängen von 1984 bis 1986 beim SVH erarbeitete sich Werner Lorant den Ruf eines Kulttrainers, nicht nur wegen des Durchmarschs mit 1860 von der Bayernliga in die 1. Bundesliga und dem späteren Erreichen der Champions-League-Qualifikation. Es waren auch Sprüche wie „Ich wechsle nur aus, wenn sich einer ein Bein bricht", die ihn bekannt machten und ihm den Beinamen „Werner Beinhart" einbrachten. Er ist ein Schiedsrichter-Schreck, ein Trainer mit cholerischem Temperament, der über sein Verhältnis zur Mannschaft einmal sagte: „Was soll ich mit den Spielern reden, ich bin doch kein Pfarrer".

Nach seiner Entlassung in München 2001 begann für den beinharten Lorant eine Odyssee durch die Fußballwelt, ehe es schließlich relativ still um ihn wurde. Und auch beim SVH wurde es ruhiger, seit den glorreichen Bayernligazeiten und den DFB-Pokal-Teilnahmen 1983/84 sowie 1987/88.

Dennoch weht noch mehr als nur ein Hauch von hochklassigem Fußball durch den Sportpark Herieden. Denn dort spielen auch die Fußballerinnen des ETSV Würzburg, die sich von 2011 bis 2016 in der 2. Frauen-Bundesliga Süd hielten.

Und irgendwie wäre es eine schöne Geschichte, Lorant noch einmal als Trainer im Würzburger Süden zu sehen. Da er schon so viel gemacht hat, sogar bei einer Fußball-Casting-Show und einer Reality-TV-Show mitwirkte, entdeckt er ja vielleicht auch mal den Frauenfußball für sich.

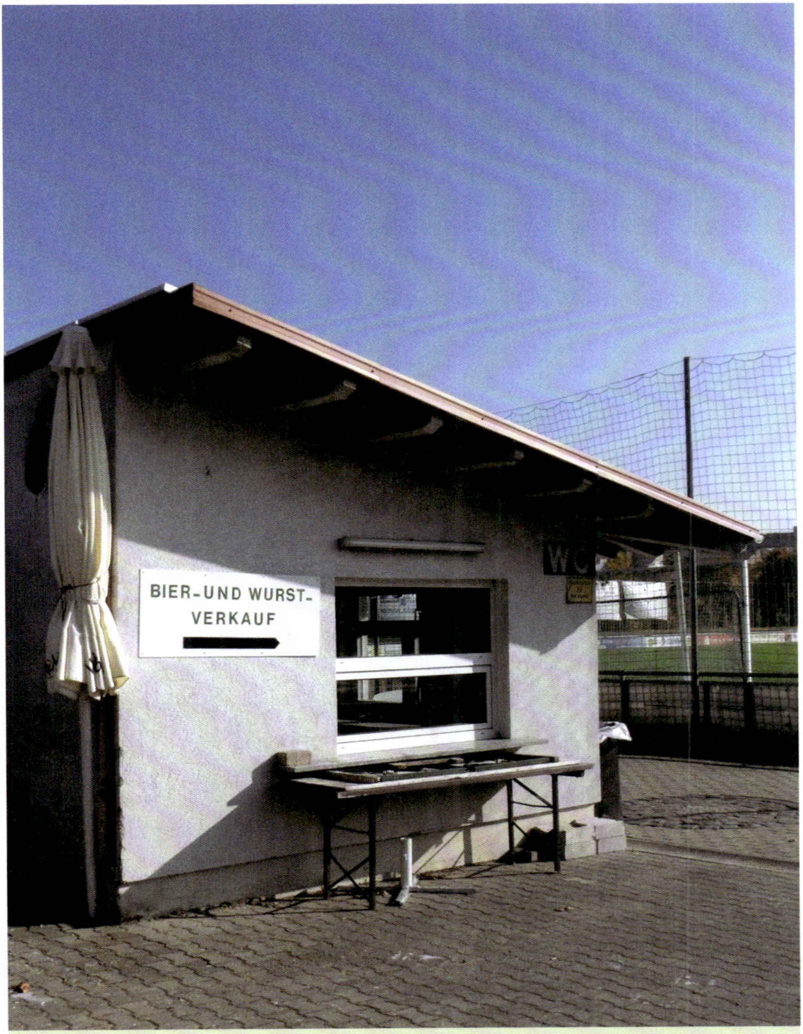

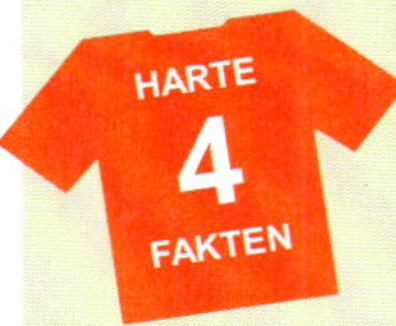

Adresse: Heriedenweg 5, 97082 Würzburg

Erbaut: 1993

Zuschauerkapazität: 5.000

Vereine: SV Heidingsfeld, ETSV Würzburg

Sepp-Endres-Sportanlage

Von ganz unten

Als der FV Würzburg 04 im Jahr 1981 Insolvenz anmelden musste, in der Folge aufgelöst und das vereinseigene Stadion an der Frankfurter Straße versteigert wurde, brach für Sepp Endres eine Welt zusammen. Tatkräftig war er am Ausbau der Spielstätte der Nullvierer beteiligt gewesen, hatte sich zudem fast zwanzig Jahre lang der Jugendarbeit gewidmet. Auch war Endres bereits Ende der Zwanziger dem Verein beigetreten und bestritt bis 1954 stolze 1.000 Spiele für den FV 04.

„Es war für ihn eine Selbstverständlichkeit, eine der 17 Personen zu sein, die im Mai 1981 den Würzburger FV gegründet haben. Für Sepp war es aber immer ‚04'. Als dann der WFV in der Mainaustraße eine neue Heimat gefunden hat, verrichtete Sepp Endres auch hier 17 Jahre lang tagtäglich handwerkliche Arbeiten auf dem Sportgelände, das er immer wie ein Heiligtum behandelte. Auch als Kassenwart und vor allem im Vorstandsbeirat waren seine Meinung und sein Rat bei jeder Vorstandschaft immer gefragt", schrieb der Verein.

Als Endres am 10. November 1998 im Alter von 82 Jahren starb, verlor der Würzburger FV „nicht nur ein Ehrenmitglied. Sepp Endress war mehr. Er war die Seele des Vereins." Und weiter äußerte sich die Vorstandschaft: „Nach 70-jähriger Treue zu seinem WFV fällt es uns als Nullvierer schwer, von diesem Mann für immer Abschied zu nehmen. Er hat für uns und für seinen Verein so viel getan, dass wir es als angemessen empfinden, das WFV-Stadion nach seinem Namen zu benennen."

Diese Sportanlage befindet sich übrigens auf dem ehemaligen Gelände der DJK Würzburg. Man hat also just dort ein neues Zuhause gefunden, wo einst der Verein heimisch war, der das Stadion an der Frankfurter Straße ersteigerte.

Die neue WFV-Heimat verfügt auf einer Längsseite über eine überdachte Tribüne, auf der anderen steigt hinter dem Main der Würzburger Stein, eine weltbekannte Weinlage, wie eine imposante Gegengerade empor. Empor gestiegen ist auch der WFV. Von ganz unten, von der C-Klasse, bis zeitweise in die viertklassige Bayernliga.

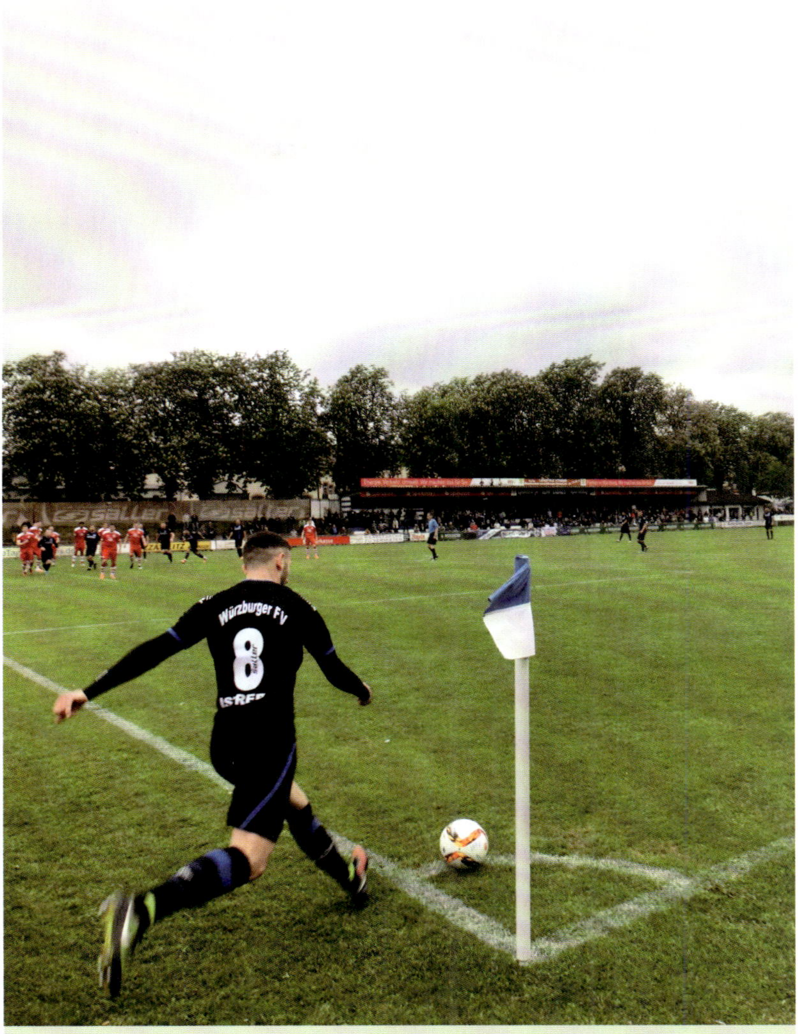

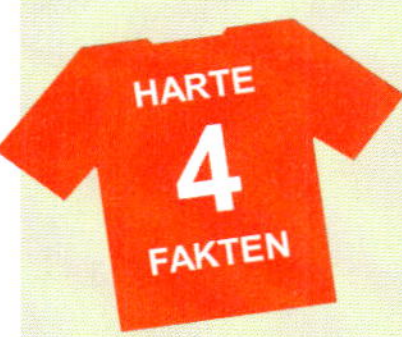

Adresse: Mainaustraße 32, 97082 Würzburg

Erbaut: 1985/86, 1997 (Tribüne)

Zuschauerkapazität: 3.500

Verein: Würzburger FV

Einer geht noch, einer geht noch rein ...

Dieser Ort hätte unbedingt noch reingehört?

Verzeihung. Bitte hier eintragen

HARTE
4
FAKTEN

Quellen

1. FC Bayreuth / 1. FC Haßfurt / 1. FC Hersbruck / 1. FC Herzogenaurach / 1. FC Lichtenfels / 1. FC Nürnberg / 1. FC Schweinfurt 05 / 1. FFC Hof / 1. SC Feucht / 11 Freunde / Abendzeitung / Adidas / anpfiff.info / ASN Pfeil-Phönix Nürnberg / ASV Fürth / ASV Herzogenaurach / Auto Bild / Autozentrum Hammer / Beer, Roman: „Kultstätte an der Grünwalder Straße. Die Geschichte eines Stadions." Verlag Die Werkstatt, Göttingen 2011 / Bausenwein, Christoph; Kaiser, Harald; Siegler, Bernd: „Die Legende vom Club." Verlag Die Werkstatt, Göttingen 1996/2012 / Bausenwein, Christoph; Kaiser, Harald; Siegler, Bernd: „Legenden. Die besten Club-Spieler aller Zeiten." Verlag Die Werkstatt, Göttingen 2010 / Bausenwein, Christoph; Siegler, Bernd: „Das Club-Lexikon." Verlag Die Werkstatt, Göttingen 2002 / Bausenwein, Christoph; Siegler, Bernd; Liedel, Herbert: „Franken am Ball. Geschichte und Geschichten eines Fußballjahrhunderts." Echter Verlag, Würzburg 2003 / Bayerischer Fußball-Verband / BayernAtlas / bayerngrounds.de / Bertolt-Brecht-Schule Nürnberg / Bild am Sonntag / Brauhaus Faust / Bürger- und Geschichtsverein Mögeldorf / Casablanca Nürnberg / Central Hof / Curt / DB Museum Nürnberg / Der Neue Wiesentbote / Der Spiegel / Der Tagesspiegel / Deutsche Akademie für Fußball-Kultur / Deutscher Fußball-Bund / Diakonie Neuendettelsau / Diakonisches Werk Untermain-Aschaffenburg / die-fans.de / Diefenbacher, Michael; Endres, Rudolf (Hrsg.): „Stadtlexikon Nürnberg." Tümmel Verlag, Nürnberg 1999 / dieheldenvonbern.de / Die Ortenau / Die Tageszeitung „taz" / Die Welt / Die Zeit / DJK Sparta Noris Nürnberg / DJK-Sportverband / DJK Waldberg / DJK Weingarts / DJK Würzburg / ETSV Würzburg / europlan-online.de / eurosport.de / FC Bayern Alzenau / FC Coburg / FC Eintracht Bamberg / FC Kronach / Focus / franken-west.de / Frankfurter Allgemeine Zeitung / Frankfurter Rundschau / Fraunhofer Institut für Integrierte Schaltungen / Friedrich-Alexander-Universität Erlangen-Nürnberg / FSV Bayreuth / fupa.net / fußballdaten.de / fußballn.de / geschichtsspuren.de / glubberer.de / Grüne, Hardy: „100 Jahre Deutsche Meisterschaft. Die Geschichte des Fußballs in Deutschland." Verlag Die Werkstatt, Göttingen 2003 / Grüne, Hardy: „Vereinslexikon. Enzyklopädie des deutschen Ligafußballs. Band 7." Agon-Sportverlag, Kassel 2001 / Grüne, Hardy; Karn, Christian: „Das große Buch der deutschen Fußballvereine.", Agon-Sportverlag, Kassel 2009 / Grüne, Hardy; Knieriem, Lorenz: „Enzyklopädie des deutschen Ligafußballs. 8. Spielerlexikon 1: 1890-1963." Agon-Sportverlag, Kassel 2006 / Hamburger Abendblatt / Hamburger SV / Handelsblatt / Heimatverein Herzogenaurach / Historisches Lexikon Bayerns / Hock, Sabine: „Die Erfindung der Sportreportage." Wochendienst, hg. v. Presse- und Informationsamt

der Stadt Frankfurt am Main, Nr. 23, 2005 / home-of-films.com / Hotel Herzogspark / infranken.de / Internationale Hofer Filmtage / Julius-Maximilians-Universität Würzburg / Karlsruher FV / Kicker und Kicker-Sonderhefte / Kinoliste / kleeblatt-chronik.de / Langwasser-Kurier / Linke, Norbert: „Über Schwierigkeit und Notwendigkeit, melodische Herkunftsnachweise zu sichern." In: Deutsche Johann Strauss Gesellschaft (Hrsg.): „Neues Leben." Heft 53, 2016, Nr. 3 / Main-Echo / Main-Post / MAN / Meedia / Metzgerei Hollerbach / Mittelbayerische Zeitung / moebelmarkt.de / MTV Stadeln / Museum Altstadt-Kult Bayreuth / N24 / nachtkritik.de / Neue Presse Coburg / newsmax.de / Nici / Nürnberger Nachrichten und Nürnberger Zeitung mit den angeschlossenen Heimatzeitungen / nuernberginfos.de / Osthessen News / Outdoor / Puma / Rath, Wolfgang (Hrsg.): „100 Jahre S.V. Viktoria 01 e.V. Aschaffenburg." Verlag Schmidt, Neustadt 2003 / Reviersport / Rheinische Post / Riegler, Theo: „Als Stuhlfauth noch im Tor stand. Ein Buch vom deutschen Fußball." Porta-Verlag, München 1953 / Rundfunkmuseum Fürth / SC 04 Schwabach / Schwäbische Zeitung / Schwammberger, Adolf: „Fürth von A bis Z. Ein Geschichtslexikon." Selbstverlag der Stadt Fürth, 1968 / Setzepfand, Walter: „13, meine Glückszahl. Max Morlock." Copress-Verlag, München 1961 / SG Nürnberg Fürth 1883 / SG Quelle Fürth / SID / Skrentny, Werner: „Als Morlock noch den Mondschein traf. Die Geschichte der Oberliga Süd 1945-1963." Klartext-Verlag, Essen 1993 / Skrentny, Werner (Hrsg.): „Das große Buch der deutschen Fußball-Stadien", Verlag Die Werkstatt, Göttingen 2001 / Special Olympics Deutschland / sponsors.de / sport.de / spoteo.de / spox.com / SpVgg Ansbach / SpVgg Bayern Hof / SpVgg Erlangen / SpVgg Greuther Fürth / SpVgg Jahn Forchheim / SpVgg Mögeldorf / SpVgg Oberfranken Bayreuth / SpVgg Stegaurach / Staatstheater Nürnberg / stadionbesuch.de / stadioncheck.de / stadionsuche.de / stadionwelt.de / stadionwelt-business.de / Stadt Alzenau / Stadt Bamberg / Stadt Bayreuth / Stadt Coburg / Stadt Forchheim / Stadt Fürth / Stadt Herzogenaurach / Stadt Hof / Stadt Lichtenfels / Stadt Lohr a. Main / Stadt Nürnberg / Stadt Schweinfurt / Stadt Würzburg / statista.com / Stechert Stahlrohrmöbel / Stern / Süddeutsche Zeitung / SV 67 Weinberg / SV Alemannia Haibach / SV Heidingsfeld / t-online.de / transfermarkt.de / TSV 1860 Dinkelsbühl / TSV Gerbrunn / TSV Vestenbergsgreuth / TV 1860 Fürth / Unser Mögeldorf / Viktoria Aschaffenburg / VfB Helmbrechts / Wich, Georg; Kelber, Hildebrand: „Der Meisterclub. Geschichte des 1. FC Nürnberg." Copress-Verlag, München 1968 / Wirtschaftsforum / Würzburger FV / Würzburger Kickers / wahretabelle.de / weltfussball.de / Zeitspiel / ZF Friedrichshafen

Weitere Bände der Reihe Fußballheimat:

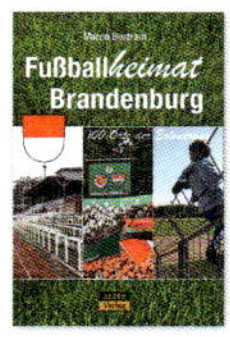

Marco Bertram
Fußballheimat Brandenburg
100 Orte der Erinnerung
216 S., 18,00 €
978-3-96423-032-4

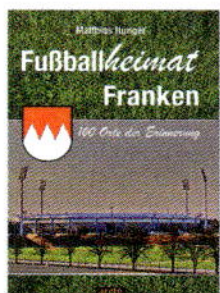

Matthias Hunger
Fußballheimat Franken
100 Orte der Erinnerung
213 S., 18,00 €
978-3-942468-91-6

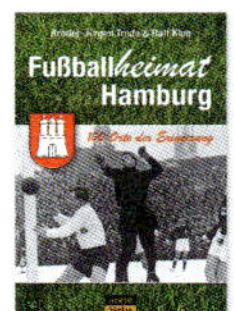

Broder-Jürgen Trede & Ralf Klee
Fußballheimat Hamburg
100 Orte der Erinnerung
216 S., 18,00 €
978-3-96423-038-6

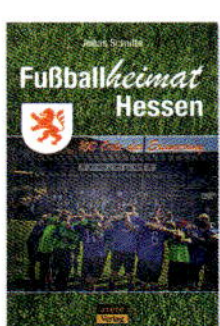

Jonas Schulte
Fußballheimat Hessen
100 Orte der Erinnerung
216 S., 18,00 €
978-3-96423-063-8

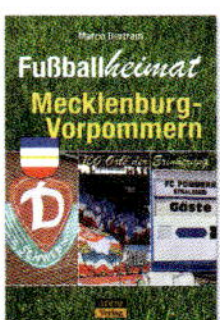

Marco Bertram
Fußballheimat Mecklenburg-Vorpommern
100 Orte der Erinnerung
216 S., 18,00 €
978-3-96423-025-6

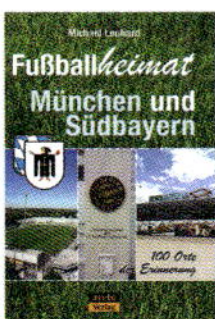

Michael Lenhard
Fußballheimat München und Südbayern
100 Orte der Erinnerung
216 S., 18,00 €
978-3-942468-96-1

Arete Verlag · Osterstr. 31–32 · 31134 Hildesheim · www.arete-verlag.de

Weitere Bände der Reihe Fußballheimat: